全本全注全译丛书

中华经典名著

檀作文　万　希◎译注

幼学琼林 四

中华书局

卷四

文事

【题解】

所谓文事，即文学、文化之事。中国自古为文化之邦，历代多文学之士。传统讲文学、文化，必以"五经"为宗。

本篇40联，讲的都是与文学、文化相关的成语典故。篇首所讲，即儒家"五经"。

多才之士，才储八斗①；博学之儒，学富五车②。

《三坟》《五典》，乃三皇五帝之书；《八索》《九丘》，是八泽九州之志③。

《书经》载上古唐虞、三代之事，故曰《尚书》④；《易经》乃姬周文王、周公所系，故曰《周易》⑤。

二戴曾删《礼记》，故曰《戴礼》⑥；二毛曾注《诗经》，故曰《毛诗》⑦。

孔子作《春秋》，因获麟而绝笔，故曰《麟经》⑧。

荣于华衮，乃《春秋》一字之褒；严于斧钺，乃《春秋》

一字之贬⑨。

【注释】

①八斗：又称“八斗才”或“才高八斗”。形容人才华横溢，文章出众。宋·无名氏《释常谈·八斗之才》：“文章多，谓之‘八斗之才’。谢灵运尝曰：‘天下才有一石，曹子建独占八斗，我得一斗，天下共分一斗。’”

②学富五车：语本《庄子·天下》：“惠施多方，其书五车。”形容人学问渊博。

③“《三坟》《五典》”四句：语本《左传·昭公十二年》：“左史倚相趋过。王曰：‘是良史也，子善视之。是能读《三坟》《五典》《八索》《九丘》。’”晋·杜预注：“皆古书名。”唐·孔颖达疏引西汉·孔安国《尚书序》云：“伏牺、神农、黄帝之书，谓之《三坟》，言大道也。少昊、颛顼、高辛、唐、虞之书，谓之《五典》，言常道也。……八卦之说，谓之《八索》，求其义也。九州之志，谓之《九丘》。丘，聚也。言九州所有，土地所生，风气所宜，皆聚此书也。”引东汉·贾逵云：“《三坟》，三王之书。《五典》，五帝之典。《八索》，八王之法。《九丘》，九州亡国之戒。”引东汉·马融云：“《三坟》，三气，阴阳始生，天、地、人之气也。《五典》，五行也。《八索》，八卦。《九丘》，九州之数也。”据孔疏可知，古人对《三坟》《五典》《八索》《九丘》究竟是何书，意见并不统一。旧注：“《淮南子》：八泽之志为《八索》，九州之志为《九丘》。”传世本《淮南子》并无斯语。《三坟》《五典》，传说中的古书名。一般认为《三坟》是三皇之书，《五典》是五帝之书。三皇五帝，见前《朝廷》篇“三皇为皇，五帝为帝”条注。《八索》《九丘》，传说中的古书名。一般认为《八索》是八卦之书，《九丘》是九州之书。《幼学琼林》则以《八索》乃讲八泽地理之书。八泽，《淮南子·地形训》：“九州

之大，纯方千里，九州之外，乃有八殥，亦方千里。自东北方曰大泽，曰无通；东方曰大渚，曰少海；东南方曰具区，曰元泽；南方曰大梦，曰浩泽；西南方曰渚资，曰丹泽；西方曰九区，曰泉泽；西北方曰大夏，曰海泽；北方曰大冥，曰寒泽。凡八殥。八泽之云，是雨九州。"据《淮南子》，"八泽"指大泽、大渚、元泽、浩泽、丹泽、泉泽、海泽、寒泽。九州，古代中国分为九州。说法不一。《尚书·禹贡》作"冀、兖、青、徐、扬、荆、豫、梁、雍"；《尔雅·释地》有幽州、营州而无青州、梁州；《周礼·夏官·职方》有幽州、并州而无徐州、梁州。后以"九州"泛指天下，全中国。另有大九州之说，中国仅为其中之一州。战国邹衍称中国为赤县神州，谓"中国外如赤县神州者九，乃所谓九州也"。见《史记·孟子荀卿列传》。《淮南子·地形训》："何谓九州？东南神州曰农土，正南次州曰沃土，西南戎州曰滔土，正西弇州曰并土，正中冀州曰中土，西北台州曰肥土，正北泲州曰成土，东北薄州曰隐土，正东阳州曰申土。"杨树达以为所举九州，自正中冀州与《禹贡》九州之冀州偶同外，余皆名号差异；其称东南神州，与邹衍所称中国名曰"赤县神州"者相合；疑该篇乃取自邹衍之书，所举九州之名即邹衍所称之"九州"。见《积微居小学述林·邹衍九州考》。

④《书经》载上古唐虞（yú）、三代之事，故曰《尚书》：因《尚书》内容为记载上古唐尧、虞舜时期及夏、商、周三代之事，故名《尚书》。西汉·孔安国《尚书序》："讨论《坟》《典》，断自唐、虞以下，讫于周。芟夷烦乱，翦截浮辞，举其宏纲，撮其机要，足以垂世立教，典、谟、训、诰、誓、命之文凡百篇。……以其上古之书，谓之《尚书》。"唐虞，指唐尧、虞舜时期。三代，指夏、商、周三个朝代。尚，通"上"。

⑤《易经》乃姬（jī）周文王、周公所系，故曰《周易》：相传《周易》彖辞为周文王所作，爻辞为周公所作，故称《周易》。《朱子语类》

卷六十六:"《易》本卜筮之书,后人以为止于卜筮。至王弼用老、庄解,后人便只以为理,而不以为卜筮,亦非。想当初伏羲画卦之时,只是阳为吉,阴为凶,无文字。某不敢说,窃意如此。后文王见其不可晓,故为之作彖辞;或占得爻处不可晓,故周公为之作爻辞;又不可晓,故孔子为之作《十翼》,皆解当初之意。"《汉书·艺文志》:"《易》曰:'宓戏氏仰观象于天,俯观法于地,观鸟兽之文,与地之宜,近取诸身,远取诸物,于是始作八卦,以通神明之德,以类万物之情。'至于殷、周之际,纣在上位,逆天暴物,文王以诸侯顺命而行道,天人之占可得而效,于是重《易》六爻,作上下篇。孔氏为之《彖》《象》《系辞》《文言》《序卦》之属十篇。"《汉书·艺文志》不言周公与《周易》有关。而《论衡·正说》:"伏羲氏之王得河图,周人曰《周易》。其经卦皆六十四,文王、周公因象十八章究六爻。"

⑥二戴曾删《礼记》,故曰《戴礼》:二戴,指西汉今文经学家戴德与其侄戴圣。二人同受《礼》于后苍,戴德传《礼》八十五篇,称《大戴礼》;戴圣传《礼》四十九篇,称《小戴礼》。《十三经》之一的《礼记》,即《小戴礼》。《汉书·儒林传》:"仓说《礼》数万言,号曰《后氏曲台记》,授沛闻人通汉子方、梁戴德延君、戴圣次君、沛庆普孝公。孝公为东平太傅。德号大戴,为信都太傅;圣号小戴,以博士论石渠,至九江太守。由是《礼》有大戴、小戴、庆氏之学。"

⑦二毛曾注《诗经》,故曰《毛诗》:二毛,指西汉传授古文《诗经》的儒家学者毛亨、毛苌(亦作"长")。《汉书·艺文志》载《毛诗》二十九卷,《毛诗故训传》三十卷。然但称毛公,不著其名。《后汉书·儒林传》始云:"赵人毛长传《诗》,是为《毛诗》。"东汉·郑玄《诗谱》:"鲁人大毛公为训诂,传于其家,河间献王得而献之,以小毛公为博士。"三国吴·陆玑《毛诗草木虫鱼疏》:"孔子删

《诗》授卜商,商为之序,以授鲁人曾申,申授魏人李克,克授鲁人孟仲子,仲子授根牟子,根牟子授赵人荀卿,荀卿授鲁国毛亨,毛亨作《训诂传》以授赵国毛苌。时人谓亨为'大毛公',苌为'小毛公'。"《毛诗》,即今本《诗经》。因为西汉毛亨、毛苌所传,故称《毛诗》。《汉书·艺文志》著录有《毛诗》二十九卷、《毛诗故训传》三十卷。《毛诗》在西汉未立学官,属经古文学派。东汉时著名学者郑众、贾逵、马融、郑玄等皆治《毛诗》。郑玄作《毛诗传笺》,流传最广。魏晋以后,今文齐、鲁、韩三家《诗》散亡或无传者,唯《毛诗》独盛。至唐·孔颖达定《五经正义》,于《诗》取毛传与郑笺,乃更为后世所崇尚。

⑧"孔子作《春秋》"三句:语本《春秋·哀公十四年》:"春,西狩获麟。"晋·杜预注:"麟者,仁兽,圣王之嘉瑞也。时无明王,出而遇获。仲尼伤周道之不兴,感嘉瑞之无应,故因《鲁春秋》而修中兴之教。绝笔于'获麟'之一句,所感而作,固所以为终也。"孔子作《春秋》,至"西狩获麟"一句而辍笔。获麟,指春秋鲁哀公十四年(前481)猎获麒麟事。《左传·哀公十四年》:"十四年春,西狩于大野,叔孙氏之车子钼商获麟,以为不祥,以赐虞人。仲尼观之,曰:'麟也。'然后取之。"《孔子家语·辩物》:"叔孙氏之车士曰子钼商,采薪于大野,获麟焉,折其前左足,载以归,叔孙以为不祥,弃之于郭外。使人告孔子曰:'有麕而角者,何也?'孔子往观之,曰:'麟也。胡为来哉?胡为来哉?'反袂拭面,涕泣沾衿。叔孙闻之,然后取之。子贡问曰:'夫子何泣尔?'孔子曰:'麟之至,为明王也。出非其时而害,吾是以伤焉。'"《史记·孔子世家》:"及西狩见麟,(孔子)曰:'吾道穷矣!'"南朝宋·裴骃集解:"麟者,太平之兽,圣人之类也。时得而死,此天亦告夫子将殁之证,故云尔。"麒麟是祥瑞之兽,出现在人世,却被杀死,象征着大道不行。孔子作《春秋》,至此而辍笔。绝笔,停笔不写。《麟

经》，孔子作《春秋》，以"十有四年，春，西狩获麟"一句结束全书，故称《麟经》。《公羊传·哀公十四年》："春，西狩获麟。何以书？记异也。何异尔？非中国之兽也。然则孰狩之？薪采者也。薪采者则微者也，曷为以狩言之？大之也。曷为大之？为获麟大之也。曷为为获麟大之？麟者，仁兽也。有王者则至，无王者则不至。有以告者曰：'有麇而角者。'孔子曰：'孰为来哉！孰为来哉！'反袂拭面，涕沾袍。颜渊死，子曰：'噫！天丧予。'子路死，子曰：'噫！天祝予。'西狩获麟，孔子曰：'吾道穷矣。'《春秋》何以始乎隐？祖之所逮闻也，所见异辞，所闻异辞，所传闻异辞。何以终乎哀十四年？曰：'备矣！'君子曷为为《春秋》？拨乱世，反诸正，莫近诸《春秋》。则未知其为是与？其诸君子乐道尧、舜之道与？末不亦乐乎尧、舜之知君子也？制《春秋》之义，以俟后圣，以君子之为，亦有乐乎此也。"

⑨"荣于华衮（gǔn）"四句：语本《榖梁传序》："一字之褒，宠逾华衮之赠。片言之贬，辱过市朝之挞。德之所助，虽贱必申；义之所抑，虽贵必屈。故附势匿非者无所逃其罪，潜德独运者无所隐其名，信不易之宏轨，百王之通典也。"晋·范宁注："衮冕，上公之服。"华衮，古代王公贵族所穿的华丽多彩的礼服，常以卷龙为图案，用于表示极高的荣誉。一字之褒，一字之贬，合称"一字褒贬"，本指《春秋》笔法严谨，一个字的使用就蕴含了或褒或贬之意。后亦泛指论人议事用词严谨而有分寸。斧钺（yuè），斧与钺，泛指兵器，主要用于刑罚、杀戮。

【译文】

有才的文人，号称"才储八斗"；博学的儒者，号称"学富五车"。

《三坟》《五典》，是三皇五帝的历史书；《八索》《九丘》，是八泽九州的地理志。

《尚书》记载上古唐尧、虞舜及夏、商、周三代的政事，因此名为《尚书》;《易经》象辞为周文王所作,爻辞为周公所作,所以称作《周易》。

戴德、戴圣曾删定《礼记》,所以《礼记》又叫《戴礼》;毛亨、毛苌曾注释《诗经》,因此《诗经》又称《毛诗》。

孔子作《春秋》,因麒麟被猎杀而停笔不再继续,因而《春秋》又叫《麟经》。

得到《春秋》一个字的褒扬,比身着华服还要荣耀;遭受《春秋》一个字的贬斥,比斧钺加身还要严厉。

缣缃、黄卷①,总谓经书②;雁帛、鸾笺③,通称简札④。

锦心绣口,李太白之文章⑤;铁画银钩⑥,王羲之之字法⑦。

雕虫小技,自谦文学之卑⑧;倚马可待⑨,羡人作文之速。

称人近来进德,曰士别三日,当刮目相看⑩;羡人学业精通,曰面壁九年⑪,始有此神悟。

五凤楼手⑫,称文字之精奇;七步奇才,羡天才之敏捷⑬。

誉才高,曰今之班马⑭;羡诗工,曰压倒元白⑮。

【注释】

①缣缃（jiān xiāng）：浅黄色的细绢。古人用于书写。唐·颜真卿《送辛子序》："惜乎困于缣缃,不获缮写。"亦代指书册典籍。唐·骆宾王《上兖州刺史启》："颇游简素,少阅缣缃。"黄卷：古人用黄药汁染纸防蠹,故称书籍为"黄卷"。宋·陈正敏《遁斋闲览》："古人写书,皆用黄纸,以檗染之,所以辟蠹也,故谓之'黄卷'。"《晋书·文苑传·褚陶》："陶尝谓所亲曰:'圣贤备在黄卷中,舍此何求!'"

②总谓：总括地说,都是说。

③雁帛（bó）：语出《汉书·苏武传》："昭帝即位数年,匈奴与汉和亲。汉求武等,匈奴诡言武死。后汉使复至匈奴,常惠请其守者

与俱,得夜见汉使,具自陈道。教使者谓单于,言天子射上林中,得雁,足有系帛书,言武等在某泽中。使者大喜,如惠语以让单于。单于视左右而惊,谢汉使曰:'武等实在。'"西汉昭帝时,使者对匈奴单于说,大汉天子在上林苑射中一只大雁,雁足系有帛书,是苏武写的书信。后遂以"雁帛"代指书信。鸾笺(luán jiān):印有鸾凤图案的彩色信纸。宋·苏易简《文房四谱·纸谱》:"蜀人造十色笺,凡十幅为一榻。……然逐幅于方版之上砑之,则隐起花木麟鸾,千状万态。"后人因称彩笺为"鸾笺"。宋·张镃《池上木芙蓉欲开述兴》诗之二:"岸巾三酌便酣眠,堕地鸾笺写未全。"古人在信笺上印鸾凤图案,或许与青鸟传书的传说有关。《艺文类聚》卷九十一引(旧题)东汉·班固《汉武故事》:"七月七日,上(汉武帝)于承华殿斋,正中,忽有一青鸟从西方来,集殿前。上问东方朔,朔曰:'此西王母欲来也。'有顷,王母至,有二青鸟如乌,夹侍王母旁。"后遂以"青鸟"为信使的代称。

④简札:用以书写的竹简木札。亦指功用与简札相同的书写用品。代指文书、书信。

⑤锦心绣口,李太白之文章:语本唐·李白《冬日于龙门送从弟京兆参军令问之淮南觐省序》:"常醉目吾曰:'兄心肝五藏,皆锦绣耶? 不然,何开口成文,挥翰雾散?'"李白的族弟曾夸他锦绣心肝,出口成章。后遂以"锦心绣口"比喻文思优美,辞藻华丽。唐·柳宗元《乞巧文》:"骈四俪六,锦心绣口。"

⑥铁画银钩:语出唐·欧阳询《用笔论》:"徘徊俯仰,容与风流,刚则铁画,媚若银钩。"后用"铁画银钩"谓书法家运笔,其点画既刚劲,又柔媚。以"银钩"喻书法生动柔媚,语出索靖《草书状》:"盖草书之为状也,婉若银钩,漂若惊鸾。"(见《晋书·索靖传》)唐·张彦远《法书要录·论书》:"索靖字幼安,燉煌人,散骑常侍张芝姐之孙也,传芝草而形异,甚矜其书,名其字势曰'银钩蛋

尾'。"唐宋诗文每以"银钩"代指书法。

⑦王羲(xī)之:晋代大书法家,后世称为"书圣"。见前《祖孙父子》篇"分甘以娱目,王羲之弄孙自乐"条注。《晋书·王羲之传》:"尤善隶书,为古今之冠,论者称其笔势,以为飘若浮云,矫若惊龙。"

⑧雕虫小技,自谦文学之卑:语本西汉·扬雄《法言·吾子》:"或问:'吾子少而好赋。'曰:'然。童子雕虫篆刻。'俄而,曰:'壮夫不为也。'或曰:'赋可以讽乎?'曰:'讽乎!讽则已,不已,吾恐不免于劝也。'"西汉扬雄曾说作赋是"童子雕虫篆刻","壮夫不为"。虫书、刻符分别为秦书八体之一,西汉时蒙童所习。后遂以"雕虫"比喻从事不足道的小技艺,常指写作诗文辞赋。《隋书·李德林传》:"经国大体,是贾生、晁错之俦;雕虫小技,殆相如、子云之辈。"多用以自谦。

⑨倚马可待:典出《世说新语·文学》:"桓宣武北征,袁虎时从,被责免官。会须露布文,唤袁倚马前令作。手不辍笔,俄得七纸,殊可观。"后遂以"倚马可待"形容才思敏捷,为文顷刻而成。唐·李白《与韩荆州朝宗书》:"必若接之以高宴,纵之以清谈,请日试万言,倚马可待。"

⑩"称人近来进德"三句:语本《三国志·吴书·吕蒙传》"遂拜蒙母,结友而别",南朝宋·裴松之注引《江表传》:"初,权谓蒙及蒋钦曰:'卿今并当涂掌事,宜学问以自开益。'蒙曰:'在军中常苦多务,恐不容复读书。'权曰:'孤岂欲卿治经为博士邪?但当令涉猎见往事耳。卿言多务孰若孤,孤少时历《诗》《书》《礼记》《左传》《国语》,惟不读《易》。至统事以来,省三史、诸家兵书,自以为大有所益。如卿二人,意性朗悟,学必得之,宁当不为乎?宜急读《孙子》《六韬》《左传》《国语》及"三史"。孔子言"终日不食,终夜不寝以思,无益,不如学也"。光武当兵马之务,手不释卷。孟德亦自谓老而好学。卿何独不自勉勖邪?'蒙始就学,

笃志不倦,其所览见,旧儒不胜。后鲁肃上代周瑜,过蒙言议,常欲受屈。肃拊蒙背曰:'吾谓大弟但有武略耳,至于今者,学识英博,非复吴下阿蒙。'蒙曰:'士别三日,即更刮目相待。大兄今论,何一称穰侯乎。兄今代公瑾,既难为继,且与关羽为邻。斯人长而好学,读《左传》略皆上口,梗亮有雄气,然性颇自负,好陵人。今与为对,当有单复以乡待之。'密为肃陈三策,肃敬受之,秘而不宣。权常叹曰:'人长而进益,如吕蒙、蒋钦,盖不可及也。富贵荣显,更能折节好学,耽悦书传,轻财尚义,所行可迹,并作国士,不亦休乎!'"三国东吴吕蒙年轻时读书少,被人讥笑为"吴下阿蒙",后在孙权勉励下,努力读书,学问大进。连鲁肃都佩服他,说"你再也不是'吴下阿蒙'了"。吕蒙说:"有志之士,分别三日,就要刮目相看哦。"后遂以"士别三日,当刮目相看"夸人新近品德学问进步神速。进德,道德增进,学业加深。《周易·乾卦》:"忠信,所以进德也。"

⑪面壁九年:达摩祖师曾终日面壁而坐,专心修行,不问外事。宋·普济《五灯会元》卷十四:"达摩祖师,以一乘法直指单传,面壁九年,不立文字,被人唤作'壁观婆罗门'。"《神僧传·达摩》:"帝不省玄旨,师知机不契,十九日遂去梁,折芦一枝渡江,二十三日北趋魏境,寻至雒邑,初止嵩山少林寺,终日面壁而坐,九年遂逝焉。"

⑫五凤楼手:即"造五凤楼手",夸耀文章华美。语出宋·杨亿《(杨文公)谈苑·造五凤楼手》:"韩浦、韩洎,晋公滉之后,咸有辞学。浦善声律,洎为古文,意常轻浦,语人曰:'吾兄为文,譬如绳枢草舍,聊庇风雨。予之为文,是造五凤楼手。'浦性滑稽,窃闻其言,因有亲知遗蜀笺,浦题作一篇,以其笺贻洎曰:'十样蛮笺出益州,寄来新自浣溪头。老兄得此全无用,助尔添修五凤楼。'"杨亿《谈苑》一书虽已散逸,但"造五凤楼手"一条为宋代笔记及类书

广泛引用。见曾慥《类说》卷五十三、潘自牧《记纂渊海》卷四十
五、朱胜非《绀珠集》卷十一、孔传《白孔六帖》卷十四、阙名《锦
绣万花谷》卷二十、《翰苑新书》卷六十八。五凤楼位于洛阳,初
建于唐朝,唐玄宗曾在此聚饮。梁太祖重建五凤楼,楼高百丈,以
五凤翘尾作为装饰。后来周翰写有《五凤楼赋》,文辞华丽,故韩
洎以"造五凤楼手"喻文章华美。

⑬七步奇才,羡天才之敏捷:语本《世说新语·文学》:"文帝尝令东
阿王七步中作诗,不成者行大法。应声便为诗曰:'煮豆持作羹,
漉菽以为汁。萁在釜下然,豆在釜中泣。本自同根生,相煎何太
急!'帝深有惭色。"曹植曾在其兄曹丕逼迫下,七步成诗,后遂以
"七步奇才"形容文思敏捷。

⑭班马:共有三说。一说指班固和司马迁,着眼于史学,《晋书·陈
寿等传论》:"丘明既没,班马迭兴。"二说指班固和司马相如,
唐·清昼《讲古文联句》:"屈宋接武,班马继作。"三说指班固和
马融,《文心雕龙·程器》:"况班马之贱职,潘岳之下位哉。"后二
说着眼于作赋。无论"班马"指班固、司马迁,还是班固、司马相
如,抑或班固、马融,都以长于文章驰名。"今之班马",指当代的
班固、司马迁(或司马相如、马融)。明·凌迪知《万姓统谱》卷
三十四:"何去非:字正通,浦城人,学问该博,有识度。元丰中对
策论用兵之要,擢优等,除武学教谕,使校兵法七书。奏,复见褒
赏。未几,擢博士。苏轼见其文,惊曰:'此今班马也。'力荐于
朝,诏加承奉郎。岁余,出为徐州教授。"

⑮压倒元白:才华超过元稹和白居易。五代·王定保《唐摭言》卷
三:"宝历年中,杨嗣复相公具庆下继放两榜。时先仆射自东洛
入觐,嗣复率生徒迎于潼关。既而大宴于新昌里第,仆射与所执
坐于正寝,公领诸生翼坐于两序。时元、白俱在,皆赋诗于席上。
惟刑部杨汝士侍郎诗后成。元、白览之失色。诗曰:'隔坐应须

赐御屏,尽将仙翰入高冥。文章旧价留鸾掖,桃李新阴在鲤庭。再岁生徒陈贺宴,一时良史尽传馨。当年疏傅虽云盛,讵有兹筵醉酴醾。'汝士其日大醉,归谓子弟曰:'我今日压倒元、白。'"有一次,唐代诗人杨汝士和元稹、白居易一起参加宴会,都作诗。杨汝士所作诗,令元稹、白居易折服。杨汝士十分得意,说:"我今日压倒了元、白。"

【译文】

"缣缃"和"黄卷",都是说经籍;"雁帛"和"鸾笺",都是指书信。

"锦心绣口",形容李太白文思优美,辞藻华丽;"铁画银钩",形容王羲之书法点画刚劲,姿态柔媚。

用"雕虫小技"来自谦文采卑下,用"倚马可待"来称美他人才思敏捷,文章写得快。

赞扬别人近来学业长进,可以说"士别三日,当刮目相看";称美他人学业精通,可以说"面壁九年,始有此神悟"。

"五凤楼手",用来赞扬文字构思精奇;"七步奇才",用来称美天才文思敏捷。

夸人才学高超,便说他是当今的"班马";赞人诗词精通,便说他足以"压倒元白"。

汉晁错多智,景帝号为智囊①;高仁裕多诗,时人谓之诗窖②。

骚客③,即是诗人;誉髦④,乃称美士。

自古诗称李杜⑤,至今字仰钟王⑥。

白雪阳春,是难和难赓之韵⑦;青钱万选,乃屡试屡中之文⑧。

惊神泣鬼,皆言词赋之雄豪⑨;遏云绕梁,原是歌音之嘹亮^⑩。

　　涉猎不精^⑪，是多学之弊；咿唔咕毕^⑫，皆读书之声。

　　连篇累牍^⑬，总说多文；寸楮尺素^⑭，通称简札。

　　以物求文，谓之润笔之赀^⑮；因文得钱，乃曰稽古之力^⑯。

【注释】

①汉晁（cháo）错多智，景帝号为智囊：语本《史记·袁盎晁错列传》："错为人峭直刻深。孝文帝时，天下无治《尚书》者，独闻济南伏生故秦博士，治《尚书》，年九十余，老不可征，乃诏太常使人往受之。太常遣错受《尚书》伏生所。还，因上便宜事，以书称说。诏以为太子舍人、门大夫、家令。以其辩得幸太子，太子家号曰'智囊'。"汉景帝还是太子的时候，晁错任太子舍人，因足智多谋，被称作"智囊"。晁错（前200—前154），西汉颍川（治今河南禹州）人。习申不害、商鞅刑名之术。汉文帝时，以文学为太常掌故。奉命受今文《尚书》于伏生。累迁太子家令，为太子（景帝）信用，号为"智囊"。迁中大夫。上书言事，主张徙民备边，抵御匈奴侵扰，削诸侯王权，以固朝廷。汉景帝立，任内史，迁御史大夫。汉景帝采纳其意见，更定法令，削诸侯支郡。前元三年（前154），吴楚七国以诛晁错"清君侧"为名，起兵反。为袁盎所谗，披朝衣斩于市。

②高仁裕多诗，时人谓之诗窖（jiào）：语本五代·高若拙《后史补》："高仁裕著诗万首，号诗窖。"《后史补》记唐末五代逸闻，已佚。但"诗窖"一条广为宋人笔记及类书征引。谢维新《古今合璧事类备要》卷四十四"诗窖"条下注："高仁裕著诗万首，号——《后史补》'诗窖'。"阙名《锦绣万花谷》卷二十一："高仁裕著诗万首，号诗窖。"二书皆注明据《后史补》。此二书引《后史补》，作"高仁裕"。他书则作"王仁裕"。叶廷珪《海录碎事·文学

部·诗门》："高若拙《后史补》云：'王仁裕著诗一万首，朝中谓之"诗窖子"。'"潘自牧《记纂渊海》卷七十五："王仁裕著诗万首，谓之'诗窖子'，亦曰'千篇集'。"曾慥《类说》卷二十六："王仁裕著诗万首，谓之'诗窖子'，亦曰'千篇集'。"高仁裕，无考。王仁裕为唐末五代名人，以文学见称。新、旧《五代史》皆为之立传。《新五代史》本传云王仁裕"喜为诗。其少也，尝梦剖其肠胃，以西江水涤之，顾见江中沙石皆为篆籀之文，由是文思益进。乃集其平生所作诗万余首为百卷，号《西江集》"。以生平事迹考之，则"诗窖"应为王仁裕之号，故清·吴任臣《十国春秋·王仁裕传》径云："生平作诗满万首，蜀人呼曰'诗窖子'。""高仁裕"疑当作"王仁裕"。然《幼学琼林》诸本多作"高仁裕"，又有谢维新《古今合璧事类备要》、阙名《锦绣万花谷》为佐证，故存而不改。王仁裕（880—956），字德辇，唐末五代天水（今属甘肃）人。唐末为秦州节度判官，后入蜀事后主为中书舍人、翰林学士。前蜀亡，又事后唐。以都官郎中充翰林学士。后晋时，历司封、左司郎中、右谏议大夫、给事中等职。开运二年（945），迁左散骑常侍。后汉天福十二年（947），改授户部侍郎，充翰林学士承旨。后历户、兵二部尚书。后周广顺元年（951），为太子少保。显德三年（956）卒。生平见新、旧《旧五代史》及《十国春秋》本传。

③ 骚（sāo）客：诗人，文人。战国时期屈原以满腔悲愤创作《离骚》，对后世文人及文学创作影响太大，遂用"骚人""骚客"等指诗人。唐·刘知几《史通·叙事》："昔文章既作，比兴由生。鸟兽以媲贤愚，草木以方男女，诗人骚客，言之备矣。"

④ 誉髦（máo）：语出《诗经·大雅·思齐》："古之人无斁，誉髦斯士。"毛传："古之人无厌于有名誉之俊士。"朱子集传："誉，名。髦，俊也。"指有名望的英杰之士。髦，本义为毛发中的长毫，故用以比喻英俊杰出的人才。《尔雅·释言》："髦，选也。髦，俊

也。"晋·郭璞注："俊士之选。士中之俊,如毛中之毫。"宋·邢
昺疏："毛中之长毫曰'毫',士之俊选者借譬为名焉。"

⑤李杜:唐代大诗人李白、杜甫并称"李杜"。《新唐书·文艺传
上·杜甫》:"(杜)甫旷放不自检,好论天下大事,高而不切。少
与李白齐名,时号'李杜'。""李杜"在中唐即已被尊为诗歌的典
范。唐·韩愈《调张籍》诗:"李杜文章在,光焰万丈长。"

⑥钟王:三国魏书法家钟繇和晋书法家王羲之的并称。《晋书·王
羲之传》:"(羲之)每自称'我书比钟繇,当抗行;比张芝草,犹当
雁行也'。"后世每以"钟王"并称。唐·皎然《张伯英草书歌》
诗:"先贤草律我草狂,风云阵发愁钟王。"宋·欧阳修《试笔·李
邕书》:"因见邕书,追求钟王以来字法,皆可以通。"宋·秦观《沁
园春》:"忆淮海当年,英豪满座,词翻鲍谢,字压钟王。"

⑦白雪阳春,是难和难赓(gēng)之韵:语本《文选·宋玉〈对楚王
问〉》:"客有歌于郢中者,其始曰下里巴人,国中属而和者数千
人;其为阳阿薤露,国中属而和者数百人;其为阳春白雪,国中
而和者不过数十人;引商刻羽,杂以流徵,国中属而和者不过数人
而已。是其曲弥高,其和弥寡。"唐·李周翰注:"《阳春》《白雪》,
高曲名也。"后因以"白雪阳春"泛指高雅的曲子,或喻指高深典
雅、不够通俗易懂的文艺作品。赓,续。《尚书·益稷》:"乃赓载
歌曰:'元首明哉,股肱良哉,庶事康哉。'"

⑧青钱万选,乃屡试屡中之文:语本《新唐书·张荐传》:"张荐,字
孝举,深州陆泽人。祖鷟,字文成,早惠绝伦。为儿时,梦紫文大
鸟,五色成文,止其廷。大父曰:'吾闻五色赤文,凤也;紫文,鹥
鷟也。若壮,殆以文章瑞朝廷乎?'遂命以名。调露初,登进士
第。考功员外郎骞味道见所对,称天下无双。授岐王府参军。八
以制举皆甲科,再调长安尉,迁鸿胪丞。四参选,判策为铨府最。
员外郎员半千数为公卿称'鷟文辞犹青铜钱,万选万中',时号鷟

'青钱学士'。"《旧唐书·张荐传》亦载此,文字略有出入。青钱万选,唐代张鷟(zhuó)才华出众,参加八次科举考试,全都高中,当时人们称他为"青钱学士",夸他文章好,就像青铜钱一样,无论怎么选都不会被淘汰。青钱,青色的铜钱,是铜钱中的上品。明·胡我琨《钱通》卷二十八:"青钱,文之美者比青铜钱。唐张鷟文词犹青钱,万选万中。"

⑨惊神泣鬼,皆言词赋之雄豪:语本唐·杜甫《寄李十二白十二韵》诗:"笔落惊风雨,诗成泣鬼神。"而杜甫诗似本之《淮南子·本经训》:"昔者苍颉作书,而天雨粟,鬼夜哭。"惊神泣鬼,让神吃惊,令鬼哭泣,多形容文学作品太过感人,震撼过大。

⑩遏(è)云绕梁,原是歌音之嘹亮:语本《列子·汤问》:"薛谭学讴于秦青,未穷青之技,自谓尽之,遂辞归。秦青弗止。饯于郊衢,抚节悲歌,声振林木,响遏行云。薛谭乃谢求反,终身不敢言归。秦青顾谓其友曰:'昔韩娥东之齐,匮粮,过雍门,鬻歌假食。既去而余音绕梁欐,三日不绝,左右以其人弗去。……'"遏云,使云停止不前,形容歌声响亮动听。《列子·汤问》说秦青"抚节悲歌,声振林木,响遏行云",意思是说秦青悲歌嘹亮,树木为之振动,流云为之停滞。绕梁,形容歌声高亢回旋,久久不息。《列子·汤问》说韩娥唱歌,"既去而余音绕梁欐,三日不绝,左右以其人弗去",意思是韩娥走后三天,她的歌声还在房屋的梁栋间回旋,仿佛正在此处歌唱。

⑪涉猎:语出《汉书·贾山传》:"山受学祛,所言涉猎书记,不能为醇儒。"唐·颜师古注:"涉若涉水,猎若猎兽,言历览之不专精也。"涉水和狩猎,比喻读书只是粗粗浏览而不精细研究。宋·范祖禹《右侍禁墓志铭》:"幼不好弄。及长,静默寡言笑。喜学《论语》《孟子》、扬雄《法言》,皆略成诵。治《尚书》,通大义。读史传,必反复详洽然后进,不贪多务得而涉猎不精。"

⑫咿唔（yī wú）：象声词。含混的语声，多形容读书声或吟诗声。宋末元初·卫宗武《和丹岩·其三》："绛帷深密障严霜，衿佩芬芳聚一堂。竹外琅琅听春诵，咿唔声里带诗香。"咿唔，亦作"伊吾"，或作"吾伊"。宋·黄庭坚《考试局与孙元忠博士竹间对窗戏作竹枝歌三章和之》诗："南窗读书声吾伊（一作"伊吾"），北窗见月歌《竹枝》。"呫（chān）毕：亦写作"呫哔"，或"佔毕""占毕"，象声词。形容低语声，泛指诵读。《礼记·学记》："今之教者，呻其佔毕，多其讯。"东汉·郑玄注："呻，吟也。佔，视也。简，谓之'毕'。讯，犹'问'也。言今之师自不晓经之义，但吟诵其所视简之文，多其难问也。"唐宋以还诗文用例，不从郑说，而以"呫毕（佔毕）"为象声词，象诵读之声。王引之《经义述闻·呻其佔毕》则读为"笘"，谓"亦简之类"。

⑬连篇累牍（dú）：语出《隋书·李谔传》："谔又以属文之家，体尚轻薄，递相师效，流宕忘反，于是上书曰：'……降及后代，风教渐落。魏之三祖，更尚文词，忽君人之大道，好雕虫之小艺。下之从上，有同影响，竞骋文华，遂成风俗。江左齐、梁，其弊弥甚，贵贱贤愚，唯务吟咏。遂复遗理存异，寻虚逐微，竞一韵之奇，争一字之巧。连篇累牍，不出月露之形，积案盈箱，唯是风云之状。'……"《北史·李谔传》亦载。

⑭寸楮（chǔ）：即寸纸，小张的纸，代指书信。楮，即榖（gǔ），一种南方出产的落叶乔木，树皮可做造纸原料。《农政全书（卷三十八）·种植·木部》："陶弘景曰：南人呼'榖纸'亦为'楮纸'。"尺素：小幅的绢帛。古人多用以写信或文章。亦代指书信。《文选·古乐府〈饮马长城窟行〉》："客从远方来，遗我双鲤鱼。呼儿烹鲤鱼，中有尺素书。"唐·吕向注："尺素，绢也。古人为书，多书于绢。"《文选·陆机〈文赋〉》："函绵邈于尺素，吐滂沛乎寸心。"唐·刘良注："素，帛也。古人用以书也。"

⑮以物求文，谓之润笔之赀（zī）：语本《隋书·郑译传》："上令内史令李德林立作诏书，高颍戏谓译曰：'笔干。'译答曰：'出为方岳，杖策言归，不得一钱，何以润笔？'"润笔，唐宋翰苑官草制除官公文，例奉润笔物。后泛指付给作诗文书画之人的报酬。赀，同"资"，指财物。

⑯因文得钱，乃曰稽（jī）古之力：语本《后汉书·桓荣传》："以荣为少傅，赐以辎车、乘马。荣大会诸生，陈其车马、印绶，曰：'今日所蒙，稽古之力也，可不勉哉！'"东汉儒生桓荣被任命为太子少傅，得到车马赏赐，他和学生说："我得到这些赏赐，靠的是钻研古代学问啊，你们怎么可以不努力呢？"稽古之力，指靠学问得到钱财官位。稽古，语出《尚书·尧典》："曰若稽古。帝尧曰放勋。"即考察古事。

【译文】

汉代晁错足智多谋，景帝称他为"智囊"；五代高仁裕作诗太多，当时人叫他"诗窖"。

"骚客"，就是诗人；"誉髦"，乃是称赞杰出人士。

自古谈论诗歌，都会提到"李杜"；至今说起书法，人人仰慕"钟王"。

"白雪阳春"，是难以唱和追随的韵律；"青钱万选"，是百试百中的文章。

"惊神""泣鬼"，都是比喻诗赋文辞雄壮豪放；"遏云""绕梁"，本是形容歌声高亢响亮。

"涉猎不精"，形容读书贪多，难免有一知半解的毛病；"咿唔""呫毕"，都是形容诵读诗书的朗朗之声。

文案繁杂，称为"连篇累牍"；往来书信，也叫"寸楮""尺素"。

用财物求人作文，叫作付"润笔"费；凭借文字得到钱财，就说"稽古之力"。

文章全美，曰文不加点①；文章奇异，曰机杼一家②。

应试无文，谓之曳白③；书成绣梓④，谓之杀青⑤。

袜线之才⑥，自谦才短；记问之学⑦，自愧学肤⑧。

裁诗，曰敲推⑨；旷学⑩，曰作辍⑪。

文章浮薄，何殊月露风云⑫？典籍储藏，皆在兰台、石室⑬。

秦始皇无道，焚书坑儒⑭；唐太宗好文，开科取士⑮。

花样不同，乃谓文章之异⑯；潦草塞责⑰，不求辞语之精。

【注释】

①文不加点：文章挥笔立就，不用半点儿修改。《初学记》卷十七引东汉·张衡《文士传》："吴郡张纯，少有令名，尝谒骠骑将军朱据，据令赋一物然后坐，纯应声便成，文不加点。"亦作"文无加点"。《后汉书·文苑传下·祢衡》："衡揽笔而作，文无加点，辞采甚丽。"

②机杼（zhù）一家：语出《魏书·祖莹传》："莹以文学见重，常语人云：'文章须自出机杼，成一家风骨，何能共人同生活也。'"后以"机杼一家"比喻文章独出心裁，自成一体。机杼，指织机和梭子，比喻文章的构思和布局。

③曳（yè）白：卷纸空白，只字未写。谓考试交白卷。《旧唐书·苗晋卿传》："二十九年，拜吏部侍郎。前后典选五年，政既宽弛，胥吏多因缘为奸，贿赂大行。时天下承平，每年赴选常万余人。李林甫为尚书，专任庙堂，铨事唯委晋卿及同列侍郎宋遥主之。选人既多，每年兼命他官有识者同考定书判，务求其实。天宝二年春，御史中丞张倚男奭参选，晋卿与遥以倚初承恩，欲悦附之，考选人判等凡六十四人，分甲乙丙科，奭在其首。众知奭不读书，论议纷然。有苏孝愠者，尝为范阳蓟令，事安禄山，具其事告之。禄

山恩宠特异,谒见不常,因而奏之。玄宗大集登科人,御花萼楼亲试,登第者十无一二;而奭手持试纸,竟日不下一字,时谓之'曳白'。上怒,晋卿贬为安康郡太守,遥为武当郡太守,张倚为淮阳太守。敕曰:'门庭之间,不能训子;选调之际,仍以托人。'时士子皆以为戏笑。"事又见唐·姚汝能《安禄山事迹》、前蜀·马鉴《续事始》。唐玄宗天宝二年(743),吏部侍郎苗晋卿和宋遥主持考试,为巴结御史中丞张倚,特将张倚的儿子张奭录取在前列。安禄山告发,唐玄宗在花萼楼亲试,张奭手拿试卷,半天也写不出一个字,当时说他是在"曳白"。

④绣梓(zǐ):雕版付印。绣,刺绣。古代书版以梓木为上,故称雕版(付印)为"绣梓"。元·史弼《景行录》:"予寸怀如春风,愿与天下共,故绣梓以广其传。"旧时书籍,卷首往往有"绣梓以广其传"数字。

⑤杀青:古代制作竹简的一道程序,用小火烤干竹简,刮去青色的外皮,以便书写和防蛀。《太平御览》卷六百六引西汉·刘向《别录》:"杀青者,宜治竹作简书之耳。新竹有汁,善朽蠹。凡作简者,皆于火上炙干之。"《后汉书·吴祐传》:"恢欲杀青简以写经书。"唐·李贤注:"杀青者,以火炙简令汗,取其青易书,复不蠹,谓之'杀青',亦谓'汗简'。"后来"杀青"也指书籍校对修订后付印。南朝梁·武帝《撰〈孔子正言〉竟述怀诗》:"删次起实沈,杀青在建酉。"一说,古人著书,初稿书于青竹皮上,取其易于改抹,改定后再削去青皮,书于竹白,谓之"杀青"。参阅明·姚福《青溪暇笔》。

⑥袜线:语本宋·孙光宪《北梦琐言》卷五:"韩昭,仕王氏,至礼部尚书、文思殿大学士。粗有文章,至于琴棋书算射法,悉皆涉猎。以此承恩于后主。时有朝士李台瑕曰:'韩八座事艺,如拆袜线,无一条长。'"后因谓艺多而无一精者为"袜线"之才。亦比喻才

学疏浅。

⑦记问之学：指浮于表面的学问。为应付他人问难而预为之记诵，并无真知。《礼记·学记》："记问之学不足以为人师，必也其听语乎？"东汉·郑玄注："记问，谓豫诵杂难杂说，至讲时为学者论之。此或时师不心解，或学者所未能问。"

⑧学肤："末学肤受"的简称。指做学问只得皮毛，不求根本。《文选·张衡〈东京赋〉》："若客所谓末学肤受，贵耳而贱目者也。"三国吴·薛综注："末学，谓不经根本；肤受，谓皮肤之不经于心胸。"

⑨裁诗，曰敲推：语本后蜀·何光远《鉴诚录·贾忤旨》："（贾岛）忽一日于驴上吟得：'鸟宿池中树，僧敲月下门。'初欲著'推'字，或欲著'敲'字，炼之未定，遂于驴上作'推'字手势，又作'敲'字手势。不觉行半坊。观者讶之，岛似不见。时韩吏部愈权京尹，意气清严，威振紫陌。经第三对呵唱，岛但手势未已。俄为官者推下驴，拥至尹前，岛方觉悟。顾问欲责之。岛具对：'偶得一联，吟安一字未定，神游诗府，致冲大官，非敢取尤，希垂至鉴。'韩立马良久思之，谓岛曰：'作"敲"字佳矣。'"后因以"推敲"指斟酌字句。亦泛谓对事情的反复考虑。敲推，犹推敲。

⑩旷学：废学，辍学。

⑪作辍（chuò）：语出西汉·扬雄《法言·孝至》："或曰：'何以处伪？'曰：'有人则作、无人则辍之谓伪。观人者，审其作辍而已矣。'"意为中断、中途停止。后因称时作时歇、不能持久为"作辍无常"。

⑫殊：不同，区别。月露风云：语本《隋书·李谔传》："连篇累牍，不出月露之形；积案盈箱，唯是风云之状。"是李谔批评六朝文学浮华不实之语。后遂以"月露风云"比喻没有现实价值的文章。

⑬兰台：汉代宫中收藏典籍的地方。后泛指宫廷藏书楼。《汉书·百官公卿表上》："御史大夫……有两丞，秩千石。一曰中丞，在殿中兰台，掌图籍秘书。"西汉·焦赣《易林·巽之明夷》："典策法书，

藏阁兰台,虽遭溃乱,独不逢灾。"石室:收藏经文档案的地方。后
泛指藏书楼。《汉书·高帝纪》:"又与功臣剖符作誓,丹书铁契,金
匮石室,藏之宗庙。""兰台""石室",泛指藏书处。《魏书·佛老
志》:"帝遣郎中蔡愔、博士弟子秦景等使于天竺,写浮屠遗范。愔
仍与沙门摄摩腾、竺法兰东还洛阳。中国有沙门及跪拜之法,自
此始也。愔又得佛经《四十二章》及释迦立像。明帝令画工图佛
像,置清凉台及显节陵上,经缄于兰台石室。愔之还也,以白马负
经而至,汉因立白马寺于洛城雍关西。"《南史·徐勉传》:"方领矩
步之容,事灭于旌鼓;兰台、石室之典(一作"文"),用尽于帷盖。"

⑭秦始皇无道,焚书坑儒:语本《史记·秦始皇本纪》:"丞相李斯
曰:'五帝不相复,三代不相袭,各以治,非其相反,时变异也。今
陛下创大业,建万世之功,固非愚儒所知。且越言乃三代之事,何
足法也?异时诸侯并争,厚招游学。今天下已定,法令出一,百姓
当家则力农工,士则学习法令辟禁。今诸生不师今而学古,以非
当世,惑乱黔首。丞相臣斯昧死言:古者天下散乱,莫之能一,是
以诸侯并作,语皆道古以害今,饰虚言以乱实,人善其所私学,以
非上之所建立。今皇帝并有天下,别黑白而定一尊。私学而相与
非法教,人闻令下,则各以其学议之,入则心非,出则巷议,夸主
以为名,异取以为高,率群下以造谤。如此弗禁,则主势降乎上,
党与成乎下。禁之便。臣请史官非秦记皆烧之。非博士官所职,
天下敢有藏诗、书、百家语者,悉诣守、尉杂烧之。有敢偶语《诗》
《书》者弃市。以古非今者族。吏见知不举者与同罪。令下三十
日不烧,黥为城旦。所不去者,医药卜筮种树之书。若欲有学法
令,以吏为师。'制曰:'可。'……侯生卢生相与谋,……于是乃亡
去。始皇闻亡,乃大怒。……于是使御史悉案问诸生,诸生传相
告引,乃自除犯禁者四百六十余人,皆坑之咸阳,使天下知之,以
惩后。"《史记》记载秦始皇三十四年(前213)听取丞相李斯的

建议,下令除医药、卜筮、种树之书外,禁止并烧毁秦国之外的史书和诸子百家的典籍。第二年,又因替他求仙药的卢生等人逃亡而迁怒诸生,在咸阳坑杀了四百六十余人。后世把这两件事并称"焚书坑儒"。《史记·太史公自序》:"周道废,秦拨去古文,焚灭诗书,故明堂石室,金匮玉版,图籍散乱。"《尚书序》:"秦始皇灭先代典籍,焚书坑儒,天下学士逃难解散。"

⑮唐太宗好文,开科取士:语本《新唐书·选举志》:"自高祖初入长安,开大丞相府,下令置生员,自京师至于州县皆有数。既即位,又诏秘书外省别立小学,以教宗室子孙及功臣子弟。其后又诏诸州明经、秀才、俊士、进士明于理体为乡里称者,县考试,州长重覆,岁随方物入贡;吏民子弟学艺者,皆送于京学,为设考课之法。州、县、乡皆置学焉。及太宗即位,益崇儒术。乃于门下别置弘文馆,又增置书、律学,进士加读经、史一部。十三年,东宫置崇文馆。自天下初定,增筑学舍至千二百区,虽七营飞骑,亦置生,遣博士为授经。四夷若高丽、百济、新罗、高昌、吐蕃,相继遣子弟入学,遂至八千余人。"唐代科举,沿袭隋代,并非创自唐太宗。但唐太宗崇尚儒术,设崇文馆,增筑学舍,规模空前。五代·王定保《唐摭言》卷十五描述当时取士盛况:"贞观初,放榜日,上私幸端门,见进士于榜下缀行而出,喜谓侍臣曰:'天下英雄,入吾彀中矣!'"唐代科举考试,名目繁多。《新唐书·选举志》:"唐制,取士之科,多因隋旧,然其大要有三。由学馆者曰'生徒',由州县者曰'乡贡',皆升于有司而进退之。其科之目,有秀才,有明经,有俊士,有进士,有明法,有明字,有明算,有一史,有三史,有开元礼,有道举,有童子。而明经之别,有五经,有三经,有二经,有学究一经,有三礼,有三传,有史科。此岁举之常选也。其天子自诏者曰'制举',所以待非常之才焉。"开科取士,举行科举考试,选拔人才。

⑯花样不同，乃谓文章之异：语本《太平广记（卷二百五十七）·嘲诮五·织锦人》引《卢氏杂说》："唐卢氏子不中第，徒步及都城门东。其日风寒甚，且投逆旅。俄有一人续至，附火良久，忽吟诗曰：'学织缭绫功未多，乱投机杼错抛梭。莫教宫锦行家见，把此文章笑杀他。'又云：'如今不重文章事，莫把文章夸向人。'卢愕然，忆是白居易诗，因问姓名。曰：'姓李，世织绫锦，离乱前，属东都官锦坊织宫锦巧儿，以薄艺投本行。皆云："如今花样，与前不同。"不谓伎俩儿以文采求售者，不重于世，且东归去。'"《卢氏杂说》一书散佚，但此条颇见于宋人笔记及类书，如曾慥《类说》卷四十九、潘自牧《记纂渊海》卷三十七、谢维新《古今合璧事类备要》卷三十八、阙名《锦绣万花谷》卷二十二。以上诸书，除曾慥《类说》未注出处之外，它书皆注明出自《卢氏杂记》。《崇文总目》小说类著录卢言《杂说》一卷。《直斋书录解题》小说类著录为《卢氏杂记》，署撰者作"卢言"。可知《卢氏杂说》，又名《卢氏杂记》。宋·俞琰《书斋夜话》卷四："予笑曰：'何代无美锦绣，但恐从来花样不同，翻誉别有新置。有如我辈，陈人之陈言决不复用矣。'"花样不同，"花样"指绣花用的底本，比喻文章的行文格局体裁等。"花样不同"喻文风变化，也常有人用"花样翻新"来比喻新创意。

⑰潦（liáo）草：写字、作文以及做事草率，不负责任。塞（sè）责：做事随便，敷衍了事。"潦草塞责"四字连用，乃明代以来用语习惯。

【译文】

　　文章一气呵成，完美无瑕，不需修改，叫"文不加点"；文思新颖奇妙，自成一格，与众不同，叫"机杼一家"。

　　考试交白卷，称为"曳白"；书写完了付印，叫作"杀青"。

　　"袜线之才"，是自谦才能不足；"记问之学"，是自惭学问肤浅。

　　修改诗句，叫"推敲"；荒废学业，叫"作辍"。

浮华空洞的文章,与"月露风云"有什么不同?收藏的典籍,都在"兰台石室"。

秦始皇残暴无道,焚毁经书,坑杀儒生;唐太宗热爱文化,科举考试,选拔人才。

"花样不同",比喻文章文体翻新变异;"潦草塞责",形容说话作文草率随意。

邪说,曰异端①,又曰左道②;读书,曰肄业③,又曰藏修④。

作文,曰染翰操觚⑤;从师,曰执经问难⑥。

求作文,曰乞挥如椽笔⑦;羡高文,曰才是大方家⑧。

竞尚佳章⑨,曰洛阳纸贵⑩;不嫌问难,曰明镜不疲⑪。

称人书架,曰邺架⑫,称人嗜学⑬,曰书淫⑭。

【注释】

①异端:古代儒家把别的学说称为"异端"。《论语·为政》:"子曰:'攻乎异端,斯害也已。'"朱子集注:"异端,非圣人之道,而别为一端,如杨、墨是也。"

②左道:歪门邪道,先秦时多指巫蛊、方术等。《礼记·王制》:"执左道以乱政,杀。"东汉·郑玄注:"左道,若巫蛊及俗禁。"唐·孔颖达疏:"卢云左道谓邪道。地道尊右,右为贵,……故正道为右,不正道为左。"

③肄(yì)业:古代师授生曰"授业",生受之于师曰"受业",习之曰"肄业"。《左传·文公四年》:"卫宁武子来聘,公与之宴,为赋《湛露》及《彤弓》。不辞,又不答赋。使行人私焉。对曰:'臣以为肄业及之也。'"肄,学习、练习。《礼记·曲礼下》:"君命,大夫

与士肄。"东汉·郑玄注:"肄,习也。"业,学业,课业。

④藏修:语本《礼记·学记》:"君子之于学也,藏焉,修焉,息焉,游焉。"东汉·郑玄注:"藏,谓怀抱之;修,习也。"后以"藏修"指专心学习。

⑤染翰:即用笔蘸墨,指写作。晋·潘岳《秋兴赋序》:"于是染翰操纸,慨然而赋。"翰,笔。操觚(gū):即执简,代指写作。晋·陆机《文赋》:"或操觚以率尔,或含毫而邈然。"《文心雕龙》序跋:"方今海内,文教盛隆。操觚之士,争崇古雅。"觚,古人书写记事的木简。

⑥执经问难:手持经书,诘问驳辩,以求解惑。《后汉书·儒林传序》:"飨射礼毕,帝(明帝)正坐自讲,诸儒执经问难于前,冠带缙绅之人,圜桥门而观听者盖亿万计。"执经,手持经书。谓从师受业。《汉书·于定国传》:"定国乃迎师学《春秋》,身执经,北面备弟子礼。"问难,诘问驳辩。古人切磋学业的常用手段。《东观汉记·贾宗传》:"上美宗既有武节,又兼经术,每宴会,令与当世大儒司徒丁鸿问难经传。"

⑦如椽(chuán)笔:典出《晋书·王珣传》:"珣梦人以大笔如椽与之,既觉,语人云:'此当有大手笔事。'俄而帝崩,哀册谥议,皆珣所草。"后遂以"如椽笔"比喻笔力雄健。犹言大手笔。椽,屋顶上承受灰瓦的木条。

⑧大方家:语出《庄子·秋水》:"吾长见笑于大方之家。"唐·成玄英疏:"方,犹道也。"原指深明大道的人,后指精通某种学问或艺术的人。

⑨尚:推崇,喜好。

⑩洛阳纸贵:形容文章极受人欢迎。《晋书·文苑传·左思》:"(左思)造齐都赋,一年乃成。复欲赋三都,会妹芬入宫,移家京师,乃诣著作郎张载访岷邛之事。遂构思十年,门庭藩溷皆着笔纸,

遇得一句,即便疏之。自以所见不博,求为秘书郎。及赋成,时人未之重。思自以其作不谢班张,恐以人废言,安定皇甫谧有高誉,思造而示之。……司空张华见而叹曰:'班张之流也。使读之者尽而有余,久而更新。'于是豪贵之家竞相传写,洛阳为之纸贵。"晋代左思作《三都赋》,构思十年,赋成,不为时人所重。及皇甫谧为作序,张载、刘逵为作注,张华见之,叹为"班张之流也",于是豪富之家争相传写,洛阳纸价因之昂贵。后以"洛阳纸贵"称誉别人的著作受人欢迎,广为流传。

⑪不嫌问难,曰明镜不疲:语本《世说新语·言语》:"孝武将讲《孝经》,谢公兄弟与诸人私庭讲习。车武子难苦问谢,谓袁羊曰:'不问则德音有遗,多问则重劳二谢。'袁曰:'必无此嫌。'车曰:'何以知尔?'袁曰:'何尝见明镜疲于屡照,清流惮于惠风!'"明镜不疲,指有学问的人不会厌烦别人的请教。

⑫邺(yè)架:唐邺侯李泌嗜好藏书,后人于是把书架称为"邺架"。唐·韩愈《送诸葛觉往随州读书》诗:"邺侯家多书,插架三万轴。一一悬牙签,新若手未触。为人强记览,过眼不再读。伟哉群圣文,磊落载其腹。"

⑬嗜(shì):十分喜好。

⑭书淫:旧时称嗜书成癖、好学不倦的人为"书淫"。晋代皇甫谧、南朝刘峻,都曾被人称作"书淫"。《晋书·皇甫谧传》:"耽玩典籍,忘寝与食,时人谓之'书淫'。"《梁书·刘峻传》:"自谓所见不博,更求异书,闻京师有者,必往祈借,清河崔慰祖谓之'书淫'。"

【译文】

歪理邪说,称"异端",又叫"左道";钻研读书,称"肄业",又叫"藏修"。

执笔作文,称"染翰操觚";拜师求学,叫"执经问难"。

　　求人写文章,说请挥"如椽笔";称美别人文章高明,说这才是"大方家"。

　　竞相追捧好文章,争相传抄,叫"洛阳纸贵";不厌烦别人请教,诲人不倦,叫"明镜不疲"。

　　夸人家藏书满架,说"邺架";赞他人嗜学成癖,可说"书淫"。

　　白居易生七月,便识"之""无"二字①;唐李贺才七岁,作《高轩过》一篇②。

　　开卷有益,宋太宗之要语③;不学无术,汉霍光之为人④。

　　汉刘向校书于天禄,太乙燃藜⑤;赵匡胤代位于后周,陶谷出诏⑥。

　　江淹梦笔生花,文思大进⑦;扬雄梦吐白凤,词赋愈奇⑧。

　　李守素通姓氏之学,世南名为人物志⑨;虞世南晰古今之理,太宗号为行秘书⑩。

　　茹古含今⑪,皆言学博;咀英嚼华⑫,总曰文新。

　　文望尊隆,韩退之若泰山北斗⑬;涵养纯粹,程明道如良玉精金⑭。

　　李白才高,咳唾随风生珠玉⑮;孙绰词丽,诗赋掷地作金声⑯。

【注释】

①白居易生七月,便识"之""无"二字:语本唐·白居易《与元九书》:"仆始生六七月时,乳母抱弄于书屏下,有指'无'字'之'字示仆者,仆虽口未能言,心已默识。"白居易自述生下来六七个月时,就认得"之""无"两个字。后遂以"之""无"借指简单易识

之字,称稍为认得几个字,读过几天书为"略识之无"。以"不识之无"形容人不识字,文化水平很低。

②唐李贺才七岁,作《高轩过》一篇:语本《新唐书·文艺传下·李贺》:"李贺字长吉,系出郑王后。七岁能辞章,韩愈、皇甫湜始闻未信,过其家,使贺赋诗,援笔辄就如素构,自目曰《高轩过》,二人大惊,自是有名。"李贺七岁作《高轩过》诗,唐代即已流传。《唐摭言》卷五、卷十皆记。《太平广记》卷二百六十五记之,云"出《剧谈录》"。《剧谈录》乃唐代康骈所著。

③开卷有益,宋太宗之要语:语本《续资治通鉴·宋纪·宋太宗太平兴国八年》:"帝性喜读书,诏史馆所修《太平总类》,日进三卷。宋琪等言:'日阅三卷,恐圣躬疲倦。'帝曰:'开卷有益,不为劳也。此书千卷,朕欲一年遍读。'寻改名《太平御览》。"宋太宗"开卷有益"一语,广见于宋代文献。钱若水《太宗皇帝实录(残)》卷二、彭百川《太平治迹统类》卷二十六、陈均《九朝编年备要》卷三、范祖禹《帝学》卷三、江少虞《事实类苑》卷二、王应麟《玉海》卷五十四、章如愚《群书考索》卷十七、王闢之《渑水燕谈录》卷六等皆载。

④不学无术,汉霍光之为人:语本《汉书·霍光金日磾传赞》:"然光不学亡(通"无")术,暗于大理。"本谓霍光不能学古,故所行不合于道术。后以"不学无术"泛指缺乏学问、本领。

⑤汉刘向校书于天禄,太乙燃藜(lí):语本晋·王嘉《拾遗记》卷六:"刘向于成帝之末,校书天禄阁,专精覃思,夜有老人着黑衣,植青藜杖,登阁而进,见向暗中独坐诵书。老父乃吹杖端,烟燃,因以见向,说开辟以前。向因受《五行洪范》之文,恐辞说繁广忘之,乃裂裳及绅,以记其言。至曙而去,向请问姓名。云:'我是太一之精,天帝闻金卯之子有博学者,下而观焉。'乃出怀中竹牒,有天文地图之书。"《三辅黄图》卷六、《太平广记》卷二百九十一、

《太平御览》卷八百八十六皆引。相传汉成帝末年刘向校书于天禄阁，有黑衣老人植青藜杖夜访，燃藜杖照明，授向《五行洪范》。天禄，天禄阁，汉代藏典籍之所。《汉宫殿疏》云："天禄麒麟阁，萧何造，以藏秘书、处贤才也。"太乙，即太一。先秦时指太一神，有东皇太一的说法；星相中指帝星，拟人化为太乙星君。燃藜，因太乙星君点燃藜杖为刘向照明的传说，后常指夜间读书或勤学苦练。

⑥赵匡胤（yìn）代位于后周，陶谷出诏：语本《宋史·太祖纪》："翰林承旨陶谷出周恭帝禅位制书于袖中。"宋太祖赵匡胤发动陈桥兵变，夺了后周的皇位，翰林承旨陶谷从袖中取出预先拟定的周恭帝禅位假诏书，使政变合法化。陶谷（903—970），字秀实，五代、宋初邠州新平（今陕西彬县）人。本姓唐，乃诗人唐彦谦之孙。后晋时避石敬瑭讳改姓陶。后晋时任知制诰，兼掌内外制，参与机要，又拜中书舍人。仕后汉，授给事中。后周世宗朝为翰林学士，与王朴等提出先南后北之统一大计。显德中，历兵部及吏部侍郎。陈桥兵变，参与拟定周恭帝禅位制书，以为赵匡胤受禅之用。宋初转礼部尚书，为翰林学士承旨。博学多识，当时法物制度，多所裁定。附宰相赵普，排斥窦仪，诬告李昉。奔竞务进，多忌好名。累加刑部、户部尚书。有《清异录》。

⑦江淹梦笔生花，文思大进：误合江淹梦笔与李白梦笔生花二事为一。《诗品》卷中："初，淹罢宣城郡，遂宿冶亭，梦一美丈夫，自称郭璞，谓淹曰：'我有笔在卿处多年矣，可以见还。'淹探怀中，得五色笔以授之。尔后为诗，不复成语，故世传'江淹才尽'。"《南史·江淹传》："淹少以文章显，晚节才思微退。云为宣城太守时罢归，始泊禅灵寺渚，夜梦一人自称张景阳，谓曰：'前以一匹锦相寄，今可见还。'淹探怀中得数尺与之，此人大恚曰：'那得割截都尽。'顾见丘迟谓曰：'余此数尺既无所用，以遗君。'自尔淹文章踬矣。又尝宿于冶亭，梦一丈夫自称郭璞，谓淹曰：'吾有笔在

卿处多年，可以见还。'淹乃探怀中得五色笔一以授之。尔后为诗绝无美句，时人谓之才尽。"相传，江淹晚年梦见郭璞索还五色笔，从此文采尽失。江淹梦笔故事，流传甚广。但皆只说梦笔，不言"生花"。"梦笔生花"，乃李白故事。五代·王仁裕《开元天宝遗事·梦笔头生花》："李太白少时，梦所用之笔头上生花，后天才赡逸。名闻天下。"江淹（444—505），字文通，南朝济阴考城（今河南民权）人。少孤贫好学。起家宋南徐州从事。尝坐罪入狱，上书力辩得释。寻举秀才，对策上第。萧道成（齐高帝）辅政，闻其才，召为尚书驾部郎。入齐，官御史中丞。弹劾不避权贵。累迁秘书监、侍中、卫尉卿。后附萧衍（梁武帝）。入梁，封醴陵侯，累官金紫光禄大夫。少以文章显。作诗善拟古。晚节才思微退，时称"江郎才尽"。传世名篇有《恨赋》《别赋》，今存《江文通集》辑本。另撰《齐史》十志，已佚。梦笔生花，比喻才情横溢，富有文思。

⑧扬雄梦吐白凤，词赋愈奇：语本《西京杂记·扬雄著太玄》："雄（扬雄）著《太玄经》，梦吐凤凰，集《玄》之上，顷而灭。"后因以"吐凤"称颂文才或文字之美。《太平广记》卷一百六十一、《太平御览》卷六百二、《白孔六帖》卷二十三等类书引《西京杂记》此条，作"梦吐白凤（凰）"。

⑨李守素通姓氏之学，世南名为人物志：语本《新唐书·李守素传》："李守素者，赵州人。王世充平，召署天策府仓曹参军，通氏姓学，世号'肉谱'。虞世南与论人物，始言江左、山东，尚相酬对；至北地，则笑而不答，叹曰：'肉谱定可畏。'许敬宗曰：'仓曹此名，岂雅目邪？宜有以更之。'世南曰：'昔任彦升通经，时称"五经笥"，今以仓曹为"人物志"，可乎？'时渭州刺史李淹亦明谱学，守素所论，惟淹能抗之。"《旧唐书》本传亦载，文字小异，而其号作"行谱"。早在新、旧《唐书》之前，唐人笔记已有记载。

唐·刘𫗦《隋唐嘉话》卷上：“秦王府仓曹李守素尤精谱学，人号为‘肉谱’。虞秘书世南曰：‘昔任彦升善谈经籍，时称为“五经笥”，宜改仓曹为“人物志”。’”唐·刘肃《大唐新语·聪敏》亦载，文字小异。二刘笔记所载，较两《唐书》本传为简，仅云虞世南改号，未及许敬宗讨论。李守素（？—约628），隋唐之际赵州（治今河北赵县）人。唐太宗平王世充，征为文学馆学士，署天策府仓曹参军。精研士族家谱，当时被称为“肉谱”（又称“行谱”），许敬宗和虞世南认为这个绰号不雅，改称“人物志”。世南，即虞世南，详见下句注。此句“世南名为人物志”之“世南”，他本多作“敬宗”。敬宗，即许敬宗。许敬宗（592—672），字延族，隋唐之际杭州新城（今浙江嘉兴西北）人。隋炀帝大业中举秀才。旋依李密为记室。唐初为秦王府十八学士之一。唐太宗贞观时由著作郎官至中书舍人，专掌诰命。唐高宗时为礼部尚书，与李义府等助唐高宗立武则天为后，擢侍中。又助武则天逐褚遂良，逼杀长孙无忌、上官仪等。唐高宗显庆中为中书令，与李义府同掌朝政。曾监修国史，多虚美隐恶，为世所讥。有集。

⑩虞（yú）世南晰古今之理，太宗号为行秘书：语本唐·刘𫗦《隋唐嘉话》卷中：“太宗尝出行，有司请载副书以从，上曰：‘不须。虞世南在，此行秘书也。’”唐·刘肃《大唐新语·聪敏》亦载，文字小异。唐初虞世南博闻强识，唐太宗夸他是随行的图书馆。虞世南（558—638），字伯施，越州馀姚（今浙江馀姚）人。历仕南朝陈、隋、唐三朝。虞世基弟，排行七。受学顾野王十余年，精思不懈。文章婉缛，得徐陵之意。又从王羲之七世孙僧智永学书法，成就颇高，与欧阳询、褚遂良、薛稷并称“唐初四大书家”。仕陈为建安王法曹参军。入隋，任秘书郎、起居舍人等职。入唐，历官秦府参军、弘文馆学士、太子中舍人、著作郎、秘书监等职，封永兴县子，人称“虞永兴”。唐太宗重其博识，每机务之隙，引之谈论，

虞世南必存规讽，多所补益。唐太宗尝称他有五绝：德行、忠直、博学、文辞、书翰。卒谥文懿。有《北堂书钞》及文集。生平见新、旧《唐书》本传。行秘书，犹今言"行走的图书馆"。秘书，指宫禁秘藏之书。《汉书·刘歆传》："及歆校秘书，见古文《春秋左氏传》，歆大好之。"唐太宗夸奖虞世南为"行秘书"，后遂用以泛称博闻强记的人。

⑪茹（rú）古含今：亦作"茹古涵今"。犹言博古通今。语出唐·皇甫湜《韩文公墓志铭》："茹古涵今，无有端涯。"

⑫咀（jǔ）英嚼华：语出唐·韩愈《进学解》："沉浸醲郁，含英咀华。作为文章，其书满家。"即"含英咀华"，比喻欣赏、体味或领会诗文的精华。亦作"含菁咀华"。明·张居正《赠霙翁尊师吴老先生督学山东序》："今世学者，含菁咀华，选词吐艳，盖人人能矣。"韩愈"含英咀华"一词，或本于晋·郭璞《蜜蜂赋》："咀嚼华滋，酿以为蜜。"英、华，皆指草木之花。

⑬文望尊隆，韩退之若泰山北斗：语本《新唐书·韩愈传赞》："自愈没，其言大行，学者仰之如泰山、北斗云。"文望尊隆，形容文学声望尊崇高贵。韩退之，即韩愈，字退之。见前《武职》篇"韩柳欧苏，固文人之最著"条注。泰山北斗，简称"泰斗"，比喻德高望重或有卓越成就而为人们所尊重敬仰的人。

⑭涵养纯粹，程明道如良玉精金：语本宋·程颐《明道先生行状》："先生资禀既异，而充养有道；纯粹如精金，温润如良玉。"涵养，修养。程明道，宋代理学家程颢，世称"明道先生"。程颢（1032—1085），字伯淳，北宋洛阳（今属河南）人。宋仁宗嘉祐二年（1057）进士。历鄠县、上元主簿，泽州晋城令。宋神宗熙宁二年（1069），以吕公著荐，授太子中允权监察御史里行。三年（1070），因与新法不合，恳求外任，除权发遣京西路提点刑狱，固辞，改差签书镇宁军节度判官。七年（1074），监西京洛河抽税

竹木务。元丰元年（1078），知扶沟县。三年（1080），罢归居洛讲学。六年（1083），监汝州酒税。八年（1085），宋哲宗立，召为宗正寺丞，未行而卒，年五十四。程颢与其弟程颐同为理学奠基人，早年从周敦颐学，世并称"二程"。著有《明道先生文集》，由门人整理其日常讲录、经说等，后人与程颐著作同编入《二程全书》。《宋史》卷四百二十七、《东都事略》卷一百十四、《名臣碑传琬琰集》下集卷二十一有传。

⑮李白才高，咳唾随风生珠玉：语本唐·李白《杂曲歌辞·妾薄命》诗："咳唾落九天，随风生珠玉。"此处引文形容文人才高，随手就能写出华美文章。李白诗句本于《庄子·渔父》及东汉·赵壹《刺世疾邪赋》。《庄子·渔父》："窃待于下风，幸闻咳唾之音，以卒相丘也。"后以"咳唾"称美他人的言语、诗文等。赵壹《刺世疾邪赋》："势家多所宜，咳唾自成珠。"

⑯孙绰（chuò）词丽，诗赋掷地作金声：语本《世说新语·文学》："孙兴公作《天台赋》成，以示范荣期，云：'卿试掷地，要作金石声。'范曰：'恐子之金石，非宫商中声。'然每至佳句，辄云：'应是我辈语。'"《晋书》本传亦载，文字小异。晋·孙绰写成《天台山赋》，对友人范荣期说："你扔地上试试，定会发出钟磬一样的声音！"范荣期起初不信，打开来一读，果然赞不绝口。孙绰（314—371），字兴公，东晋太原中都（今山西平遥）人，徙居会稽（今浙江绍兴）。文名冠于一时。历任征西将军（庾亮）参军、太学博士、尚书郎、建威长史、右军长史、永嘉太守、散骑常侍，官至廷尉卿、领著作郎。年五十八，卒。

【译文】

白居易刚出生七个月，就认识"之"和"无"两个字；李贺才七岁，就写了《高轩过》这首诗。

"开卷有益"，是宋太宗的至理名言；"不学无术"，是说汉代霍光的为人处事。

汉代刘向在天禄阁校书，太乙真君点燃藜杖为他照明；赵匡胤取代后周称帝，翰林陶谷出示提前拟好的周恭帝禅位诏书。

江淹梦见笔头生花，突然文思大进；扬雄梦到口吐白凤，词赋更加雄奇。

李守平素精通士族家谱的学问，虞世南称他为"人物志"；虞世南明晓古今的道理，唐太宗称他作"行秘书"。

"茹古含今"，都说学问渊博；"咀英嚼华"，形容人文章新颖。

文学声望崇高，韩愈好比"泰山北斗"；道德修养纯粹，程颢犹如"良玉精金"。

李白才华横溢，出口成章，仿佛他的唾沫随风便可变成珠玉；孙绰辞藻华丽，字句铿锵，仿佛掷地能有金石之声。

科第

【题解】

科第，指科举考试。科举，是隋唐以来封建王朝分科目考试选拔文武官吏后备人员的制度。于国家而言，是选拔人才的手段；于读书人而言，是进身必由之阶。

本篇16联，讲的都是和科举考试有关的成语典故。

士人入学^①，曰游泮^②，又曰采芹^③；士人登科^④，曰释褐^⑤，又曰得隽^⑥。

宾兴^⑦，即大比之年^⑧；贤书^⑨，即试录之号^⑩。

鹿鸣宴^⑪，款文榜之贤；鹰扬宴^⑫，待武科之士。

文章入式，有朱衣以点头^⑬；经术既明，取青紫如拾芥^⑭。

其家初中，谓之破天荒^⑮；士人超拔，谓之出头地^⑯。

【注释】

①入学：旧指生徒或童生经考试录取后进府、州、县学读书。宋·曾巩《上齐工部书》："进学之制，凡入学者不三百日，则不得举于有司。"清·袁枚《随园诗话补遗》卷七："直隶迁安县定例，入学八名，而应试者不过六七人。"

②游泮（pàn）：泮宫，为西周诸侯所设立的大学名称。因学宫前有泮水，故称"泮宫"。《礼记·王制》："小学在公宫南之左，大学在郊。天子曰'辟雍'，诸侯曰'泮宫'。"《艺文类聚》卷三十八引《五经通义》："诸侯不得观四方，故缺东以南，半天子之学，故曰'泮宫'。"宋后州县皆置学宫，沿用此称。明清时，儒生经考试取入府、州、县学为生员，谓之"游泮"。

③采芹：语出《诗经·鲁颂·泮水》："思乐泮水，薄采其芹。"毛传："泮水，泮宫之水也。天子辟雍，诸侯泮宫。言水则采取其芹，宫则采取其化。"郑笺："芹，水菜也。言己思乐僖公之修泮宫之水，复伯禽之法，而往观之，采其芹也。辟雍者，筑土雍水之外，圆如壁，四方来观者均也。泮之言半也。半水者，盖东西门以南通水，北无也。天子诸侯宫异制，因形然。"古时学宫有泮水，入学则可采水中之芹以为菜，故称入学为"采芹""入泮"。后亦指考中秀才，成了县学生员。

④登科：科举时期应考人被录取，称"登科"。唐·裴说《见王贞白》诗："共贺登科后，明宣入紫宸。"五代·王仁裕《开元天宝遗事·泥金帖子》："新进士才及第，以泥金书帖子附家书中，用报登科之喜。"

⑤释褐（hè）：脱去平民的衣服，比喻担任官职。褐，为粗布或粗布做成的衣服。古时贫贱者的穿着。《诗经·豳风·七月》："无衣

无褐,何以卒岁?"东汉·郑玄笺:"褐,毛布也。"西汉·扬雄《解嘲》:"夫上世之士,或解缚而相,或释褐而傅。"宋·高承《事物纪原·旗旄采章部·释褐》:"太平兴国二年正月十二日,赐新及第进士诸科吕蒙正以下绿袍靴笏,非常例也。御前释褐,盖自是始。"宋太宗太平兴国二年(977)正月十二日,赐新及第进士吕蒙正等人绿袍靴笏。从此,殿试之后,新科进士入太学释褐,成为惯例。后遂以"释褐"指进士及第授官。

⑥得隽(jùn):也作"得俊"。原指在战场上俘获敌方的猛将勇士。《左传·庄公十一年》:"大崩曰'败绩',得俊曰'克'。"唐·孔颖达疏:"战胜其师,获得其军内之雄俊者。"后比喻登科及第。唐·元稹《和王侍郎酬广宣上人观放榜后相贺》诗:"竞走墙前希得俊,高悬日下表无私。"

⑦宾兴:原为周代举荐贤才之法。谓乡大夫自乡小学荐举贤能而宾礼之,以升入国学。《周礼·地官·大司徒》:"以乡三物教万民而宾兴之。"东汉·郑玄注:"兴,犹举也。民三事教成,乡大夫举其贤者能者,以饮酒之礼宾客之。既则献其书于王矣。"科举时期,地方官设宴招待应举之士,亦称"宾兴",遂以"宾兴"指乡试。

⑧大比:原为周代制度。每三年对乡吏进行考核,选择贤能,称"大比"。《周礼·地官·乡大夫》:"三年则大比,考其德行、道艺,而兴贤者、能者。"东汉·郑玄注引东汉·郑众曰:"兴贤者,谓若今举孝廉。兴能者,谓若今举茂才。"隋唐以后泛指科举考试。明清时期特指乡试。《明史·选举志二》:"三年大比,以诸生试之直省,曰'乡试'。中式者为举人。"

⑨贤书:语出《周礼·地官·乡大夫》:"乡老及乡大夫群吏献贤能之书于王。"贤能之书,指举荐贤能的名录。明清时期,称乡试中式为"登贤书"。

⑩试录:明清时,将乡试、会试中试的举子姓名、籍贯、名次及其文

章汇集刊刻成册,名曰"试录"。明·叶盛《水东日记·试录》:"试录自宋崇宁中霍端友榜始。"明·李诩《戒庵老人漫笔·试录原始》:"国家科场揭晓后,有试录颁行天下,其制始于唐宋,唐称'进士登科记',宋称'进士小录',其实一也。"清·翟灏《通俗编·仕进》:"试录:《黄佐翰林记》:'洪武甲子乡试,乙丑会试,初为小录,惟刻董事之官,试士之题,及中选者之名第、籍贯、经书而已,未录士子之文为程式也。次科戊辰,始录程文,自是以为定式。'按,《唐会要》:'大中十年,礼部侍郎郑显进诸家科目十二卷,敕自今以后,放榜讫,写及第人姓名,付所司编次。'则宋以前,非不为此录,特其名目殊耳。"

⑪鹿鸣宴:科举时期,乡试放榜之后,州县长官宴请主考、执事人员及新举人,歌《诗经·小雅·鹿鸣》,称"鹿鸣宴"。明·丘濬《大学衍义补》卷四十八:"本朝三年大比一开科,两京十三藩皆有乡试,撤棘之日,有司设席以待考试官及中式举子,谓之'鹿鸣宴'。"《小雅·鹿鸣》:"呦呦鹿鸣,食野之苹。我有嘉宾,鼓瑟吹笙。"乃周代行乡饮酒礼所歌乐章。唐以后,用于乡举宴会。宋徽宗政和二年(1112)九月二十五,曾颁《鹿鸣宴》乐章五曲,政和三年诏州郡"鹿鸣宴"改为"乡饮酒"(见宋·王应麟《玉海》卷七十三)。明清仍惯称"鹿鸣宴"。《新唐书·选举志上》:"每岁仲冬……试已,长吏以乡饮酒礼,会属僚,设宾主,陈俎豆,备管弦,牲用少牢,歌《鹿鸣》之诗,因与耆艾叙长少焉。"《宋史·礼志十七》:"后世腊蜡百神、春秋习射、序宾饮酒之仪,不行于郡国,唯贡士日设鹿鸣宴,犹古者宾兴贤能,行乡饮之遗礼也。"(按,据宋·郑居中《政和五礼新仪·提要》)宋·吴自牧《梦粱录·解闱》:"诸路州郡供设鹿鸣宴待贡士。"

⑫鹰扬宴:招待武科举人的宴会。鹰扬,语出《诗经·大雅·大明》:"维师尚父,时维鹰扬。"形容威武的样子如鹰之飞扬。

清·高宗弘历《钦定皇朝通志》卷六十三："文进士恩荣宴,乐奏《启天门》之章;武进士鹰扬宴,乐奏《和气洽》之章。……乾隆五十一年定:乡试鹿鸣宴,歌《鹿鸣》之诗;会试恩荣宴,歌《棫朴》之诗;鹰扬宴,歌《兔罝》之诗。"

⑬文章入式,有朱衣以点头:语本明·陈耀文《天中记》卷三十八引宋·赵令畤《侯鲭录》中有:"欧阳修知贡举日,每遇考试卷,坐后常觉一朱衣人时复点头,然后其文入格。不尔,则无复与考。始疑侍吏,及回顾之,一无所见。因语其事于同列,为之三叹。尝有句云'唯愿朱衣一点头'。"后遂以"朱衣点头"指科考时文章中式。传世本《侯鲭录》八卷未见记载"朱衣点头",但宋·潘自牧《记纂渊海》卷三十七已载此事,并注明出自《侯鲭录》。阙名《翰苑新书》卷六十三亦载此事。入式,合乎程式,合乎要求。

⑭经术既明,取青紫如拾芥:语本《汉书·夏侯胜传》:"胜每讲授,常谓诸生曰:'士病不明经术,经术苟明,其取青紫如俯拾地芥耳。学经不明,不如归耕。'"唐·颜师古注:"地芥,谓草芥之横在地上者。俯而拾之,言其易而必得也。青紫,卿大夫之服也。"西汉经师夏侯胜常对弟子说:"如果真能搞明白儒家经书学术,那么,取得高官厚禄,就像从地上拾取草芥一样容易。"经术,经学,以儒家经典为研究对象的学问。青紫,原为古时公卿绶带的颜色,借指高官显爵。清·王先谦注《汉书》引宋·叶梦得:"汉丞相大尉,皆金印紫绶,御史大夫,银印青绶。"拾芥,也作"拾地芥"。"芥"为地上小草,比喻获得某物极其容易。

⑮破天荒:比喻前所未有,第一次出现。唐代时荆南地区(今湖北省荆州一带)从未出过进士,号称"天荒",直至唐宣宗时才有刘蜕及第,称"破天荒"。事见五代·王定保《唐摭言》卷二:"荆南解比,号天荒。大中四年,刘蜕舍人以是府解及第。时崔魏公作镇,以破天荒钱七十万资蜕。蜕谢书略曰:'五十年来,自是人废;

一千里外,岂曰天荒?'"宋·孙光宪《北梦琐言》卷四:"唐荆州
衣冠薮泽,每岁解送举人,多不成名,号曰'天荒解'。刘蜕舍人
以荆解及第,号为'破天荒'。"

⑯士人超拔,谓之出头地:语本宋·欧阳修《与梅圣俞书》(嘉祐二
年):"取读轼书,不觉汗出。快哉快哉! 老夫当避路放他出一头
地也。"欧阳修极其欣赏苏轼的文章,在写给梅尧臣(字圣俞)的
信里说:"我要给他让路(以免挡住他),让他出人头地,超过世
人。"欧阳修欣赏苏轼,说欲"放他出一头地",有宋一代传为美
谈,广为征引,举不胜举。连宋·晁公武《郡斋读书志》卷十九在
苏轼别集下都专门写道:"嘉祐中,欧阳永叔考试礼部进士,梅圣
俞与其事,得其《论刑赏》以示,永叔至惊喜,以为异人,欲以冠多
士,疑曾子固所为,乃寘之第二等。后以书谢,永叔见之,语客曰:
'老夫当避此人放出一头地。'又以直言荐之,答策入上等。"元人
修《宋史》,于苏轼本传亦载之。出头地,原作"出一头地",指避
开某人使其超出同辈。后比喻高人一等、超出一般人。

【译文】

生徒经考试录取后进府、州、县学读书,称"游泮",又叫"采芹";书
生参加科举考试被录取,称"释褐",又叫"得隽"。

三年一次的大比,为"宾兴";乡试新中举者名单,叫"贤书"。

"鹿鸣宴",宴请中文举的新人;"鹰扬宴",款待中武举的新人。

文章合格,可以入选,会有"朱衣"人在旁点头称许;经学若能明晓,
佩青绶紫绶,取高官厚禄,将如拾草芥一样容易。

某个家族第一次有人考中科举,称"破天荒";学子出类拔萃,称"出
头地"。

中状元,曰独占鳌头①;中解元②,曰名魁虎榜③。

琼林赐宴,宋太宗之伊始④;临轩问策,宋神宗之开端⑤。

同榜之人，皆是同年；取中之官，谓之座主⑥。

应试见遗⑦，谓之龙门点额⑧；进士及第⑨，谓之雁塔题名⑩。

贺登科⑪，曰荣膺鹗荐⑫；入贡院⑬，曰鏖战棘闱⑭。

金殿唱名⑮，曰传胪⑯；乡会放榜，曰彻棘⑰。

【注释】

①独占鳌（áo）头：科举时期称中状元为"独占鳌头"。鳌，为传说里海中的巨鳌或巨龟，皇宫殿前陛石上刻有大鳌，相传状元及第时站此迎榜。后来比喻占首位或居第一名。元·无名氏《陈州粜米》楔子："殿前曾献升平策，独占鳌头第一名。"清·洪亮吉《北江诗话》卷三："又俗语谓状元'独占鳌头'，语非尽无稽。胪传毕，赞礼官引东班状元、西班榜眼二人前趋至殿陛下，迎殿试榜。抵陛，则状元稍前进，立中陛石上，石正中镌升龙及巨鳌，盖警跸出入所由，即古所谓螭头矣。俗语所本以此。"

②解（jiè）元：金元时始称乡试第一名为"乡元"，又称"解元"。《明史·选举志》："三年大比，以诸生试之直省，曰'乡试'。中式者为举人。次年，以举人试之京师，曰'会试'。……士大夫又通以乡试第一为解元，会试第一为会元。"

③名魁（kuí）虎榜：这里指科举中选。魁，北斗第一星、头部，引申为名列第一。虎榜，即"龙虎榜"之简称。语出《新唐书·文艺传下·欧阳詹》："欧阳詹字行周，泉州晋江人。其先皆为本州州佐、县令。闽越地肥衍，有山泉禽鱼，虽能通文书吏事，不肯北宦。及常衮罢宰相为观察使，始择县乡秀民能文辞者，与为宾主钧礼，观游飨集必与，里人矜耀，故其俗稍相劝仕。初，詹与罗山甫同隐潘湖，往见衮，衮奇之。辞归，泛舟饮饯。举进士，与韩愈、李观、李绛、崔群、王涯、冯宿、庾承宣联第，皆天下选，时称'龙虎榜'。闽人第进士，自詹始。"后遂以"登龙虎榜"指进士及第，明清时期

则指会试中选。

④琼林赐宴,宋太宗之伊始:宋太平兴国九年(984)至政和二年(1112),天子均于琼林苑赐宴新进士,故称。后世赐宴虽非其地,然仍袭用其名。《宋史·选举志一》:"(太平兴国九年)进士始分三甲。自是锡宴就琼林苑。"宋·叶梦得《石林燕语》卷一:"琼林苑,乾德中置,太平兴国中,复凿金明池于苑北。……岁以二月开,命士庶纵观,谓之'开池'。至上巳,车驾临幸毕,即闭。岁赐二府从官燕及进士闻喜燕,皆在其间。"清·王士禛《分甘馀话》卷二:"今新进士赐宴,谓之'琼林宴'。琼林,宋京城四御苑之一。《石林燕语》:'琼林苑、金明池,每二月命士庶纵观,谓之"开池"。岁赐二府从官宴于此。进士闻喜宴亦在焉。'自明代相沿至今。犹唐之题名雁塔也。"

⑤临轩(xuān)问策,宋神宗之开端:语本《宋史·选举志》:"熙宁三年,亲试进士,始专以策,定著限以千字。旧特奏名人试论一道,至是亦制策焉。帝谓执政曰:'对策亦何足以实尽人材,然愈于以诗赋取人尔。'"宋神宗熙宁三年(1070)始,皇帝殿试贡士,专考对策。临轩问策,皇帝亲自出题考试士人,题目大多为经义或政事等。宋神宗之前,殿试题目也包括诗赋,吕公著上疏建议专用策论。宋·朱熹《宋名臣言行录》后集卷八:"公知贡举,在贡院密上奏曰:'天子临轩策士,而用诗赋,非举贤求治之意。'"临轩,天子不居正殿而坐于前殿。皇宫殿前的厅堂与台阶间有横木似车轩,因而得名。《后汉书·党锢传·李膺》:"让诉冤于帝,诏膺入殿,御亲临轩,诘以不先请便加诛辟之意。"

⑥"同榜之人"四句:语本唐·李肇《唐国史补》卷下:"进士为时所尚久矣。是故俊乂实集其中,由此出者,终身为闻人。故争名常切,而为俗亦弊。其都会谓之'举场',通称谓之'秀才',投刺谓之'乡贡',得第谓之'前进士',互相推敬谓之'先辈',俱捷谓

之‘同年’，有司谓之‘座主’。”清·顾炎武《生员论中》：“生员之在天下，近或数百千里，远或万里，语言不同，姓名不通，而一登科第，则有所谓主考官者，谓之‘座师’；有所谓同考官者，谓之‘房师’；同榜之士，谓之‘同年’；同年之子，谓之‘年侄’；座师、房师之子，谓之‘世兄’；座师、房师之谓我，谓之‘门生’；而门生之所取中者，谓之‘门孙’；门孙之谓其师之师，谓之‘太老师’。”同年，古代科举考试同科中式者，互称“同年”。唐代同榜进士称“同年”，明清乡试、会试同榜登科者亦皆称“同年”。清·赵翼《陔馀丛考·同年》：“余庚午乡举，宛平黄叔琳开府系前庚午举人，曾为先后同年之会；大学士史铁崖并及见先后进士同年，真为盛事。”取中，录取。座主，唐宋时进士对主试官的称呼，明清时举人亦称主考官或总裁官为“座主”，也称“座师”。

⑦见遗：被遗漏。

⑧龙门点额：语本北魏·郦道元《水经注·河水》：“《尔雅》曰：‘鳣，鲔也。’出巩穴三月，则上渡龙门，得渡为龙矣，否则点额而还。”故以“龙门点额”喻仕路失意或科场落第。唐·白居易《醉别程秀才》诗：“五度龙门点额回，却缘多艺复多才。”

⑨进士：科举时期称殿试考取的人。明清时，举人经会试及格后即可称为“进士”。及第：科举应试中选，榜上题名有甲乙次第，因而得名。隋唐时仅用于考中进士，明清时殿试一甲三名赐进士及第，也简称“及第”。宋·高承《事物纪原·学校贡举部·及第》：“汉之取士，其射策中者，谓之‘高第’，隋唐以来，进士诸科，遂有及第之目。”

⑩雁塔题名：唐代新科进士在曲江会宴后，常题名于雁塔。唐·李肇《唐国史补》卷下：“既捷，列书其姓名于慈恩寺塔，谓之‘题名’。”唐·韦绚《刘宾客嘉话录》：“慈恩题名，起自张莒，本于寺中闲游而题同年，人因为故事。”五代·王定保《唐摭言》卷三：

"神龙以来,杏园宴后,皆于慈恩寺塔下题名,同年中推一善书者纪之。"后因以"雁塔题名"指进士及第。进士题名,后来传为习俗。宋代时进士题名,在相国、兴国二寺;元代时开始刻石于国子监。雁塔,即大雁塔,也称"大慈恩寺塔",在今陕西西安南的慈恩寺中。宋·王溥《唐会要(卷四十八)·寺》:"慈恩寺。晋昌坊。隋无漏废寺。贞观二十二年十二月二十四日,高宗在春宫为文德皇后立为寺,故以'慈恩'为名。寺内浮图,永徽三年,沙门玄奘所立。"名字来源有二:一为《天竺记》中达嚫国有伽叶佛伽蓝,穿石山作五层塔,底层成雁形。二为《大唐西域记》中记载的古印度故事,菩萨为引导寺僧,化身为雁,坠死僧前,"于是建窣(sū)堵波(梵语"佛塔"的音译),式照遗烈,以彼死雁,瘗(yì)其下焉"。

⑪登科:科举考试中被录取。五代·王仁裕《开元天宝遗事·泥金帖子》:"新进士才及第,以泥金书帖子,附于家书中,用报登科之喜。"

⑫荣膺(yīng)鹗(è)荐:《后汉书·文苑传下·祢衡》载,孔融与祢衡友善,曾上疏荐祢衡曰:"鸷鸟累百,不如一鹗。使衡立朝,必有可观。"后人以"荣膺鹗荐"为贺人登科之颂辞。"鸷鸟累百,不如一鹗",或为汉代俗语。《汉书·邹阳传》载邹阳上书谏吴王云:"臣闻'鸷鸟累百,不如一鹗'。"三国魏·孟康注:"鹗,大雕也。"鹗为猛禽,稀见,故以喻才能出众者。

⑬贡院:科举考场。唐·李肇《唐国史补》卷下:"开元二十四年,考功郎中李昂,为士子所轻诋。天子以郎署权轻,移职礼部,始置贡院。"《明史·选举志二》:"试士之所,谓之'贡院'。"

⑭鏖(áo)战:激烈地战斗,苦战。亦比喻考场激烈竞争。棘闱(wéi):即"棘围"。"棘"原指野生的酸枣树,后泛指一切有芒刺的草木。唐、五代科考时,以棘木围绕试院,防止舞弊。唐·杜佑

《通典·选举三》："（礼部）阅试之日，皆严设兵卫，荐棘围之，搜索衣服，讥诃出入，以防假滥焉。"清·赵翼《陔馀丛考·棘闱》："贡院四围重墙皆插棘，所以杜传递出入之弊，古制则非为此也。《五代史·和凝传》：是时进士多浮薄，喜为喧哗，以动主司。主司每放榜，则围之以棘，闭省门。凝知贡举，撤棘开门，而士皆肃然无哗，所取称为得人。然则设棘乃放榜时以防士子喧噪耳。"

⑮唱名：科举时期殿试后，皇帝呼名召见登第进士，叫"唱名"。宋·高承《事物纪原·学校贡举部·唱名》："《宋朝会要》曰：'雍熙二年三月十五日，太宗御崇政殿试进士，梁颢首以程试上进，帝嘉其敏速，以首科处焉。十六日，帝按名一一呼之，面赐及第。'唱名赐第，盖自是为始。"

⑯传胪（lú）：科举时期，殿试揭晓唱名的一种仪式。殿试公布名次之日，皇帝至殿宣布，由阁门承接，传于阶下，卫士齐声传名高呼，谓之"传胪"。也作"胪唱""胪传"。清制，四月二十一日殿试，二十五日传胪。殿试后，阅卷大臣列甲第名次，进呈钦定，于二十四日先拆前十卷，按名引见，叫"小传胪"。另，明代称科举第二、三甲第一名为"传胪"。至清则专称二甲第一名为"传胪"。《明史·选举志二》："而士大夫又通以乡试第一为解元，会试第一为会元，二、三甲第一为传胪云。"胪，陈述告知。

⑰彻棘（jí）：即"撤棘"，撤去棘围。因放榜日关闭贡院，并于门口设置荆棘，以防落第者闯入喧闹，放榜后始撤去，故称。《旧五代史·周书·和凝传》："贡院旧例，放榜之日，设棘于门及闭院门，以防下第不逞者。凝令彻棘启门，是日寂无喧者。"清·赵翼《陔馀丛考·棘闱》亦载。见本篇"入贡院，曰鏖战棘闱"条注。

【译文】

高中状元，叫"独占鳌头"；高中解元，叫"名魁虎榜"。

天子在琼林苑赐宴新进士，从宋太宗开始；皇帝在前殿亲自考新进士策论,由宋神宗初创。

同榜考中的人,都叫"同年";负责录取的主考官,称为"座主"。

考试落榜,称"龙门点额";考中进士,称"雁塔题名"。

祝人考中,说"荣膺鹗荐";进入科举考场,叫"鏖战棘闱"。

金殿唱名,叫"传胪";乡试、会试发榜,叫"撤棘"。

攀仙桂①,步青云②,皆言荣发③;孙山外④,红勒帛⑤,总是无名。

英雄入吾彀,唐太宗喜得佳士⑥;桃李属春官,刘禹锡贺得门生⑦。

薪,采也,楢,积也,美文王作人之诗,故考士谓之薪楢之典⑧;汇,类也,征,进也,是连类同进之象,故进贤谓之汇征之途⑨。

赚了英雄⑩,慰人下第;傍人门户⑪,怜士无依。

虽然,有志者事竟成⑫,伫看荣华之日⑬;成丹者火候到⑭,何惜烹炼之功⑮?

【注释】

①攀仙桂:也作"折桂"。攀折桂枝,比喻科举登第。《晋书·郤诜传》:"累迁雍州刺史。武帝于东堂会送,问诜曰:'卿自以为何如?'诜对曰:'臣举贤良对策,为天下第一,犹桂林之一枝,昆山之片玉。'"后因以"折桂"谓科举高中。北宋·陈元老《登科》诗:"桃花直透(一作"稳过")三层浪,桂子(一作"月桂")高攀第一枝。"

②步青云:"平步青云"的省称,亦作"平地青云"。指从平地一步踏入青云,比喻境遇突然变好,一般指科举及第后顺利无阻地一

下子达到很高的地位。唐·曹邺《杏园宴呈同年》诗："一旦公道开，青云在平地。"宋·袁文《瓮牖闲评》卷三："廉宣仲高才，幼年及第，宰相张邦昌纳为婿，当徽宗时，自谓平步青云。"青云，早在先秦、秦汉时期就被用来比喻高官显爵。《史记·范雎蔡泽列传》："须贾顿首言死罪，曰：'贾不意君能自致于青云之上。'"西汉·扬雄《解嘲》："当途者升青云，失路者委沟渠。"旧注："梁灏八十二岁状元及第，谢表云：'皓首穷经，青云得路。'"按，梁灏状元及第谢启："白首穷经，少伏生之八岁；青云得路，多太公之二年。"见于宋·陈正敏《遁斋闲览》，在宋代广为流传。但实为附会。梁灏卒时，年四十二。宋·洪迈《容斋四笔》考之甚详。

③荣发：荣耀发达。

④孙山外：指未考中、未被录取。宋·范公偁《过庭录》："吴人孙山，滑稽才子也。赴举他郡，乡人托以子偕往。乡人子失意，山缀榜末。先归，乡人问其子得失。山曰：'解名尽处是孙山，贤郎更在孙山外。'"后有成语"名落孙山""孙山之外"，都是未考中的意思。

⑤红勒（lè）帛：指考官用朱笔涂抹文字（斥为不合格）。宋·沈括《梦溪笔谈·人事一》："嘉祐中，士人刘几累为国学第一人，骤为怪崄之语，学者翕然效之，遂成风俗，欧阳公深恶之，会公主文，决意痛惩，凡为新文者一切弃黜，时体为之一变，欧阳之功也。有一举人论曰：'天地轧，万物茁，圣人发。'公曰：'此必刘几也。'戏续之曰：'秀才剌，试官刷。'乃以大朱笔横抹之，自首至尾，谓之'红勒帛'，判'大纰缪（意为错误）'字榜之，既而果几也。"

⑥英雄入吾彀（gòu），唐太宗喜得佳士：语本五代·王定保《唐摭言》卷一："若列之于科目，则俊秀盛于汉魏；而进士，隋大业中所置也。如侯君素、孙伏伽，皆隋之进士也明矣。然彰于武德而甲于贞观。盖文皇帝修文偃武，天赞神授，尝私幸端门，见新进士缀

行而出,喜曰:'天下英雄入吾彀中矣!'"彀中,语出《庄子·德充符》:"游于羿之彀中。"唐·成玄英疏:"其矢所及,谓之'彀中'。"指弓箭射程之内。后因以"入彀"比喻人才入其掌握,被笼络网罗。

⑦桃李属春官,刘禹锡贺得门生:语本唐·刘禹锡《宣上人远寄和礼部王侍郎放榜后诗,因而继和》:"礼闱新榜动长安,九陌人人走马看。一日声名遍天下,满城桃李属春官。"桃李,比喻培养的门生后辈。春官,古官名。《周礼》"六官"之一。掌管礼法、祭祀。唐代时曾改礼部为春官,后来便成为礼部的别称。

⑧"薪,采也"六句:语本《诗经·大雅·棫朴》。毛序:"《棫朴》,文王能官人也。"其诗云:"芃芃棫朴,薪之槱之。"毛传:"兴也。芃芃,木盛貌。棫,白桵也。朴,枹木也。槱,积也。山木茂盛,万民得而薪之。贤人众多,国家得用蕃兴。"郑笺:"白桵相朴属而生者,枝条芃芃然,豫斫以为薪。至祭皇天上帝及三辰,则聚积以燎之。"歌颂周文王能任用贤能,治理四方。后以"薪槱(yǒu)"喻贤良的人才或选拔贤良的人才。《棫朴》诗又云:"周王寿考,遐不作人。"郑笺:"周王,文王也。文王是时九十余矣,故云'寿考'。"孔疏:"作人者,变旧造新之辞。"后遂以"作人"指提拔并造就人才。

⑨"汇,类也"六句:语本《周易·泰卦》:"初九,拔茅茹,以其汇。征吉。"三国魏·王弼注:"茅之为物,拔其根而相牵引者也。茹,相牵引之貌也。三阳同志,俱志在外,初为类首,己举则从,若茅茹也。上顺而应,不为违距,进皆得志,故以其类征吉。"唐·孔颖达疏:"'拔茅茹'者:初九欲往于上,九二、九三,皆欲上行,己去则从,而似拔茅举其根相牵茹也。'以其汇'者:汇,类也,以类相从。'征吉'者:征,行也。上坤而顺下,应于乾,己去则纳,故征行而吉。"后遂以"汇征"指进用贤才。《旧唐书·陆贽传》:"广

求才之路,使贤者各以汇征。"进贤,谓进荐贤能之士。《周礼·夏官·大司马》:"进贤兴功,以作邦国。"唐·贾公彦疏:"进贤,诸臣旧在位有德行者并草莱有德行未遇爵命者,进之使称才仕用。"晋·葛洪《抱朴子外篇·臣节》:"上蔽人主之明,下杜进贤之路。"

⑩赚了英雄:语本五代·王定保《唐摭言》卷一:"进士科始于隋大业中,盛于贞观、永徽之际;缙绅虽位极人臣,不由进士者,终不为美,以至岁贡常不减八九百人。其推重谓之'白衣公卿',又曰'一品白衫';其艰难谓之'三十老明经,五十少进士';其负倜傥之才,变通之术,苏、张之辨说,荆、聂之胆气,仲由之武勇,子房之筹画,弘羊之书计,方朔之诙谐,咸以是而晦之。修身慎行,虽处子之不若;其有老死于文场者,亦所无恨。故有诗云:'太宗皇帝真长策,赚得英雄尽白头!'"唐代进士地位尊荣,但极为难考,有人由少至老,仍未考中。当时人有诗云:"太宗皇帝真长策,赚得英雄尽白头!"故以"赚了英雄"为安慰人落第之语。

⑪傍人门户:语本唐·章孝标《归燕词辞工部侍郎》(一作《下第后献主司》):"旧垒危(一作"泥")巢泥已落,今年故(一作"固")向社前归。连云大厦无栖处,更望(一作"绕",一作"傍")谁家门户飞。"《太平广记(卷一百八十一)·贡举四·章孝标》:"章孝标元和十三年下第。时辈多为诗以刺主司,独章为《归燕诗》,留献侍郎庾承宣。承宣得时,展转吟讽,诚恨遗才,仍候秋期,必当荐引。庾果重典礼曹,孝标来年擢第。群议以为二十八字而致大科,则名路可遵,递相砥砺也。诗曰:'旧垒危巢泥已落,今年故向社前归。连云大厦无栖处,更望谁家门户飞。'"章孝标《归燕诗》广为后世诗话笔记类著作征引,文字略有出入。傍人门户,依赖他人,不能自立。宋·苏轼《东坡志林》卷十二:"桃符仰视艾人而骂曰:'汝何等草芥,辄居我上!'艾人俯而应曰:'汝已半截入

土,犹争高下乎?'桃符怒,往复纷然不已。门神解之曰:'吾辈不肖,方傍人门户,何暇争闲气耶!'"别本作"傍谁门户"。

⑫有志者事竟成:语出《后汉书·耿弇传》:"将军前在南阳建此大策,常以为落落难合,有志者事竟成也!"东汉光武帝刘秀表彰将军耿弇(yǎn)军功时所说,意为只要有志气,事情终究会成功。

⑬伫(zhù)看:行将看到。

⑭成丹者火候到:方士炼丹须注意火候的成分、强弱、时间等,比喻欲成功者不可操之过急。唐·白居易《天坛峰下赠杜录事》诗:"河车九转宜精炼,火候三年在好看。"宋·张君房《云笈七签·金丹部》:"高上贤明之士先拣其砂,次调火候,在意消息,而成七返七还。"

⑮烹炼:本指冶炼。《朱子语类》卷五十九:"且如银坑有矿,谓矿非银不可,然必谓之银不可,须用烹炼,然后成银。"引申为提炼、锤炼。清·袁枚《随园诗话》卷三:"东坡近体诗,少蕴酿烹炼之功,故言尽而意亦止。"

【译文】

"攀仙桂","步青云",都是讲高中发达;"孙山外","红勒帛",全是说榜上无名。

"天下英雄入吾彀中",是唐太宗看到优秀人才都参加科举的由衷感慨;"满城桃李属春官",是刘禹锡祝贺礼部侍郎又得新门生的诗句。

"薪"指采樵,"槱"指堆积,"芃芃棫朴,薪之槱之"是《诗经·大雅·棫朴》颂扬周文王提拔贤能的诗句,因此后世用"薪槱"之典指科举考试;"汇"指以类相从,"征"指进用得志,《周易·泰卦》"初九,拔茅茹,以其汇。征吉",是连同其类一起拔出的象征,因此后世用"汇征之途"指进用贤才。

"赚了英雄",是安慰别人落榜的话;"傍人门户",是可怜贫士无依无靠。

即便如此，"有志者，事竟成"，终归能看到荣华富贵的那一天；"成丹者，火候到"，又何必吝惜千锤百炼的功夫？

制作

【题解】

制作，是发明创造之意。传统中国所讲的"制作"，不仅仅指具体器具，还包括文化制度。

本篇20联，所讲的都是和各种器具制度发明创作相关的成语典故。

上古结绳记事①，苍颉制字代绳②。

龙马负图，伏羲因画八卦③；洛龟呈瑞，大禹因列九畴④。

历日是神农所为⑤，甲子乃大挠所作⑥。

算数作于隶首⑦，律吕造自伶伦⑧。

甲胄舟车，系轩辕之创始⑨；权量衡度⑩，亦轩辕之立规⑪。

伏羲氏造网罟，教佃渔以赡民用⑫；唐太宗造册籍⑬，编里甲以税田粮⑭。

【注释】

①上古结绳记事：语本《周易·系辞下》："上古结绳而治，后世圣人易之以书契。"唐·孔颖达疏："结绳者，郑康成注云'事大大结其绳，事小小结其绳'，义或然也。"结绳记事，上古时候没有文字，先民用打绳结的方式来记录重要的事情。

②苍颉（jié）：也作"仓颉"。相传是黄帝的史官，传说他是汉字的创造者。《荀子·解蔽》："好书者众矣，而仓颉独传者，一也。"《吕氏春秋·审分览·君守》："奚仲作车，苍颉作书。"《淮南子·本经

训》:"昔者仓颉作书而天雨粟,鬼夜哭。"《说文解字叙》:"黄帝之史仓颉,见鸟兽蹄远之迹,知分理之可相别异也,初造书契。"

③龙马负图,伏羲(xī)因画八卦:语本《尚书·顾命》:"大玉、夷玉、天球、河图,在东序。"西汉·孔安国传:"伏羲王天下,龙马出河,遂则其文以画八卦,谓之'河图'。"龙马,是古代传说中龙头马身的神兽。相传,龙马背负图文浮出黄河,伏羲仿照上边的图案画出八卦。伏羲,上古传说中的帝皇。相传在他治理期间,发明了文字、卦象,教导男女嫁娶之礼和饲养家畜的方法。

④洛龟呈瑞,大禹因列九畴(chóu):语本《尚书·洪范》:"天乃锡禹洪范九畴,彝伦攸叙。"西汉·孔安国传:"天与禹,洛出书。神龟负文而出,列于背,有数至于九。禹遂因而第之,以成九类。"传说上天眷顾大禹,有神龟背负书文浮出洛水,大禹受到启发,制定了安邦治国的九类规范(洪范九畴)。洛龟呈瑞,指洛水神龟献出洛书。禹,传说中尧、舜之后的上古圣王,原为尧的臣子,治理水患有功,被尊为"大禹"。九畴,传说中天帝赐给禹治理天下的九类大法。《尚书·洪范》:"初一曰五行,次二曰敬用五事,次三曰农用八政,次四曰协用五纪,次五曰建用皇极,次六曰乂用三德,次七曰明用稽疑,次八曰念用庶征,次九曰享用五福、威用六极。"东汉·马融注:"从'五行'已下至'六极',《洛书》文也。"

⑤历日是神农所为:语本《艺文类聚(卷五)·岁时部下》暨《太平御览(卷十六)·时序部一》引三国吴·杨泉《物理论》:"畴昔神农始治农功,正节气,审寒温,以为早晚之期,故立历日。"历日,日历,历法。神农,上古传说中的帝王,耕种、医药等事的始祖。

⑥甲子乃大挠(náo)所作:语本《吕氏春秋·审分览·勿躬》:"大桡作甲子。"甲子,用甲、乙、丙、丁等十天干和子、丑、寅、卯等十二地支循环搭配来记录年月日时的方法,相传是黄帝时名为"大桡(后世亦写作"大挠")"的臣子所创制。

⑦算数作于隶首：语本《史记·历书》："黄帝考定星历。"唐·司马贞索隐："《系本》及《律历志》：黄帝使羲和占日，常仪占月，臾区占星气，伶伦造律吕，大挠作甲子，隶首作算数，容成综此六术而著调历也。"算数，计算的方法。《汉书·律历志上》："数者，一、十、百、千、万也，所以算数事物，顺性命之理也。"隶首，传说中黄帝的史官，始作算数。后来也指擅长算数的人。晋·葛洪《抱朴子内篇·道意》："隶首不能计其多少，离朱不能察其仿佛。"

⑧律吕造自伶（líng）伦：语本《吕氏春秋·仲夏纪·古乐》："昔黄帝令伶伦作为律。伶伦自大夏之西，乃之阮隃之阴，取竹于嶰溪之谷，以生空窍厚钧者，断两节间，其长三寸九分而吹之，以为黄钟之宫，吹曰舍少。次制十二筒，以之阮隃之下，听凤皇之鸣，以别十二律。其雄鸣为六，雌鸣亦六，以比黄钟之宫，适合。黄钟之宫皆可以生之，故曰：黄钟之宫，律吕之本。"又，《汉书·律历志上》："律十有二，阳六为律，阴六为吕。律以统气类物，一曰黄钟，二曰太族，三曰姑洗，四曰蕤宾，五曰夷则，六曰亡射。吕以旅阳宣气，一曰林钟，二曰南吕，三曰应钟，四曰大吕，五曰夹钟，六曰中吕。有三统之义焉。其传曰，黄帝之所作也。黄帝使泠纶自大夏之西，昆仑之阴，取竹之解谷生，其窍厚均者，断两节间而吹之，以为黄钟之宫。制十二筒以听凤之鸣，其雄鸣为六，雌鸣亦六，比黄钟之宫，而皆可以生之，是为律本。"律吕，古代校正乐律的器具。用竹管或金属管制成，共十二管，管径相等，以管的长短来确定音的不同高度。从低音管算起，成奇数的六个管叫作"律"；成偶数的六个管叫作"吕"，合称"律吕"。后亦用以指乐律或音律。伶伦，传说中黄帝的乐官。《汉书·律历志上》写作"泠纶"。

⑨甲胄（zhòu）舟车，系轩辕（xuān yuán）之创始：旧注："蚩尤无道，黄帝伐之，天遣玄女，请帝制为甲胄以防身，大战于涿鹿之野而杀之。"按，旧注不知何本。《世本》及《墨子·非儒》皆云"杼（少康

子）作甲"。黄帝（轩辕氏）造舟车之说，流传甚广。东汉·班固《东都赋》："作舟舆，造器械，斯乃轩辕氏之所以开帝功也。"旧注："《淮南子》：黄帝见窍木浮而知为舟。舟成，帝见鸢飞尾转而知为舵。见飞蓬转，而知为车。"当本于《淮南子·说山训》："见窾木浮而知为舟，见飞蓬转而知为车，见鸟迹而知著书，以类取之。"但《淮南子·说山训》未云"黄帝"。甲胄，铠甲和头盔。《尚书·说命中》："惟甲胄起戎。"西汉·孔安国传："甲，铠；胄，兜鍪（móu）也。"

⑩权量衡度：计量长短、大小、容积、轻重等的标准。《礼记·大传》："（圣人）立权度量，考文章，改正朔，易服色，殊徽号，异器械，别衣服，此其所得与民变革者也。"

⑪轩辕：传说中古代帝王黄帝之号，因居于轩辕之丘而得名，战胜炎帝、蚩尤，被尊为天子，后世以他为中华民族的始祖。

⑫伏羲氏造网罟（gǔ），教佃（diàn）渔以赡（shàn）民用：语本《周易·系辞下》："古者包牺氏之王天下也，仰则观象于天，俯则观法于地，观鸟兽之文与地之宜，近取诸身，远取诸物，于是始作八卦，以通神明之德，以类万物之情。作结绳而为网罟，以佃以渔，盖取诸《离》。"包牺氏，即伏羲氏。网罟，指捕猎鸟兽鱼的网。佃，通"畋（tián）"，指捕猎。渔，捕鱼。《周易·系辞下》："作结绳而为网罟，以佃以渔。"

⑬册籍：名册。此处相当于今天的户口簿。

⑭里甲：明州县统治的基层单位（相当于后来的乡村），后转为明三大徭役（里甲、均徭、杂泛）名称之一。《明史·食货志一》："洪武十四年，诏天下编赋役黄册，以一百十户为一里，推丁粮多者十户为长，余百户为十甲，甲凡十人。岁役里长一人，甲首一人，董一里一甲之事。先后以丁粮多寡为序，凡十年一周，曰'排年'。……每十年有司更定其册，以丁粮增减而升降之。"起初里

长、甲首负责传达公事、催征税粮；以后官府聚敛繁苛，凡祭祀、宴飨、营造、馈送等费，都要里甲供应。按，"编里甲以税田粮"的赋税制度，实始于明太祖洪武十四年（1381）。唐代实行的是租庸调制。租庸调，是唐代对受田课丁征派的三种赋役的并称。导源于北魏到隋代的租、调、力役制度。凡丁男授田一顷，岁输粟二斛、稻三斛，谓之"租"；岁输绢二匹，绫、绝二丈，布加五之一，绵三两，麻三斤，非蚕乡则输银十四两，谓之"调"；役人力，岁二十日，闰加二日，不役者日纳绢三尺，谓之"庸"，有事而加役二十五日者免调，三十日租、调皆免。唐开元末年均田制破坏，这种承袭北魏的赋役制度渐不适用；安史之乱后，为两税法所代替。唐代租庸调制，始于唐高祖武德二年（619）。《新唐书·高祖纪》："（武德二年）二月乙酉，初定租庸调法。"

【译文】

上古时代，先民用打绳结的方式来记录重要的事情；直到苍颉创造汉字，取代结绳记事。

龙马驮着"河图"在黄河出水，伏羲借鉴"河图"，画出了八卦；神龟背负"洛书"在洛水献瑞，大禹参考"洛书"创制了九畴。

日历，由神农创始；甲子，由大挠制定。

隶首发明算数，伶伦编制音律。

盔甲船车，都是轩辕黄帝创造；度量衡，也是轩辕黄帝订立标准。

伏羲氏发明网罟，教百姓打猎捕鱼，以改善生活；唐太宗设立户籍本，编制里甲村社基层组织，来征收税赋。

兴贸易，制耒耜，皆由炎帝①；造琴瑟，教嫁娶，乃是伏羲②。
冠冕衣裳，至黄帝而始备③；桑麻蚕绩，自元妃而始兴④。
神农尝百草，医药有方⑤；后稷播百谷，粒食攸赖⑥。
燧人氏钻木取火，烹饪初兴；有巢氏构木为巢，宫室始创⑦。

夏禹欲通神祇,因铸镛钟于郊庙⑧;汉明尊崇佛教,始立寺观于中朝⑨。

【注释】

①兴贸易,制耒(lěi)耜(sì),皆由炎帝:语本《周易·系辞下》:"包牺氏没,神农氏作,斫木为耜,揉木为耒,耒耨之利,以教天下,盖取诸《益》。日中为市,致天下之民,聚天下之货,交易而退,各得其所,盖取诸《噬嗑》。"神农氏教民耕种和贸易。耒耜,泛指农具。炎帝,此处炎帝即指神农氏。《史记·五帝本纪》:"炎帝欲侵陵诸侯,诸侯咸归轩辕。"唐·张守节正义引《帝王世纪》:"神农氏,姜姓也。……以火德王,故号炎帝。"

②造琴瑟,教嫁娶,乃是伏羲(xī):语本《礼记·曲礼上》注引三国蜀·谯周《古史考》云:"有圣人以火德王,造作钻燧出火,教民熟食,人民大悦,号曰'遂人'。次有三姓,乃至伏牺,制嫁娶,以俪皮为礼,作琴瑟以为乐。"又,宋·邢昺《孝经(广要道章)》疏引《世本》曰:"伏羲造琴瑟。"《太平御览》卷五百六十六引《乐书》:"谨案:《礼记》疏云:'伏羲乐曰《立基》。'言伏羲之代五运成立,甲历始基,画八卦以定阴阳,造琴瑟以谐律吕,继德之乐,故曰《立基》也。"《初学记》卷九引《帝王世纪》:"庖牺氏,风姓也。蛇身人首,有圣德。燧人氏没,庖牺代之,继天而王。首德于木,为百王先。帝出于震,未有所因,故位在东方。主春,象日之明,是称'太昊'。都陈,制嫁娶之礼,取牺牲以充庖厨,故号'庖牺氏',是为牺皇。后世音谬,故谓之'伏牺',或谓之'密牺'。(一解云:虙,古"伏"字。后误以"虙"为"密",故曰"密牺"。)"《太平御览》卷七十八亦引此,文字小有出入,而谓其书为《皇王世纪》。

③冠冕衣裳,至黄帝而始备:语本《尚书大传》:"黄帝始制冠冕,垂衣裳,上栋下宇,以避风雨。"《风俗通义》卷一引之。冠冕,古代

帝王、官员所戴的帽子。亦泛指帽子。衣裳，衣服。古时"衣"指上衣，"裳"指下裙。后亦泛指衣服。《诗经·齐风·东方未明》："东方未明，颠倒衣裳。"毛传："上曰'衣'，下曰'裳'。"

④元妃：即嫘（léi）祖，黄帝正妻，传说中的蚕桑之神。南朝刘宋以来，历代帝王均设先农坛来祭祀她。《史记·五帝本纪》："黄帝居轩辕之丘，而娶于西陵之女，是为嫘祖。"明确记载嫘祖教民养蚕缫丝的可考文献，以宋代为主。宋·罗泌《路史》卷十四："命西陵氏劝蚕稼。……《皇图要览》云：'伏羲化蚕，西陵氏始养蚕。'故淮南王《蚕经》云：'西陵氏劝蚕稼。'亲蚕始此。"元·陈桱《通鉴续编》卷一："命元妃西陵氏教民蚕。西陵氏之女嫘祖，为帝元妃，始教民育蚕，治丝茧，以共衣服，而天下无皴瘃之患。后世祀为先蚕。"（《钦定古今图书集成》多次征引。）

⑤神农尝百草，医药有方：语本《淮南子·修务训》："时多疾病毒伤之害，于是神农乃始教民播种五谷，相土地宜，燥湿肥硗（qiāo）高下，尝百草之滋味，水泉之甘苦，令民知所辟就。当此之时，一日而遇七十毒。"又，西汉·陆贾《新语·道基》："至于神农，以为行虫走兽，难以养民，乃求可食之物，尝百草之实，察酸苦之味，教人食五谷。"相传，神农氏遍尝百草，辨别滋味功用，为中医中药之祖。

⑥后稷（jì）播百谷，粒食攸（yōu）赖：语本《尚书·虞书·舜典》："帝曰：'弃！黎民阻饥，汝后稷，播时百谷。'"暨《尚书·虞书·益稷》："暨稷播，奏庶艰食鲜食。懋迁有无，化居。烝民乃粒，万邦作乂。"又，《诗经·周颂·思文》："思文后稷，克配彼天。立我烝民，莫匪尔极。"东汉·郑玄笺："立，当作'粒'。烝，众也。周公思先祖有文德者，后稷之功能配天。昔尧遭洪水，黎民阻饥，后稷播殖百谷，烝民乃粒，万邦作乂，天下之人无不于女时得其中者，言反其性。"相传，后稷教民播种百谷，人民从此得

以饱食。后稷,周朝的先祖。传说姜嫄(yuán)踩到了天帝的脚印而怀孕生子,遗弃没有抚养,因此名叫"弃"。尧、舜时任命弃做掌管农业的官员,教百姓耕种收获,称为"后稷"。《诗经·大雅·生民》:"厥初生民,时维姜嫄,……载生载育,时维后稷。"攸赖,依赖,凭借。攸,语助词,无义。

⑦"燧(suì)人氏钻木取火"四句:语本《韩非子·五蠹》:"上古之世,人民少而禽兽众,人民不胜禽兽虫蛇,有圣人作,构木为巢,以避群害,而民悦之,使王天下,号之曰'有巢氏'。民食果蓏蚌蛤,腥臊恶臭而伤害腹胃,民多疾病,有圣人作,钻燧取火以化腥臊,而民说之,使王天下,号之曰'燧人氏'。"又,《庄子·盗跖》:"古者禽兽多而人少,于是民皆巢居以避之,昼拾橡栗,暮栖木上,故命曰有巢氏之民。"燧人氏,传说中的上古帝王之一,发明钻木取火。有巢氏,传说中的上古帝王之一,发明在树木之上建巢屋。

⑧夏禹欲通神祇(qí),因铸镛(yōng)钟于郊庙:出处未明。或本之于《鬻子·上禹政》:"禹之治天下也,以五声听。门悬钟鼓铎磬而置鞀,以待四海之士。"宗庙有大钟,有文献可征。唐·虞世南《北堂书钞》卷一百八:"《汉旧仪》云:高祖庙有钟十枚,受千石。撞之,声闻百里。"夏禹,大禹在舜死后继位,传位于子,建立夏朝,因此又称"夏禹"。神祇,天神和地神。泛指神灵。《史记·宋微子世家》:"今殷民乃陋淫神祇之祀。"南朝宋·裴骃集解引东汉·马融曰:"天曰'神',地曰'祇'。"镛钟,大钟。《尔雅·释乐》:"大钟谓之'镛',其中谓之'剽(piáo)',小者谓之'栈'。"

⑨汉明尊崇佛教,始立寺观于中朝:语本《后汉书·西域传》:"世传明帝梦见金人,长大,顶有光明,以问群臣。或曰:'西方有神,名曰"佛",其形长丈六尺而黄金色。'帝于是遣使天竺,问佛道法,遂于中国图画形象焉。"暨北魏·杨衒之《洛阳伽蓝记》卷四:"白

马寺，汉明帝所立也。（佛入中国之始）。寺在西阳门外三里，御道南。帝梦金神，长丈六，项背日月光明。胡人号曰'佛'。遣使向西域求之，乃得经像焉。（时白马负经而来，因以为名。）明帝崩，起祇洹于陵上。自此以后，百姓冢上，或作浮图焉。（寺上经函，至今犹存。常烧香供养之，经函时放光明，耀于堂宇。是以道俗礼敬之，如仰真容）。"又，南朝梁·慧皎《高僧传·译经上》："摄摩腾，本中天竺人，善风仪，解大小乘经，常游化为任。昔经往天竺附庸小国讲《金光明经》。会敌国侵境，腾惟曰：经云'能说此经法，为地神所护，使所居安乐'。今锋镝方始，曾是为益乎？乃誓以忘身，躬往和劝，遂二国交欢。由是显达。汉永平中，明皇帝夜梦金人飞空而至，乃大集群臣，以占所梦。通人傅毅奉答：'臣闻西域有神，其名曰"佛"。陛下所梦，将必是乎。'帝以为然。即遣郎中蔡愔、博士弟子秦景等，使往天竺寻访佛法。愔等于彼遇见摩腾，乃要还汉地。腾誓志弘通，不惮疲苦，冒涉流沙，至乎雒邑。明帝甚加赏接，于城西门外立精舍以处之。汉地有沙门之始也。"白马寺，古寺名。在河南洛阳东郊。东汉明帝永平十一年（68）建，为佛教在中国最早的寺院。汉明，指汉明帝刘庄（28—75），乃东海第二位皇帝，汉光武帝第四子。在位十八年（57—75）。庙号显宗，谥孝明皇帝，葬于显节陵。在位期间，谨遵父制，尊崇儒术，法令严切；曾遣郎中蔡愔等赴天竺求佛法，在洛阳立白马寺，令沙门摄摩腾、竺法兰编译《四十二章经》，开佛教在中国流传之始。中朝，指中国。

【译文】

兴起贸易，制作农具，都从炎帝开始；制成琴瑟乐器，教习婚嫁礼仪，正是伏羲时期。

冠帽衣裳，到黄帝时期才完备；种桑养蚕，纺丝织布，从黄帝元妃嫘祖开始兴起。

神农品尝百草,开创医药,治病才有良方;后稷播种百谷,发展农业,粮食才有保障。

燧人氏钻木取火,才开始兴起烹饪;有巢氏架木为巢,才开始建造房屋。

夏禹为跟神灵沟通,铸造大钟,置于宗庙;汉明帝尊崇佛教,中国开始兴建佛寺庙宇。

周公作指南车,罗盘是其遗制[①];钱乐作浑天仪,历家始有所宗[②]。

育王得疾,因造无量宝塔[③];秦政防胡,特筑万里长城[④]。

叔孙通制立朝仪[⑤],魏曹丕秩序官品[⑥]。

周公独制礼乐[⑦],萧何造立律条[⑧]。

尧帝作围棋,以教丹朱[⑨];武王作象棋,以象战斗[⑩]。

【注释】

①周公作指南车,罗盘是其遗制:语本晋·崔豹《古今注·大驾指南车》:"起于黄帝,与蚩尤战于涿鹿之野,蚩尤作大雾,皆迷四方,于是乃作指南车,以示四方,遂擒蚩尤而即位,故后汉恒建。旧说云周公所作也。周公治致太平,越常氏重译来献白雉一、黑雉二、象牙一,使者迷其归路,周公锡以文锦二疋、轺车五乘,皆为司南之制,使越常氏载之以南,缘扶南林邑海际,期年而至其国,使大夫䘏将送至国而还至。始制车,辖辖皆以铁,还至,铁亦销尽。以属巾车氏收而载之,常为先导,示服远人而正四方也。车法在《尚方故事》,汉末丧乱,其法中绝,马先生钧绍而作焉。今指南车,马先生之遗法也。"周公,西周初期政治家姬旦,周文王之子,周武王之弟。辅佐周武王灭商,周成王年幼时辅政,制定规

范典章制度,天下大治,后人以其为圣贤的典范。见前《兄弟》篇"东征破斧,周公大义灭亲"条注。指南车,我国古代用来指示方向的车,配有司南(指南针的原型),在野外不会迷失方向。相传黄帝与蚩尤战于涿鹿之野,蚩尤作大雾,兵士皆迷。黄帝作指南车以示四方,遂擒蚩尤。又,周初越裳氏来贡,使者迷其归路,周公赐以轺车,皆为司南之制。后东汉张衡、三国魏马钧、南朝齐祖冲之皆有造指南车之事。唐元和中,典作官金公立曾上指南车、记里鼓。宋天圣五年(1027),燕肃又创意造车,大观元年(1107),吴德隆亦献制车之法。自晋代以后,皇帝车驾卤簿多用指南车为前导。宋·岳珂《愧郯录·指南记里鼓车》记其形制甚详。参阅晋·崔豹《古今注·舆服》及《晋书·舆服志》《宋书·礼志五》《宋史·舆服志一》。罗盘,测定方向的仪器,由刻有方位标志的圆盘和装在其中的指南针构成。

②钱乐作浑天仪,历家始有所宗:语本《宋书·天文志》:"文帝元嘉十三年,诏太史令钱乐之更铸浑仪。径六尺八分少,周一丈八尺二寸六分少,地在天内,立黄、赤二道,南、北二极规二十八宿,北斗极星,五分为一度,置日月五星于黄道之上,置立漏刻,以水转仪,昏明中星,与天相应。十七年,又作小浑天,径二尺二寸,周六尺六寸,以分为一度,安二十八宿中外官,以白黑珠及黄三色为三家星,日月五星,悉居黄道。"钱乐,史书作"钱乐之",南朝宋文帝时太史令。浑天仪,即浑仪,观察星相的仪器,最早记载为东汉张衡所制作。《后汉书·张衡传》:"遂乃研核阴阳,妙尽璇机之正,作浑天仪。"

③育王得疾,因造无量宝塔:语本《魏书·释老志》:"佛既谢世,香木焚尸。灵骨分碎,大小如粒,击之不坏,焚亦不燋,或有光明神验,胡言谓之'舍利'。弟子收奉,置之宝瓶,竭香花,致敬慕,建宫宇,谓为'塔'。'塔'亦胡言,犹宗庙也,故世称'塔庙'。于后

百年，有王阿育，以神力分佛舍利，役诸鬼神，造八万四千塔，布于世界，皆同日而就。今洛阳、彭城、姑臧、临淄皆有阿育王寺，盖承其遗迹焉。"《阿育王经》："乃至阿育王，起八万四千塔已，守护佛法，时诸人民谓为阿育法王。"刘宋时期求那跋陀罗所译《杂阿含经》言阿育王起八万四千塔事，尤详。育王，即阿育王，古印度孔雀王朝的君主，治国崇尚慈悲和平，是佛教史上著名的护法国王。无量宝塔，传说阿育王生了重病，为祈福，借助神力，一日一夜造出八万四千座宝塔。

④秦政防胡，特筑万里长城：语本《史记·蒙恬列传》："秦已并天下，乃使蒙恬将三十万众北逐戎狄，收河南。筑长城，因地形，用制险塞，起临洮，至辽东，延袤万余里。于是渡河，据阳山，逶蛇而北。暴师于外十余年，居上郡。"西汉·贾谊《过秦论》："乃使蒙恬，北筑长城而守藩篱。"胡，指北方游牧民族。

⑤叔孙通制立朝仪：语本《史记·刘敬叔孙通列传》："汉五年，已并天下，诸侯共尊汉王为皇帝于定陶，叔孙通就其仪号。高帝悉去秦苛仪法，为简易。群臣饮酒争功，醉或妄呼，拔剑击柱，高帝患之。叔孙通知上益厌之也，说上曰：'夫儒者难与进取，可与守成。臣愿征鲁诸生，与臣弟子共起朝仪。'……遂与所征三十人西，及上左右为学者与其弟子百余人为绵蕞野外。习之月余，叔孙通曰：'上可试观。'上既观，使行礼，曰：'吾能为此。'乃令群臣习肄，会十月。汉七年，长乐宫成，诸侯群臣皆朝十月。仪：先平明，谒者治礼，引以次入殿门，廷中陈车骑步卒卫宫，设兵张旗志。传言'趋'。殿下郎中侠陛，陛数百人。功臣列侯诸将军军吏以次陈西方，东乡；文官丞相以下陈东方，西乡。大行设九宾，胪传。于是皇帝辇出房，百官执职传警，引诸侯王以下至吏六百石以次奉贺。自诸侯王以下莫不振恐肃敬。至礼毕，复置法酒。诸侍坐殿上皆伏抑首，以尊卑次起上寿。觞九行，谒者言'罢酒'。御史

执法举不如仪者辄引去。竟朝置酒,无敢欢哗失礼者。于是高帝曰:'吾乃今日知为皇帝之贵也。'乃拜叔孙通为太常,赐金五百斤。……高帝崩,孝惠即位,乃谓叔孙生曰:'先帝园陵寝庙,群臣莫习。'徙为太常,定宗庙仪法。及稍定汉诸仪法,皆叔孙生为太常所论箸也。"暨《汉书·礼乐志二》:"汉兴,拨乱反正,日不暇给,犹命叔孙通制礼仪,以正君臣之位。高祖说而叹曰:'吾乃今日知为天子之贵也!'以通为奉常,遂定仪法,未尽备而通终。"叔孙通,秦汉时博士,秦亡后曾追随项羽,后降汉,征召儒生,为草创期的西汉制定朝堂宗庙仪礼。朝仪,朝廷礼仪。

⑥魏曹丕(pī)秩序官品:语本《三国志·魏书·陈群传》:"文帝在东宫,深敬器焉,待以交友之礼,常叹曰:'自吾有回,门人日以亲。'及即王位,封群昌武亭侯,徙为尚书。制九品官人之法,群所建也。"魏文帝曹丕采纳尚书陈群的意见,制定选拔官吏的九品中正制(将人才分为九等:上上、上中、上下、中上、中中、中下、下上、下中、下下)。清·赵翼《廿二史札记·九品中正》:"魏文帝初定九品中正之法,郡邑设小中正,州设大中正,由小中正品第人才,以上大中正;大中正核实,以上司徒;司徒再核,然后付尚书选用。"

⑦周公独制礼乐:语本《礼记·明堂位》:"武王崩,成王幼弱,周公践天子之位,以治天下。六年,朝诸侯于明堂,制礼作乐,颁度量,而天下大服。"《史记·周本纪》:"兴正礼乐,度制于是改,而民和睦,颂声兴。"东汉·王充《论衡·书解》:"周公制礼乐,名垂而不灭。"

⑧萧何造立律条:语本《汉书·刑法志》:"汉兴,高祖初入关,约法三章曰:'杀人者死,伤人及盗抵罪。'蠲(juān)削烦苛,兆民大说。其后四夷未附,兵革未息,三章之法不足以御奸,于是相国萧何攈(jùn)摭秦法,取其宜于时者,作律九章。"萧何,东汉开国功臣,官居丞相。见前《文臣》篇"萧曹相汉高"条注。

⑨尧帝作围棋,以教丹朱:语本《艺文类聚》卷七十四引《博物志》:"尧造围棋,丹朱善棋。"尧,传说中上古圣王,陶唐氏,号放勋,后禅让天下于舜。丹朱,帝尧的儿子,传说他性情凶顽,尧于是发明了围棋来教导他。

⑩武王作象棋,以象战斗:语本《艺文类聚(卷七十四)•巧艺部•象戏》:"周武帝造象戏。王褒为《象经序》曰:一曰天文,以观其象,天日月星是也。……"《太平御览(卷七百五十五)•工艺部十二•象戏》亦载。然此周武帝当为南北朝时北周武帝宇文邕,而非周武王姬发。"象棋"之名,战国时期即有。《楚辞•招魂》:"菎蔽象棋,有六簙(bó)些。"东汉•王逸注:"投六箸,行六棋,故为六簙也。言宴乐既毕,乃设六簙,以菎蔽作箸,象牙为棋,丽而且好也。"此"象棋"乃象牙所制棋,指质地而言。周武帝所造"象戏"亦非明清时期流行之中国象棋。明•郎瑛《七修类稿(卷二十五)•辩证类》辨之甚明:"棋有三焉:围棋,《博物志》虽曰始于尧之授子,而皮日休《原弈》,则辩明始于战国无疑。象棋,虽见于《太平御览》,为周武王所创,然其名曰'象戏',其字又有日月星辰之名,非今之象棋明矣。《幽怪录》载:'唐岑顺于陕州夜见车马步卒之移,掘地得古冢,有金象局并子。'或者始于此乎? 故唐以后方显。又《说苑》:'雍门周谓孟尝君下燕,则斗象棋。'是以象为棋势而分阵斗,则象棋之名,亦或始于战国之末乎? 弹棋始于刘向,因汉成帝恶蹴鞠之劳,作以献之,其制义则备于柳子厚《序棋》,今不传矣。所传者,前之二种。"

【译文】

周公造指南车,是今天罗盘的原型;钱乐之重铸浑天仪,历法家研究天象才有所依据。

阿育王生了重病,因忏悔修筑了无量宝塔;秦始皇防备匈奴南下,特地修建万里长城。

叔孙通制订了汉朝朝廷礼仪,魏文帝曹丕创立九品中正制,用以选拔官员。

周公创建礼乐制度,萧何编订汉代律法。

尧帝发明围棋,用来教诲儿子丹朱;武王发明象棋,用来模拟战斗。

文章取士,兴于赵宋①;应制以诗,起于李唐②。

梨园子弟,乃唐明皇作始③;《资治通鉴》,乃司马光所编④。

笔乃蒙恬所造⑤,纸乃蔡伦所为⑥。

凡今人之利用⑦,皆古圣之前民⑧。

【注释】

①文章取士,兴于赵宋:语本《宋史·选举志一》:"神宗始罢诸科,而分经义、诗赋以取士,其后遵行,未之有改。""于是改法,罢诗赋、帖经、墨义,士各占治《易》《诗》《书》《周礼》《礼记》一经,兼《论语》《孟子》。每试四场,初大经,次兼经,大义凡十道,(后改《论语》《孟子》义各三道。)次论一首,次策三道,礼部试即增二道。中书撰大义式颁行。试义者须通经、有文采乃为中格,不但如明经墨义粗解章句而已。""熙宁三年,亲试进士,始专以策,定著限以千字。"文章取士,指科举考试中注重策论。清·顾炎武《日知录·程文》:"唐之取士以赋,……宋之取士以论策。"宋神宗从王安石之议,改科举之法,罢诗赋、帖经、墨义,专以经义论策取士,且讲究文采。赵宋,指赵匡胤建立的宋朝。

②应制以诗,起于李唐:语本《旧唐书·玄宗纪》:"上御勤政楼试四科制举人,策外加诗赋各一首。制举加诗赋,自此始也。"《新唐书·选举志上》:"先是,进士试诗、赋及时务策五道,明经策三

道。建中二年,中书舍人赵赞权知贡举,乃以箴、论、表、赞代诗、赋,而皆试策三道。大和八年,礼部复罢进士议论,而试诗、赋。"应制以诗,指科举考试中注重诗赋。李唐,指李渊建立的唐朝。

③梨园子弟,乃唐明皇作始:语本《旧唐书·音乐志一》:"玄宗又于听政之暇,教太常乐工子弟三百人为丝竹之戏,音响齐发,有一声误,玄宗必觉而正之。号为'皇帝弟子',又云'梨园弟子',以置院近于禁苑之梨园。"暨《新唐书·礼乐志》:"玄宗既知音律,又酷爱法曲,选坐部伎子弟三百教于梨园,声有误者,帝必觉而正之,号'皇帝梨园弟子'。宫女数百,亦为梨园弟子,居宜春北院。"梨园子弟,唐明皇爱好音乐戏曲,在皇宫的梨园教习乐工,称他们为"皇帝弟子",又叫"梨园弟子"。后亦泛指戏曲演员。

④《资治通鉴》,乃司马光所编:《资治通鉴》,为宋代司马光主编的多卷本编年体史书,书名意思是以史为鉴,以资治理。司马光进《资治通鉴》时上表称:"欲删削冗长,举撮机要,专取关国家兴衰,系生民休戚,善可为法,恶可为戒者,为编年一书。"

⑤笔乃蒙恬(tián)所造:语本《艺文类聚》卷五十八引《博物志》曰:"蒙恬造笔。"晋·崔豹《古今注·问答释义》:"牛亨问曰:'自古有书契已来便应有笔,世称蒙恬造笔,何也?'答曰:'蒙恬始造,即秦笔耳。以柘木为管,以鹿毛为柱,以羊毛为被,所谓苍毫,非为兔毫竹管笔也。'"相传秦将蒙恬造笔,据崔豹《古今注》,当是蒙恬改良了毛笔。

⑥纸乃蔡伦所为:语本《后汉书·宦者传·蔡伦》:"自古书契多编以竹简,其用缣帛者谓之'为纸'。缣贵而简重,并不便于人。伦乃造意,用树肤、麻头及敝布、鱼网以为纸。元兴元年奏上之,帝善其能,自是莫不从用焉,故天下咸称'蔡侯纸'。"蔡伦,东汉宦官。发明造纸术。

⑦利用:这里指各种有用有效的工具。《荀子·王霸》:"国者,天下

之利用也。"梁启雄注:"利用,即'利器'。"

⑧前民:指古代圣贤引导今人。《周易·系辞上》:"是以明于天之
　道,而察于民之故,是兴神物以前民用。"三国魏·王弼注:"定吉
　凶于始也。"唐·孔颖达疏:"'是兴神物以前民用'者,谓易道兴
　起神理事物,豫为法象,以示于人,以前民之所用。定吉凶于前,
　民乃法之所用,故云'以前民用'也。"高亨注:"前,先导也。此句
　言圣人取此神物蓍草以占事,作人民用以占事之先导。"前,引导。

【译文】

宋代科举,侧重文章(策论);唐朝取士,侧重诗赋。

"梨园子弟",由唐明皇兴起;《资治通鉴》,是司马光编撰。

蒙恬造笔,蔡伦造纸。

凡是现在我们使用的工具,都来自古圣先民的发明创造。

技艺

【题解】

技艺,泛指各种技能手艺,尤指技术含量高的手艺。医术、书画、占
卜、驾驶、木工,皆包含在内。

本篇14联,讲的都是和技艺相关的成语典故。

医士业岐轩之术①,称曰国手②;地师习青乌之书③,号
曰堪舆④。

卢医扁鹊⑤,古之名医;郑虔、崔白⑥,古之名画。

晋郭璞得《青囊经》,故善卜筮地理⑦;孙思邈得《龙宫
方》⑧,能医虎口龙鳞⑨。

善卜者,是君平、詹尹之流⑩;善相者,即唐举、子卿

之亚⑪。

推命之人⑫，即星士⑬；绘画之士⑭，曰丹青⑮。

大风鉴⑯，相士之称；大工师⑰，木匠之誉。

若王良⑱，若造父⑲，皆善御之人⑳；东方朔，淳于髡，系滑稽之辈㉑。

【注释】

①岐（qí）轩（xuān）：也作"轩岐"，黄帝轩辕和大臣岐伯的合称，中医药的始祖。《初学记》卷二十、《太平御览》卷七十九引晋·皇甫谧《帝王世纪》："黄帝使岐伯尝味草木，典医疗疾。今《经方》《本草》之书咸出焉。"相传轩辕黄帝令岐伯掌管医药，因此"岐轩之术"即指中国传统医术。后人伪托黄帝著有《黄帝内经》，分《灵枢》《素问》两部，是中医学经典著作之一。更常见的用法，是"岐黄"。清·梁章钜《称谓录·医》："黄帝命岐伯论经脉旁通，问难为《难经》，后世习其业者，故谓之'岐黄'。"

②国手："医国手"的省称。语出《国语·晋语八》："平公有疾，秦景公使医和视之，出曰：'不可为也。是谓远男而近女，惑以生蛊；非鬼非食，惑以丧志。良臣不生，天命不祐。若君不死，必失诸侯。'赵文子闻之曰：'武从二三子以佐君为诸侯盟主，于今八年矣，内无苛慝，诸侯不二，子胡曰"良臣不生，天命不祐"？'对曰：'自今之谓。和闻之曰："直不辅曲，明不规暗，拱木不生危，松柏不生埤。"吾子不能谏惑，使至于生疾，又不自退而宠其政，八年之谓多矣，何以能久！'文子曰：'医及国家乎？'对曰：'上医医国，其次疾人，固医官也。'文子曰：'子称蛊，何实生之？'对曰：'蛊之慝，谷之飞实生之。物莫伏于蛊，莫嘉于谷，谷兴蛊伏而章明者也。故食谷者，昼选男德以象谷明，宵静女德以伏蛊慝，今君一

之，是不飨谷而食蛊也，是不昭谷明而皿蛊也。夫文，"虫"、"皿"为"蛊"，吾是以云。'文子曰：'君其几何？'对曰：'若诸侯服不过三年，不服不过十年，过是，晋之殃也。'是岁也，赵文子卒，诸侯叛晋。十年，平公薨。"三国吴·韦昭注："止其淫惑，是为医国。"意为一国中某项技艺顶尖的人物，常用来指医术出众者。

③地师：即堪舆家，俗称"风水先生"。青乌之书：泛指风水书。青乌子，是传说中的风水大师，或说黄帝时人，或说秦汉时人。宋·张君房《云笈七签》引《轩辕本纪》："有青乌子能相地理，帝问之以制经。"晋·葛洪《抱朴子内篇·极言》："（黄帝）相地理则书青乌之说。"《后汉书·循吏传·王景》"乃参纪众家数术文书，冢宅禁忌，堪舆日相之属"，唐·李贤注："葬送造宅之法，若黄帝、青乌之书也。"东汉·应劭《风俗通义·姓氏》："汉有青乌子，善数术。"

④堪舆（yú）：即风水，指住宅基地或墓地的形势。亦指相宅相墓之法，即看风水。"堪"为高处，"舆"为下处。《汉书·扬雄传上》："属堪舆以壁垒兮，梢夔魖而抶獝狂。"唐·颜师古注："张晏曰：'堪舆，天地总名也。'孟康曰：'堪舆，神名。造图宅书者。'……堪舆，张说是也。"《文选·扬雄〈甘泉赋〉》唐·李善注引东汉·许慎曰："堪，天道也；舆，地道也。"后因以"堪舆"指称天地。"堪舆家"，为古时为占候卜筮者之一种。后专称以相地看风水为职业者，俗称"风水先生"。《史记·日者列传》："孝武帝时，聚会占家问之，某日可取妇乎？五行家曰可，堪舆家曰不可。"明·宋濂《〈葬书新注〉序》："堪舆家之术，古有之乎？《周礼》墓大夫之职，其法制甚详也，而无所谓堪舆家祸福之说，然则果起于何时乎？盖秦汉之间也。"清·钱泳《履园丛话·形家言》："堪舆家每视地，辄曰某形某像，以定吉凶。"

⑤卢医扁鹊：本是传说中黄帝时期的医生，此处指春秋战国时名医

秦越人。《史记·扁鹊仓公列传》："扁鹊者,勃海郡郑人也,姓秦氏,名越人。……为医或在齐,或在赵。在赵者名扁鹊。"唐·张守节正义:"《黄帝八十一难序》云:秦越人与轩辕时扁鹊相类,仍号之为'扁鹊';又家于卢国,因命之曰'卢医'。"

⑥郑虔(qián,705?—764):字若齐,一作"弱齐",排行十八,郑州荥阳(今河南荥阳)人。唐玄宗开元中任左监门录事参军,开元末任协律郎,坐私修国史,被贬十年。天宝九载(750)授广文馆博士,人称"郑广文"。天宝末迁著作郎。安史之乱中,伪授水部郎中,称疾不就,并以密章潜通灵武。乱平,贬台州司户参军,后卒于贬所。《新唐书》有传。郑虔博学多才艺,工书画,尝自写其诗、画献玄宗,御题"郑虔三绝"。《新唐书·文艺传·郑虔》:"善图山水,好书,常苦无纸,于是慈恩寺贮柿叶数屋,遂往日取叶肆书,岁久殆遍。尝自写其诗并画以献,帝大署其尾曰:'郑虔三绝(指诗、书、画)。'"崔白:字子西,濠州(今安徽凤阳)人。北宋著名画家。初为图画院艺学,迁待诏,官至左班殿直。工花竹禽鸟,体制清赡,生动自然,尤以败荷凫雁为佳,一改黄筌浓艳画风。亦善画佛道鬼神等。宋图画院较艺,本必以黄筌父子笔法为程式,自白及吴元瑜出,其格遂变。宋·佚名《宣和画谱》卷十八:"崔白,字子西,濠梁人。善画花竹、羽毛、荚(jì)荷、凫雁、道释、鬼神、山林飞走之类,尤长于写生,极工于鹅。所画无不精绝,落笔运思即成,不假于绳尺,曲直方圆,皆中法度。"

⑦晋郭璞(pú)得《青囊经》,故善卜筮(bǔ shì)地理:语本《晋书·郭璞传》:"有郭公者,客居河东,精于卜筮,璞从之受业。公以《青囊中书》九卷与之,由是遂洞五行、天文、卜筮之术,禳灾转祸,通致无方。……璞门人赵载尝窃《青囊书》,未及读,而为火所焚。"郭璞(276—324),字景纯,晋代河东闻喜(今山西闻喜)人。博学,好古文奇字,精天文、历算、卜筮,擅长诗赋。西晋末过江,为

宣城太守殷祐参军,为王导所重。晋元帝拜著作佐郎,与王隐共撰《晋史》,迁尚书郎。后为王敦记室参军。以卜筮不吉谏阻王敦谋反,为王敦所杀。后追赠弘农太守。为《尔雅》《方言》《山海经》《穆天子传》作注,传于世。《青囊经》,古代术数家以青囊盛书和卜具。《晋书·郭璞传》载郭璞从郭公学卜筮之学,从郭公处得《青囊中书》九卷。后遂以"青囊经"指卜筮风水之书。卜筮,占卦算命。古时预测吉凶,用龟甲称卜,用蓍草称筮,合称"卜筮"。《礼记·曲礼上》:"龟为卜,策为筮。卜筮者,先圣王之所以使民信时日、敬鬼神、畏法令也;所以使民决嫌疑,定犹与也。"地理,指风水。宋·王闢之《渑水燕谈录·高逸》:"(僧)文幼薄能为诗,精阴阳地理。"清·顾炎武《先生昌平山水记》卷上:"皇后徐氏崩,上命礼部尚书赵羾等往择地,得吉壤于昌平县东黄土山。"

⑧孙思邈(miǎo,581—682):唐代京兆华原(今陕西铜川耀州区)人。自称生于隋文帝开皇元年(581),新、旧《唐书》又说他北周时已隐居太白山,杨坚辅政时曾以国子博士召,则生年更早,然恐不足信。唐太宗时召至京师,不受官。唐高宗显庆间,复召见,拜谏议大夫,仍固辞。上元元年(674)称疾请还山,诏假鄱阳公主邑司让其居住。新、旧《唐书》有传。孙思邈通老庄百家之说,兼好佛典,工阴阳推步之术,尤以医学著称于世。著有《备急千金要方》三十卷、《千金翼方》三十卷。医德高尚,对病人不分贵贱贫富,一心救治。被后人尊为"药王"。《龙宫方》:据《酉阳杂俎》《续仙传》等唐代笔记小说所载,孙思邈曾获得龙宫药方三十篇,分散记载于《千金方》。宋·张君房《云笈七签》卷一百十三下引《续仙传》,说孙思邈曾经救过一条小青蛇,乃是泾阳之子。泾阳龙王赠孙思邈龙宫药方三十首以表感谢。《酉阳杂俎》则说昆明池老龙求孙思邈救命,孙思邈要求对方转赠昆明龙宫有仙方三十首。

⑨医虎口龙鳞：传说孙思邈曾为老虎拔去口中金钗，替龙族点鳞治病。后用以比喻医术高明。旧注："杂俎云：思邈隐终南山，有病龙求其点鳞，虎吞金钗，求其取出，著有《千金方》三十卷传世。"按，《酉阳杂俎》并无医虎口龙鳞之记载。旧注不知何据。

⑩君平：严遵，字君平，西汉蜀郡（治今四川成都）人。汉成帝时，卖卜于成都，得百钱足自养，则闭肆下帘读《老子》，一生不仕。年九十余卒。著有《道德真经指归》（《隋书·经籍志》作《老子指归》），现仅存七卷。严君平本姓庄，班固著《汉书》时，因避汉明帝刘庄讳，改"庄"为"严"。詹尹：即郑詹尹，战国时楚国太卜（卜官之长）。屈原被逐后忧思难解，曾往见詹尹，问卜决疑。《楚辞·卜居》："屈原既放，三年，不得复见。竭智尽忠，蔽鄣（zhàng）于谗，心烦意乱，不知所从。乃往见太卜郑詹尹，曰：'余有所疑，原因先生决之。'"

⑪善相者，即唐举、子卿之亚：语本《荀子·非相》："古者有姑布子卿，今之世，梁有唐举，相人之形状颜色而知其吉凶妖祥，世俗称之。"唐举，名或作"苜"，战国时人，善相面。尝相李兑百日之内当秉政治国，又言燕人蔡泽年寿，后皆应验。子卿，即姑布子卿，复姓姑布，春秋时晋国人，著名相士。《史记·赵世家》载姑布子卿曾相赵鞅诸子，认为其贱妾所生子毋恤可为将军，必贵。后赵鞅试之，毋恤最贤，立为太子。《韩诗外传》卷九载其相孔子面，说孔子"得尧之志，舜之目，禹之颈，皋陶之喙，从前视之，盎盎乎似有王者；从后视之，高肩弱脊，循循固得之，转广一尺四寸，比惟不及四圣者也"；又说孔子"污面而不恶，葭喙而不藉。远而望之，羸乎若丧家之狗"。

⑫推命：用生辰八字来算命。相传此法，始于唐人李虚中。清·纪昀《阅微草堂笔记·槐西杂志二》："世传推命始于李虚中，其法用年月日而不用时，盖据昌黎所作虚中墓志也。"唐·韩愈《殿中

侍御史李君墓志铭》："学无所不通,最深于五行书。以人之始生年月日所直日辰支干,相生胜衰死王相,斟酌推人寿夭、贵贱、利不利,辄先处其年时,百不失一二。"

⑬星士:用观星术来替人推算命运的术士。

⑭绘画:他本作"绘图"。以对仗格律论,"图"字佳。

⑮丹青:指红色的丹砂和蓝色的石青等作画的颜料。《周礼·秋官·职金》:"掌凡金玉锡石丹青之戒令。"后指称画工。三国魏·曹丕《与孟达书》:"故丹青画其形容,良史载其功勋。"

⑯风鉴:古代的一种相面术。也用来指称以算命相面为业的人。宋·吴处厚《青箱杂记》卷四:"余尝谓风鉴一事,乃昔贤甄识人物拔擢贤才之所急,非市井卜相之流用以贾鬻取赀者。"

⑰工师:上古官名。百工之长,负责工程建造和工匠管理。此处专指木匠。《荀子·王制》:"论百工,审时事,辨功苦,尚完利,便备用,使雕琢文采不敢专造于家,工师之事也。"《礼记·月令》:"(孟冬之月)是月也,命工师效功,陈祭器,按度程,毋或作为淫巧,以荡上心,必功致为上。"东汉·郑玄注:"工师,工官之长也。"《史记·五帝本纪》:"讙兜进言共工,尧曰不可而试之工师,共工果淫辟。"唐·张守节正义:"工师,若今大匠卿也。"

⑱王良:春秋末年人。擅长驾车。《孟子·滕文公下》:"昔者赵简子使王良与嬖奚乘,终日而不获一禽,嬖奚反命曰:'天下之贱工也。'或以告王良,良曰:'请复之。'强而后可,一朝而获十禽,嬖奚反命曰:'天下之良工也。'"《韩非子·难势》:"夫良马固车,使臧获御之则为人笑,王良御之而日取千里。"

⑲造父:西周穆王时人。擅长驾车。《史记·秦本纪》:"造父以善御幸于周缪(通"穆")王,得骥、温骊、骅骝、騄耳之驷,西巡狩,乐而忘归。徐偃王作乱,造父为缪王御,长驱归周,一日千里以救乱。缪王以赵城封造父,造父族由此为赵氏。"

⑳御：驾驭车马。也指驾驭车马的人。

㉑东方朔，淳于髡（kūn），系滑（gǔ）稽之辈：本于《史记·滑稽列传》。《史记·滑稽列传》记述淳于髡、东方朔等人滑稽之事、诙谐之语。东方朔（前154—前93），字曼倩，西汉平原厌次（今山东惠民）人。汉武帝时，入长安，自荐，待诏金马门。后为常侍郎、太中大夫。滑稽有急智，善观察颜色，直言切谏。曾以辞赋戒武帝奢侈，又陈农战强国之策，终不见用。辞赋以《答客难》《非有先生论》为著。有《东方朔》二十篇，今佚。淳于髡，战国时人。齐人赘婿。学问渊博，多辩。齐威王于稷下招徕学者，被任为大夫。时百官荒乱，乃以隐语屡谏威王及相邹忌，改革内政。后楚攻齐急，使至赵求救，说赵王，得兵十万，楚军乃罢退。后至魏，魏惠王欲任之卿相，辞不受而去。滑稽，本指能言善辩，言辞流利。后指言语、动作或事态令人发笑。唐·司马贞《史记·滑稽列传》索隐："滑，乱也；稽，同也。言辨捷之人，言非若是，说是若非，言能乱异同也。"

【译文】

医生传承黄帝和岐伯的技术，号称"国手"；风水先生修习青乌子的书，叫"堪舆师"。

卢医扁鹊，是古代名医；郑虔、崔白，是古代著名画家。

晋朝郭璞从师父手里得到《青囊经》，因而擅长占卜算卦和看风水；孙思邈从龙神那里得到《龙宫方》，能够医治虎口和龙鳞的病痛。

善于占卜的，和严君平、郑詹尹是同一类人；长于看相的，便是唐举和子卿的同行。

推算命运的人，叫"星士"；精于绘画的人，称"丹青手"。

"大风鉴"，是相士的称谓；"大工师"，是木匠的美名。

至于王良和造父，那都是擅长驾车的人；东方朔和淳于髡，那都是滑稽善辩的人。

称善卜卦者，曰今之鬼谷^①；称善记怪者，曰古之董狐^②。

称诹日之人^③，曰太史^④；称书算之人^⑤，曰掌文^⑥。

掷骰者^⑦，喝雉呼卢^⑧；善射者，穿杨贯虱^⑨。

樗蒲之戏^⑩，乃云双陆^⑪；橘中之乐，是说围棋^⑫。

陈平作傀儡，解汉高白登之围^⑬；孔明造木牛，辅刘备运粮之计^⑭。

公输子削木鸢，飞天至三日而不下^⑮；张僧繇画壁龙，点睛则雷电而飞腾^⑯。

然奇技似无益于人，而百艺则有济于用^⑰。

【注释】

① 鬼谷：指鬼谷子，战国时楚人。隐居鬼谷，相传为纵横家和兵家的祖师。传世《鬼谷子》一书，为后人伪托。《史记·苏秦列传》："苏秦者，东周雒阳人也。东事师于齐，而习之于鬼谷先生。"南朝宋·裴骃集解："徐广曰：'颍川阳城有鬼谷，盖是其人所居，因为号。'骃案：《风俗通义》曰'鬼谷先生，六国时从横家'。"

② 称善记怪者，曰古之董狐：语本《晋书·干宝传》："宝以此遂撰集古今神祇灵异人物变化。名为《搜神记》，凡三十卷。以示刘惔，惔曰：'卿可谓鬼之董狐。'"干宝撰《搜神记》一书，刘惔夸他是为鬼怪立传写史的董狐。董狐，春秋时晋国著名史官。周人辛有后裔，世袭太史，亦称"史狐"。晋灵公十四年（前607），公欲杀正卿赵盾，赵盾出奔未越境，盾族弟赵穿袭杀晋灵公，迎盾还。董狐书于史策曰："赵盾弑其君。"以示于朝。赵盾不以为然。董狐以盾身为正卿，出走未越境，归不讨贼，杀君者非盾而谁。孔子闻之，称其为古之良史。此句"古之董狐"，他本作"鬼之董狐"。以文义和语典论，"鬼"字胜；以对仗论，"古"字佳。

③诹（zōu）日：俗称"看日子"，即择日，为重要事情选择合适的日子。《仪礼·特牲馈食礼》："特牲馈食之礼，不诹日。"东汉·郑玄注："诹，谋也。"

④太史：官名。周代太史掌记载史事、编写史书、起草文书，兼管国家典籍和天文历法等。秦汉曰"太史令"，汉属太常，掌天时星历。魏晋以后，修史之职归著作郎，太史专掌历法。隋改称"太史监"，唐改为"太史局"，宋有"太史局""司天监""天文院"等名称。元改称"太史院"。明清称"钦天监"。《大戴礼记·保傅》："号呼歌谣声音不中律，宴乐雅诵逆乐序，不知日月之时节，不知先王之讳与大国之忌，不知风雨雷电之眚，凡此其属太史之任也。"

⑤书算：掌管文书、账簿的人员，后世俗称"账房先生"。

⑥掌文：执掌文翰。宋·宋敏求《春明退朝录》卷上："按唐旧说，礼部郎中掌省中文翰，谓之'南宫舍人'。"后泛指掌管公文信札的人员，犹今之文秘。

⑦骰（tóu）：即骰子，也叫"色（shǎi）子"，博彩器具。今之色子为六面体，分刻一到六点，一点和四点涂成红色，其他点数为黑色。相传由三国时曹植首制，而原型可能是传说中乌曹氏发明的博戏。宋·高承《事物纪原·博弈嬉戏部·陆博》引《说文》："古乌曹氏始作博，盖夏后之臣也。"

⑧喝雉（zhì）呼卢：一般说"呼卢喝雉"。古时博戏，用木制骰子五枚，每枚两面，一面涂黑，画牛犊；一面涂白，画雉。一掷五子皆黑者为卢，为最胜采；五子四黑一白者为雉，是次胜采。赌徒们常常边喊边投，因此把赌博称为"呼卢喝雉"。宋·陆游《风顺舟行甚疾戏书》诗："呼卢喝雉连暮夜，击兔伐狐穷岁年。"宋·程大昌《演繁露·投》："方其用木也，五子之形，两头尖锐，中间平广状，似今之杏仁。惟其尖锐，故可转跃。惟其平广，故可以镂采也。凡一子悉为两面。其一面涂黑，黑之上画牛犊以为之章。犊者，

牛子也。一面涂白,白之上即画雉。雉者,野鸡也。凡投子者,五皆现黑,则其名卢。卢者,黑也,言五子皆黑也。五黑皆现,则五犊随现,从可知矣。此在摴蒱,为最高之采。捼木而掷,往往叱喝,使致其极,故亦名'呼卢'也。其次五子四黑而一白,则是四犊一雉,则其采名雉。用以比卢降一等矣。"

⑨穿杨贯虱:古时养由基射箭能百步穿杨,纪昌射箭能正中虱心。后因以"穿杨贯虱"形容射箭技艺高超。穿杨,语本《战国策·西周策》:"楚有养由基者,善射。去柳叶者百步而射之,百发百中。"贯虱,语本《列子·汤问》:"纪昌者,又学射于飞卫。飞卫曰:'尔先学不瞬,而后可言射矣。'纪昌归,偃卧其妻之机下,以目承牵挺。二年之后,虽锥末倒眦,而不瞬也。以告飞卫。飞卫曰:'未也。必学视而后可。视小如大,视微如著,而后告我。'昌以牦悬虱于牖,南面而望之。旬日之间,浸大也;三年之后,如车轮焉。以睹余物,皆丘山也。及以燕角之弧、朔蓬之簳射之,贯虱之心,而悬不绝。以告飞卫。飞卫高蹈拊膺曰:'汝得之矣!'"

⑩摴蒱(chū pú):即摴蒱,一种赌博游戏,相传由老子出关后发明。《艺文类聚》卷七十四引晋·张华《博物志》曰:"老子入胡,作摴蒱。"《太平御览》卷七百二十六引《博物志》:"老子入西戎,造摴蒱。摴蒱,五木也。"东汉·马融《摴蒱赋》:"昔玄通先生游于京都,道德既备,好此摴蒱。"

⑪双陆:亦名"双鹿"。一种由掷骰子决定步数的棋戏,下铺棋盘,双方各用十六枚棒槌形的"马"立于自己一方,掷骰子的点数各占步数,先走到对方者为胜。据说传自印度,又名"波罗塞戏",南北朝、隋唐时盛行,明清时亦流行。明·谢肇淛《五杂俎·人部二》:"双陆,一名'握槊'。……曰'双陆'者,子随骰行,若得双六,则无不胜也。又名'长行',又名'波罗塞戏'。其法以先归宫为胜,亦有任人打子,布满他宫,使之无所归者,谓之'无

梁'，不成则反负矣。其胜负全在骰子，而行止之间，贵善用之。其制有北双陆、广州双陆、南番、东夷之异。《事始》以为陈思王制，不知何据。"

⑫橘中之乐，是说围棋：语本唐·牛僧孺《玄怪录·巴邛人》："有巴邛人，不知姓名，家有橘园。因霜后，诸橘尽收，余有两大橘，如三四斗盎。巴人异之，即令攀摘，轻重亦如常橘。剖开，每橘有二老叟，鬓眉皤然，肌体红润，皆相对象戏，身仅尺余。谈笑自若，剖开后亦不惊怖，但相与决赌。赌讫，一叟曰：'君输我海龙神第七女发十两，智琼额黄十二枚，紫绢帔一副，绛台山霞宝散二庾，瀛洲玉尘九斛，阿母疗髓凝酒四钟，阿母女态盈娘子跻虚龙缟袜八纲，后日于王先生青城草堂还我耳。'又有一叟曰：'王先生许来，竟待不得，橘中之乐，不减商山，但不得深根固蒂，为愚人摘下耳。'又一叟曰：'仆饥矣，当取龙根脯食之。'即于袖中抽出一草根，方圆径寸，形状宛转如龙，毫厘罔不周悉，因削食之，随削随满。食讫，以水噀之，化为一龙，四叟共乘之，足下泄泄云起。须臾，风雨晦冥，不知所在。巴人相传云：百五十年来如此，似在陈、隋之间，但不知的年号耳。"后遂称象棋类游戏为"橘中戏""橘中之乐"。围棋，此处犹言下棋。

⑬陈平作傀儡（kuǐ lěi），解汉高白登之围：语本《史记·陈丞相世家》："卒至平城，为匈奴所围，七日不得食。高帝用陈平奇计，使单于阏氏，围以得开。高帝既出，其计秘，世莫得闻。"《史记》记载汉高祖刘邦率兵征讨匈奴，被匈奴大军围困在平城白登山一带，陈平献计派使者游说单于妻子而解围。《史记》未载陈平所用何计，后世附会，陈平利用了单于妻子（阏氏）的妒忌之心，用美女木偶（傀儡）让她劝说单于退兵。唐·段安节《乐府杂录·傀儡子》："自昔传云：'起于汉祖，在平城，为冒顿所围，其城一面即冒顿妻阏氏，兵强于三面。垒中绝食。陈平访知阏氏妒忌，即造

木偶人,运机关,舞于陴间。阏氏望见,谓是生人,虑下其城,冒顿必纳妓女,遂退军。史家但云陈平以秘计免,盖鄙其策下尔。'后乐家翻为戏。其引歌舞有郭郎者,发正秃,善优笑,闾里呼为'郭郎',凡戏场必在俳儿之首也。"宋·高承《事物纪原·博弈嬉戏部·傀儡》:"世传傀儡起于汉高祖平城之围,用陈平计,刻木为美人,立之城上,以诈冒顿阏氏,后人因此为傀儡。"陈平,西汉开国功臣。见前《饮食》篇"宰肉甚均,陈平见重于父老"条注。傀儡,用土、木制成的人偶。亦指偶戏。傀儡在汉代用于丧乐及嘉会,隋唐已用于表演故事,宋代更加盛行。白登,地名。即白登山。今人多认为白登山即山西大同东北马铺山。《汉书·匈奴传》:"是时,汉初定,徙韩王信于代,都马邑。匈奴大攻围马邑,韩信降匈奴。匈奴得信,因引兵南逾句注,攻太原,至晋阳下。高帝自将兵往击之。会冬大寒雨雪,卒之堕指者十二三,于是冒顿阳败走,诱汉兵。汉兵逐击冒顿,冒顿匿其精兵,见其羸弱,于是汉悉兵,多步兵,三十二万,北逐之。高帝先至平城,步兵未尽到,冒顿纵精兵三十余万骑围高帝于白登,七日,汉兵中外不得相救饷。"唐·颜师古注:"白登在平城东南,去平城十余里。"汉平城地当今山西大同。

⑭孔明造木牛,辅刘备运粮之计:语本《三国志·蜀书·后主传》:"(建兴)九年春二月,亮复出军围祁山,始以木牛运。……十年,亮休士劝农于黄沙,作流马木牛毕,教兵讲武。"暨《三国志·蜀书·诸葛亮传》:"亮性长于巧思,损益连弩。木牛流马,皆出其意。推演兵法,作八陈(阵)图,咸得其要。"三国时蜀国丞相诸葛亮六出祁山北伐时,制作木牛流马等工具协助山区中的物资运输,保障了部队的粮草供给。孔明,即三国时期蜀汉丞相诸葛亮,字孔明。木牛,有人说即后世的独轮车。《三国志·蜀书·诸葛亮传》南朝宋·裴松之注引《魏氏春秋》曰:"亮集载作木牛流

马法曰:'木牛者,方腹曲头,一脚四足,头入领中,舌着于腹。载多而行少,宜可大用,不可小使;特行者数十里,群行者二十里也。曲者为牛头,双者为牛脚,横者为牛领,转者为牛足,覆者为牛背,方者为牛腹,垂者为牛舌,曲者为牛肋,刻者为牛齿,立者为牛角,细者为牛鞅,摄者为牛鞦轴。牛仰双辕,人行六尺,牛行四步。载一岁粮,日行二十里,而人不大劳。'"宋·陈师道《后山谈丛》卷五:"蜀中有小车,独推,载八石,前如牛头。又有大车,用四人推,载十石,盖木牛流马也。"按,诸葛亮造木牛运粮,在刘禅为帝时,非刘备在世之时。

⑮公输子削木鸢(yuān),飞天至三日而不下:语本《墨子·鲁问》:"公输子削竹木以为鹊,成而飞之,三日不下。公输子自以为至巧。子墨子谓公输子曰:'子之为鹊也,不如匠之为车辖,须臾斫三寸之木,而任五十石之重。故所为巧,利于人谓之"巧",不利于人谓之"拙"。'"暨《韩非子·外储说左上》:"墨子为木鸢,三年而成,蜚一日而败。"后人将《墨子》《韩非子》二书所载混而为一,乃有公输盘造木鸢之说。《太平广记(卷二百二十五)·伎巧一·鲁般》:"六国时,公输班亦为木鸢,以窥宋城。"宋·潘自牧《记纂渊海》卷八十四亦有斯语。二书皆云据《酉阳杂俎》。公输子,即鲁班,春秋战国时的能工巧匠,后世木匠的祖师。木鸢,古代木制的形状像鸢的飞行器。相传为墨子(一说鲁班)发明。

⑯张僧繇(yóu)画壁龙,点睛则雷电而飞腾:语本唐·张彦远《历代名画记·张僧繇》:"武帝崇饰佛寺,多命僧繇画之。……金陵安乐寺四白龙不点眼睛,每云:'点睛即飞去。'人以为妄诞,固请点之。须臾,雷电破壁,两龙乘云腾去上天,二龙未点眼者见在。"南朝梁武帝时画家张僧繇画龙栩栩如生,传说他为所画的龙点上眼睛后,龙就活过来,破壁而去。后遂以"画龙点睛"比喻写作或说话时在关键处用精辟的词句点明要旨,使内容更加生动有力。

张僧繇（？—约519），南朝梁大画家。曾于宫廷秘阁掌画事。历官右军将军、吴兴太守。擅画人物及宗教画，亦工肖像与风俗画，兼工画龙。梁武帝崇饰佛寺，多命之作画。所绘佛像栩栩如生，有立体感，世称"张家样"。又工雕塑，为后人奉为楷模。乃有张僧繇画龙点睛，破壁飞去之传说。

⑰然奇技似无益于人，而百艺则有济于用：此句语义，本于《墨子·鲁问》："公输子削竹木以为鹊，成而飞之，三日不下。公输子自以为至巧。子墨子谓公输子曰：'子之为鹊也，不如匠之为车辖，须臾斫三寸之木，而任五十石之重。故所为巧，利于人谓之"巧"，不利于人谓之"拙"。'"意为奇技淫巧无益于世，不如百工技艺有用于人。奇技，通常"奇技""淫巧"连用，指特别奇异的技能和过度工巧的物品。《尚书·泰誓下》："（商王）作奇技淫巧，以悦妇人。"唐·孔颖达疏："奇技，谓奇异技能；淫巧，谓过度工巧。二者大同，但技据人身、巧指器物为异耳。"济，本义为渡河，引申为救助、帮助等。

【译文】

称赞擅长占卜的人，叫他当今的鬼谷先生；称赞擅写记怪类文字的人，叫他替鬼怪立传写史的董狐。

称占卜吉日的人叫"太史"，称书写记账的人叫"掌文"。

掷骰子的赌徒，经常"喝雉呼卢"；神射手，能够百步穿杨，贯穿虱心。

"樗蒲"这种博戏，就是"双陆"；"橘中之乐"，指的是下象棋。

陈平制作木偶，解了汉高祖的白登山之围；孔明打造木牛，帮助刘备运送军粮。

鲁班用木头做了一个飞鸢，飞上天，三天不下来；张僧繇在墙壁上画龙，点上眼睛，雷电大作，龙破壁飞走。

但是，奇技淫巧貌似对人无益；然而，各种技艺却大有功用。

讼狱

【题解】

讼狱，指打官司。传统中国价值观，在追求公平的同时，提倡"无讼"和慎刑。

本篇18联，讲的都是和打官司及监狱有关的成语典故。

世人惟不平则鸣①，圣人以无讼为贵②。

上有恤刑之主③，桁杨雨润④；下无冤枉之民，肺石风清⑤。

虽囹圄便是福堂⑥，而画地亦可为狱⑦。

与人构讼，曰鼠牙雀角之争⑧；罪人诉冤，有抢地吁天之惨⑨。

狴犴猛犬而能守，故狱门画狴犴之形⑩；棘木外刺而里直，故听讼在棘木之下⑪。

乡亭之系有岸，朝廷之系有狱⑫，谁敢作奸犯科⑬？死者不可复生，刑者不可复续⑭，上当原情定罪⑮。

【注释】

①世人惟不平则鸣：语本唐·韩愈《送孟东野序》："大凡物不得其平则鸣。"不平则鸣，遇到不公正的待遇，就要发出不满的呼声。

②圣人以无讼为贵：语本《论语·颜渊》："子曰：'听讼，吾犹人也，必也使无讼乎。'"无讼，不起纷争，没有诉讼。

③恤（xù）刑：不轻易动用刑罚。《尚书·舜典》："钦哉钦哉！惟刑之恤哉。"

④桁（háng）杨雨润：指不轻易使用刑具。桁杨，木制的脚械或颈枷。泛指刑具。《庄子·在宥》："今世殊死者相枕也，桁杨者相推

也,刑戮者相望也,而儒墨乃始离跂攘臂乎桎梏之间。"唐·成玄英疏:"桁杨者,械也。夹脚及颈,皆名'桁杨'。"雨润,被甘雨润泽。可喻德政。《周易·说卦》:"雨以润之。"

⑤肺石:古代放置在朝廷门外的红色石头,形状像肺,有冤屈的人可以站在肺石上诉说冤情。《周礼·秋官·大司寇》:"以肺石达穷民,凡远近茕独、老幼之欲有复于上,而其长弗达者,立于肺石三日,士听其辞,以告于上,而罪其长。"风清:比喻社会清平。

⑥虽囹圄(líng yǔ)便是福堂:语本《魏书·刑罚志》:"显祖末年,尤重刑罚,言及常用恻怆。每于狱案,必令覆鞫,诸有囚系,或积年不断。群臣颇以为言。帝曰:'狱滞虽非治体,不犹愈乎仓卒而滥也。夫人幽苦则思善,故囹圄与福堂同居。朕欲其改悔,而加以轻恕耳。'由是囚系虽淹滞,而刑罚多得其所。"北魏献文帝拓跋弘(庙号显祖)慎用死刑,跟臣下说:"牢里关久了虽然不是好事,总比仓促处决好吧。人被关在牢里,往往会悔过自新。从这个意义讲,牢狱未尝不是福堂。"囹圄,监狱。《礼记·月令》:"(仲春之月)命有司,省囹圄,去桎梏。"唐·孔颖达疏:"囹,牢也;圄,止也,所以止出入,皆罪人所舍也。"福堂,积聚福气的处所。因北魏献文帝拓跋弘曾说:"夫人幽苦则思善,故囹圄与福堂同居。"后遂以指监狱或别的囚禁犯人的地方。暗指改过自新、弃恶从善。

⑦画地亦可为狱:即画地为牢。相传上古德政,人民淳朴,有罪的人站在地上画的圈子中就等同于坐牢,不会逃跑。西汉·司马迁《报任少卿书》:"故有画地为牢,势不可入,削木为吏,议不可对。"后用此成语形容固执死板,不懂得变通。

⑧与人构讼(sòng),曰鼠牙雀角之争:语本《诗经·召南·行露》:"谁谓雀无角?何以穿我屋?谁谓女无家?何以速我狱?……谁谓鼠无牙?何以穿我墉?谁谓女无家?何以速我讼?"唐·孔颖达疏:"此强暴之男,侵陵贞女;女不肯从,为男所讼,故贞女与

对，此陈其辞也。"构讼，（造成）诉讼，打官司。"构"，李光明庄本作"抅"，字讹，据他本改。鼠牙雀角，又作"雀角鼠牙"，本谓无良男子强逼女子成婚而兴狱讼，后泛指狱讼。

⑨抢（qiāng）地吁（yù）天：同"抢地呼天"。用头撞地，大声喊天，形容极为悲痛，或蒙受极大冤屈。抢地，以头触地。抢，碰，撞。《战国策·魏策四》："布衣之怒，亦免冠徒跣，以头抢地尔。"吁天，向天呼喊。《尚书·周书·泰誓中》："无辜吁天。"西汉·孔安国传："吁，呼也。民皆呼天告冤无辜。"

⑩狴犴（bì'àn）猛犬而能守，故狱门画狴犴之形：狴犴，传说中龙生九子中的一子，似虎，也有说似恶狗，古人常画形塑像用来守护监狱大门。明·杨慎《龙生九子》："俗传龙生九子，不成龙，各有所好。……四曰狴犴，形似虎，有威力，故立于狱门。"明·胡侍《真珠船·龙九子》："龙生九子，不成龙，各有所好。……狴犴好讼，今狱门上兽吞口，是其遗像。"明·彭大翼《山堂肆考》："有曰狴犴，平生好讼，今狱门上所刻如狮子头者是也。一说犴能捍守，故狱用之。"古人惯用"狴犴"指牢狱。西汉·扬雄《法言·吾子》："剑客论曰：'剑可以爱身。'曰：'狴犴使人多礼乎？'"无名氏音义："犴，音岸，狱也。"因一说狴犴似狗，故亦以"狴犴"指恶狗。唐·柳宗元《乞巧文》："王侯之门，狂吠狴犴。"

⑪棘（jí）木外刺而里直，故听讼在棘木之下：语本《礼记·王制》："成狱辞，史以狱成告于正，正听之，正以狱成告于大司寇，大司寇听之棘木之下。大司寇以狱之成告于王，王命三公参听之。"棘，原指酸枣树，枝上有刺，后泛指有芒刺的草木。古代审判，在棘木之下听讼，象征着法律的惩戒色彩和平直原则。

⑫乡亭之系有岸，朝廷之系有狱：语本宋·朱熹《诗集传·小雅·小宛》："岸，亦狱也。《韩诗》作'犴'。乡亭之系曰'犴'，朝廷曰'狱'。"乡亭，旧时县以下的基层单位，相当于现在的乡和村。

《汉书·百官公卿表》:"大率十里一亭,亭有长;十亭一乡,乡有三老、有秩、啬夫、游徼。三老掌教化;啬夫职听讼,收赋税;游徼徼循禁贼盗。"岸,同"犴",古代指位于乡村的牢狱。《诗经·小雅·小宛》:"哀我填寡,宜岸宜狱。"毛传:"岸,讼也。"

⑬作奸犯科:为非作歹,触犯法律。奸,罪恶。科,法规。《三国志·蜀书·诸葛亮传》载诸葛亮《(前)出师表》:"若有作奸犯科及为忠善者,宜付有司论其刑赏,以昭陛下平明之理,不宜偏私,使内外异法也。"

⑭死者不可复生,刑者不可复续:语本《史记·扁鹊仓公列传》:"文帝四年中,人上书言意,以刑罪当传西之长安。意有五女,随而泣。意怒,骂曰:'生子不生男,缓急无可使者!'于是少女缇萦伤父之言,乃随父西。上书曰:'妾父为吏,齐中称其廉平,今坐法当刑。妾切痛死者不可复生而刑者不可复续,虽欲改过自新,其道莫由,终不可得。妾愿入身为官婢,以赎父刑罪,使得改行自新也。'书闻,上悲其意,此岁中亦除肉刑法。"汉文帝时,太仓令淳于意犯法,其女缇萦上书,愿入为官婢,以赎父罪。缇萦上书里说"死者不可复生而刑者不可复续",意思是死了的人不能复活,遭受肉刑者断肢无法接续。汉文帝为之废止了黥(刺面涂墨)、劓(割鼻)、刖(断足)等肉刑。此句,李光明庄本作"刑者不可复赎","赎"当为"续"之讹,据他本改。《汉书·刑法志》引缇萦上书,作"刑者不可复属"。"属",亦为接续肢体之意。又,《汉书·路温舒传》载路温舒《尚德缓刑疏》:"夫狱者,天下之大命也,死者不可复生,绝者不可复属。"仅四库全书本《前汉记》卷八引缇萦上书,作"刑者不可复赎"。

⑮原情定罪:根据犯人的动机和情节来判罪。类似的说法,有"原情定过""原心定罪",见《汉书》《后汉书》。《后汉书·霍谞传》:"谞闻《春秋》之义,原情定过,赦事诛意,故许止虽弑君而不罪,

赵盾以纵贼而见书。"唐·李贤注:"何休注云:'原止欲愈父之病,无害父之意,故赦之。'是原情定过也。"《汉书·王嘉传》:"永信少府猛等十人以为:圣王断狱,必先原心定罪,探意立情,故死者不抱恨而入地,生者不衔怨而受罪。"《后汉书·应劭传》:"若乃小大以情,原心定罪,此为求生,非谓代死可以生也。"

【译文】

世人只要面对不公平便会发声,圣人以不打官司为贵。

在上若有慎用刑罚的明君,桁杨等刑具便不会频繁使用,人民广受恩泽如同草木被细雨滋润;在下若无蒙受冤枉的小民,就不会有人站在肺石上喊冤,天下便是一片风和日丽的太平景象。

即便关进牢里,只要能悔过自新,牢狱未尝不是福堂;如果犯人真心悔改,在地上画个圈,也可以当牢房用。

跟人打官司,叫"鼠牙雀角"之争;犯人喊冤,惨状可用"抢地吁天"形容。

狴犴形似猛犬善于看守,因此监狱大门会画狴犴的形象;棘木外部多刺内在正直,所以法官在棘木之下判案。

乡村关押犯人的牢房叫"岸",朝廷关押犯人的牢房叫"狱",哪个敢为非作歹,触犯法律?人死了不能复活,受刑被砍断的肢体不能接回去,在位者判案时应当根据实际情况慎重定罪。

囹圄是周狱,羑里是商牢①。

桎梏之设②,乃拘罪人之具;缧绁之中,岂无贤者之冤③?

两争不放,谓之鹬蚌相持④;无辜牵连,谓之池鱼受害⑤。

请公入瓮,周兴自作其孽⑥;下车泣罪,夏禹深痛其民⑦。

好讼,曰健讼⑧;挂告⑨,曰株连⑩。

为人解讼⑪,谓之释纷⑫;被人栽冤⑬,谓之嫁祸⑭。

徒配⑮，曰城旦⑯；遣戍⑰，是问军⑱。

三尺，乃朝廷之法⑲；三木⑳，是罪人之刑。

【注释】

①囹圄（líng yǔ）是周狱，羑（yǒu）里是商牢：语本《广雅·释宫》："狱，犴也。夏曰'夏台'，殷曰'羑里'，周曰'囹圄'。"夏、商、周三代，监狱有着不同的名称。夏代的监狱叫"夏台"，商代的叫"羑里"，周代的叫"囹圄"。羑里，商代监狱名。《庄子·盗跖》："文王拘羑里。"唐·成玄英疏："羑里，殷狱名。"《史记·殷本纪》："纣囚西伯羑里。"

②桎梏（zhì gù）：脚镣、手铐等禁锢身体的器具，引申为对人身自由或思想自由的限制和约束。《周易·蒙卦》："初六，发蒙，利用刑人，用说桎梏，以往吝。"唐·孔颖达疏："在足曰'桎'，在手曰'梏'。"

③缧绁（léi xiè）之中，岂无贤者之冤：语本《论语·公冶长》："子谓公冶长：'可妻也，虽在缧绁之中，非其罪也！'以其子妻之。"三国魏·何晏集解："缧，黑索。绁，挛也。所以拘罪人。"朱子集注："缧，黑索也。绁，挛也。古者狱中以黑索拘挛罪人。长之为人无所考，而夫子称其可妻，其必有以取之矣。"春秋时期，贤人公冶长无辜而陷牢狱，孔子不以为嫌，将女儿嫁给他。缧绁，捆绑犯人的黑色绳索。指代监牢、囚禁。

④两争不放，谓之鹬（yù）蚌（bàng）相持：语本《战国策·燕策二》："赵且伐燕，苏代为燕谓惠王曰：'今者臣来，过易水，蚌方出曝，而鹬啄其肉，蚌合而拑其喙。鹬曰："今日不雨，明日不雨，即有死蚌。"蚌亦谓鹬曰："今日不出，明日不出，即有死鹬。"两者不肯相舍，渔者得而并禽之。今赵且伐燕，燕赵久相支，以弊大众，臣恐强秦之为渔父也。'"鹬是一种水鸟。战国苏代为劝阻赵国攻打

燕国,给赵王讲了鹬蚌相争、渔翁得利的寓言故事。后遂以"鹬蚌相争"比喻争执双方互不退让,一起受损,让第三方白白得利。

⑤无辜(gū)牵连,谓之池鱼受害:语本古谚语"城门失火,殃及池鱼",比喻无辜遭受牵连。清·顾炎武《日知录·池鱼》:"东魏杜弼檄梁文曰:'楚国亡猿,祸延林木。城门失火,殃及池鱼。'后人每用此事,《清波杂志》云:'不知所出,以意推之,当是城门失火,以池水救之,池竭而鱼死也。'《广韵》:'古有池仲鱼者。城门失火,仲鱼烧死,故谚云:城门失火,殃及池鱼。'据此,则池鱼是人姓名。按,《淮南子》云:'楚王亡其猿,而林木为之残。宋君亡其珠,池中鱼为之殚。故泽失火而林忧。'则失火与池鱼自是两事,后人误合为一耳。考池鱼事本于《吕氏春秋·必己篇》,曰:'宋桓司马有宝珠,抵罪出亡。王使人问珠之所在,曰:"投之池中。"于是竭池而求之,无得,鱼死焉。'此言祸福之相及也。此后人用池鱼事之祖。""城门失火,殃及池鱼",语典可考最早文献出处为东魏军司杜弼《檄梁文》(见《资治通鉴·梁纪·梁武帝太清元年》)。当为古谚语。更早提及这一故事的是东汉·应劭《风俗通义》。《艺文类聚》卷八十、卷九十六,《太平御览》卷八百六十九、卷九百三十五,《太平广记》卷四百六十六俱引《风俗通义》。《太平广记》卷四百六十六引东汉·应劭《风俗通义》:"旧说,池仲鱼人姓字也,居宋城门,城门失火,延及其家,仲鱼烧死。又云,宋城门失火,人汲取池中水,以沃灌之,池中空竭,鱼悉露死。喻恶之滋,并伤良谨也。"

⑥请公入瓮(wèng),周兴自作其孽(niè):语本《新唐书·酷吏传·周兴》:"兴未知被告,方对俊臣食,俊臣曰:'囚多不服,奈何?'兴曰:'易耳,内之大瓮,炽炭周之,何事不承!'俊臣曰:'善。'命取瓮且炽火,徐谓兴曰:'有诏按君,请尝之。'兴骇汗,叩头服罪。"唐代酷吏周兴被告谋反,武则天派来俊臣审理。来

俊臣用计,拿周兴自己发明的酷刑(用火将瓮烤热,将犯人置于其中)来对付他。后遂以"请君入瓮"谓以其人之道还治其人之身。来俊臣、周兴"请君入瓮"故事流传甚广,《太平广记》卷一百二十一引唐·张鷟《朝野佥载》已载之。周兴(?—691),唐雍州长安(今陕西西安)人。少习法律,自尚书省都事,累迁司刑少卿、秋官侍郎。屡决制狱,深文周纳,妄杀数千人。武则天称帝,任尚书左丞,上疏请除李家宗正属籍。天授二年(691),或告兴谋反,诏来俊臣按狱,服罪。谪岭南,在道为仇人所杀。

⑦下车泣罪,夏禹深痛其民:语本西汉·刘向《说苑·君道》:"禹出见罪人,下车问而泣之。左右曰:'夫罪人不顺道,故使然焉,君王何为痛之至于此也?'禹曰:'尧、舜之人皆以尧、舜之心为心,今寡人为君也,百姓各自以其心为心,是以痛之也。'"大禹出门看见犯人,下车询问,为之哭泣。后遂以"下车泣罪"比喻君王心存仁爱。

⑧健讼:语出《周易·讼卦》:"上刚下险,险而健,讼。"唐·孔颖达疏:"犹人意怀险恶,性又刚健,所以讼也。"后人习惯将"健""讼"连读,用以称好打官司的讼棍。宋人洪迈已指出"健""讼"连读为断句之误,见《容斋随笔(卷五十二)·健讼之误》:"破句读书之误,根着于人,殆不可复正。在《易·象》之下,先释卦义,然后承以本名者,凡八卦。《蒙卦》曰:'蒙,山下有险,险而止。蒙。'以'止'字为句绝,乃及于'蒙',始系以'蒙亨,以亨行'。《讼卦》曰:'讼,上刚下险,险而健。讼。'以'健'字为句绝,乃及于'讼',始系以'讼有孚'。豫卦刚应,……皆是卦名之上为句绝。而童蒙入学之初,其师点句,辄混于上,遂以'健''讼'相连。"

⑨挂告:因牵连而成被告。此句"挂告",他本或作"累及"。

⑩株(zhū)连:一人犯法,牵连亲友。战国时,秦国商鞅变法最早引入连坐条令,后来"株连九族"等残酷刑罚都来源于此。《史记·商君列传》:"令民为什伍,而相牧司连坐。不告奸者腰斩,告

奸者与斩敌首同赏,匿奸者与降敌同罚。"

⑪解讼:解除争讼。此句"解讼",他本多作"息讼"。"息讼"较"解讼"常见,但明清人文章,也有用"解讼"的。不必改"解讼"为"息讼"。

⑫释纷:即解纷,排解纠纷。《史记·鲁仲连邹阳列传》:"所贵于天下之士者,为人排患释难解纷乱而无取也。即有取者,是商贾之事也。"

⑬栽冤:即栽赃。

⑭嫁祸:语出《战国策·魏策一》:"且夫秦之所欲弱者莫如楚,而能弱楚者莫如魏。楚虽有富大之名,其实空虚;其卒虽众多,然而轻走易北,不敢坚战。悉魏之兵南面而伐,胜楚必矣。夫亏楚而益魏,攻楚而适秦,内嫁祸安国,此善事也。大王不听臣,秦甲出而东,虽欲事秦而不可得也。"《史记·张仪列传》亦载。

⑮徒配:也作"徒流","徒刑"和"流刑"的合称。拘禁强迫劳役或流放至边远地区。

⑯城旦:古代的一种刑罚,筑城四年的徒刑。《墨子·号令》:"以令为除死罪二人,城旦四人。"清·孙诒让间诂引东汉·应劭曰:"城旦者,旦起行治城,四岁刑也。"《史记·秦始皇本纪》:"黥为城旦。"南朝宋·裴骃集解引三国魏·如淳注:"律说'论决为髡(kūn)钳(古刑罚,剃发后用铁圈束颈),输边筑长城,昼日伺寇虏,夜暮筑长城'。城旦,四岁刑。"《白孔六帖》卷四十六:"城旦,谓旦旦起治城。"

⑰遣戍:旧时谓放逐罪人至边地、军台戍守。《史记·秦始皇本纪》:"三十三年,发诸尝逋亡人、赘婿、贾人,略取陆梁地,为桂林、象郡、南海,以适遣戍。"

⑱问军:即充军,古代刑罚之一。将罪犯发配到边远地区服役。《宋史·刑法志》:"刺配之法二百余条,其间情理轻者,亦可复古徒流

移乡之法,俟其再犯,然后决刺充军。""问军"一词,明清时期常用。《白雪遗音·马头调·雷峰塔》:"问军发配在镇江府,成其恩爱,夫妻二人开药店。"清·褚人穫《坚瓠八集·大光禄牌坊》:"时有口号曰:'大中丞完子就问军,大光禄烧街光秃秃。'问军之谣已验。"

⑲三尺,乃朝廷之法:三尺,古代法律条文常刻写在三尺竹简上,所以用"三尺"指代法律。《史记·酷吏列传》:"客有让周曰:'君为天子决平,不循三尺法,专以人主意指为狱。狱者固如是乎?'周曰:'三尺安出哉?前主所是著为律,后主所是疏为令,当时为是,何古之法乎!'"南朝宋·裴骃集解引《汉书音义》:"以三尺竹简书法律也。"《汉书·杜周传》亦载。

⑳三木:三种刑具,分别施加在手、脚和脖颈上。《文选·司马迁〈报任少卿书〉》:"魏其,大将也,衣赭衣,关三木。"唐·李善注:"三木,在项及手足也。……《周礼》曰:'上罪梏拲而桎。'应劭《汉书注》曰:'在手曰"梏",两手同械曰"拲",在足曰"桎"。'韦昭曰:'桎,两手合也。梏,音告。拲,音拱。'"《汉书·司马迁传》:"魏其,大将也,衣赭,关三木。"唐·颜师古注:"三木,在颈及手足。"《后汉书·马援传》:"可有子抱三木,而跳梁妄作,自同分羹之事乎?"唐·李贤注:"三木者,谓桎、梏及械也。"

【译文】

"图圄"是周代的监狱,"羑里"是商代的牢房。

"桎梏"装置,是拘禁犯人的刑具;但牢房关押、绳索捆绑的犯人中,难道就没有被冤屈的好人?

双方争执不休,叫作"鹬蚌相持";无辜却遭受牵连,叫作"池鱼受害"。

"请公入瓮",说的是酷吏周兴自己作孽,自己受罪;"下车泣罪",说的是夏王大禹爱民深厚。

喜欢打官司，叫"健讼"；被牵连成被告，叫"株连"。

帮人平息诉讼，叫"释纷"；被人有意陷害，叫"嫁祸"。

犯罪被罚服劳役，称"城旦"；犯罪被流放充军，叫"问军"。

"三尺"，指朝廷的法律；"三木"，指罪人戴的刑具。

古之五刑，墨、劓、剕、宫、大辟①；今之律例，笞、杖、死罪、徒、流②。

上古时削木为吏③，今日之淳风安在④？唐太宗纵囚归狱，古人之诚信可嘉⑤。

花落讼庭闲，草生囹圄静，歌何易治民之简⑥；吏从冰上立，人在镜中行，颂卢奂折狱之清⑦。

可见治乱之药石，刑罚为重；兴平之粱肉，德教为先⑧。

【注释】

①古之五刑，墨、劓（yì）、剕（fèi）、宫、大辟（pì）：语本《尚书·舜典》："五刑有服。"西汉·孔安国传："五刑：墨、劓、剕、宫、大辟。"五刑，五种轻重不同的刑法。秦代以前为墨、劓、剕、宫、大辟，分别是面上刺字并染黑、割鼻、断足、阉割、处死。

②今之律例，笞（chī）、杖、死罪、徒、流：语本《旧唐书·刑法志》："笞、杖、徒、流、死，为五刑。"《清史稿·刑法志二》："《明律》渊源唐代，以笞、杖、徒、流、死为五刑。"隋唐以后，"五刑"分别为笞刑、杖刑、徒刑、流放、死刑。明清沿袭。此句，变换"五刑"次序"笞、杖、徒、流、死"为"笞、杖、死罪、徒、流"，是为了在声律方面对仗。上句尾字"辟"是仄声字，下句尾字宜用平声字（"流"是平声字，而"罪"是仄声字）。

③削木为吏：削木头当作监狱看守。西汉·司马迁《报任少卿书》：

"故有画地为牢,势不可入;削木为吏,议不可对。"

④淳风:敦厚古朴的风俗。晋·葛洪《抱朴子外篇·逸民》:"淳风足以濯百代之秽,高操足以激将来之浊。"《资治通鉴·梁纪·梁武帝天监元年》:"今与古异,不可以淳风期物。"元·胡三省注:"淳风,谓淳古之风也。"

⑤唐太宗纵囚归狱,古人之诚信可嘉:语本《旧唐书·太宗纪》:"(贞观六年)十二月辛未,亲录囚徒,归死罪者二百九十人于家,令明年秋末就刑。其后应期毕至,诏悉原之。"暨《新唐书·太宗纪》:"(贞观六年)十二月辛未,虑囚,纵死罪者归其家。……(七年)九月,纵囚来归,皆赦之。"唐太宗贞观六年(632)十二月曾放死刑犯回家探亲,让他们次年秋末回来行刑处死。次年秋末,罪犯们都回来认罪伏法。唐太宗赦免了他们。

⑥"花落讼庭闲"三句:旧注:"(唐)何易为益昌令,有异政,人皆息讼。民歌曰:'花落讼庭闲,草生囹圄静。'"不知所据何书。何易,当即《新唐书·循吏传》之"何易于",唐代人,生卒年、家乡不详,担任益昌县令时,爱民恤刑,监狱中三年没有犯人。唐·岑参《初至犍为作》诗:"草生公府静,花落讼庭闲。""花落讼庭闲,草生囹圄静"当为化用岑参之诗。

⑦"吏从冰上立"三句:旧注:"(唐)卢奂为南郡太守,先是郡率以赃败,奂至,墨吏敛手,中官领市舶者,亦不敢干以私。民颂曰:'报案吏从冰上立,诉冤人在镜中行。'"不知所据何书。吏从冰上立,人在镜中行,意为如同在冰上行走,战战兢兢;如同被明镜照察,毫无秘密。形容官员明察秋毫,下属不敢作恶。北宋哲宗时,官员王觌(dí)知苏州,将弄权的奸吏绳之以法。《宋史·王觌传》:"民歌咏其政,有'吏行水上,人在镜心'之语。"《姑苏志》引之,"水"字作"冰"。或即此二句所本。卢奂,唐滑州灵昌(今河南滑县)人,祖籍范阳(今河北涿州)。卢怀慎子。为吏以清

白闻。唐玄宗开元中,为中书舍人、陕州刺史。开元二十四年
(736),唐玄宗幸京师,审其能政,赞为"斯为国宝,不坠家风"。
寻迁兵部侍郎。天宝初,为南海太守,贪吏敛迹,人颇安之。开
元以来四十年,广府节度清白者仅四人,卢奂为其一。加银青光
禄大夫。入为尚书右丞,卒。卢奂以为官清廉著称。五代·王
仁裕《开元天宝遗事·记恶碑》:"卢奂累任大郡,皆显治声,所
至之处,畏如神明。或有无良恶迹之人,必行严断,仍以所犯之
罪,刻石立本人门首,再犯处于极刑。民间畏惧,绝无犯法者。
明皇知其能官,赐中金五十两,玺诏褒谕焉。故民间呼其石为
'记恶碑'。"

⑧"可见治乱之药石"四句:语本《后汉书·崔骃传(附崔寔)》载
崔寔《政论》:"夫刑罚者,治乱之药石也;德教者,兴平之粱肉也。
夫以德教除残,是以粱肉理疾也;以刑罚理平,是以药石供养也。"
药石,指药剂和石针。泛指药物。粱(liáng)肉,指精米和肉食。
泛指精美的膳食。

【译文】

古代的五刑,分别是墨、劓、剕、宫、大辟;如今的刑律,分别是笞刑、
杖刑、死刑、徒刑、流放。

上古时刻木头充作监狱看守,如今这种淳朴的风气又在何处? 唐太
宗放囚犯回家探亲,他们都在约定的时间内回到监狱,古人的诚信值得
嘉许。

"花落讼庭闲,草生囹圄静",这是歌颂唐朝县令何易治民刑轻政简;
"吏从冰上立,人在镜中行",这是歌颂唐朝太守卢奂判案明察清廉。

可见:重视刑罚,是治理乱世的"药石";道德教化先行,是振兴太平
盛世的"粱肉"。

释道鬼神

【题解】

传统中国，释、道与儒并称"三教"。佛、道二教，在民间流行较广。佛、道二教，多神异鬼怪故事。

本篇30联，讲的都是和鬼神相关的成语典故。这些典故，大多出自《高僧传》《神仙传》《搜神记》诸书。

如来释迦，即是牟尼，原系成佛之祖①；老聃李耳，即是道君，乃为道教之宗②。

鹫岭、祇园③，皆属佛国；交梨、火枣④，尽是仙丹⑤。

沙门称释，始于晋道安⑥；中国有佛，始于汉明帝⑦。

籛铿即是彭祖，八百高年⑧；许逊原宰旌阳，一家超举⑨。

波罗，犹云彼岸⑩；紫府，即是仙宫⑪。

曰上方⑫，曰梵刹⑬，总是佛场；曰真宇⑭，曰蕊珠⑮，皆称仙境。

【注释】

①"如来释迦（jiā）"三句：如来释迦，即佛祖释迦牟尼。如来，是梵语意译，佛陀有十大称号，"如来"为其中之一。梵语译为"真如"，为佛学世界观中永恒存在的本体，"如来"一词与此概念相关，或可理解为真如在世间的现身。《长阿含（卷十二）·清净经》："佛于初夜成最正觉及末后夜，于其中间有所言说尽皆如实，故名'如来'。复次，如来所说如事，事如所说，故名'如来'。"《大智度论》卷五十五："行六波罗蜜，得成佛道，……故名'如来'；……智知诸法如，从如中来，故名'如来'。"《金刚经·威仪

寂静分》："如来者，无所从来，亦无所去，故名如来。"释迦，本为古印度种姓名，佛祖释迦牟尼即出生于此族。常用作"释迦牟尼"的简称。牟尼，梵语音译。寂静之意，多指佛祖释迦牟尼。南朝梁•简文帝《六根忏文》："牟尼鹫岳之光，弥勒龙华之始。"

② "老聃（dān）李耳"三句：语本《史记•老子韩非列传》："老子者，楚苦县厉乡曲仁里人也，姓李氏，名耳，字聃，周守藏室之史也。"老聃李耳，即诸子百家中的老子，后被尊为道教始祖。道君，道教中尊称地位最高的人。多指道教始祖老子。也可用作对道士的敬称。《太平御览》卷六百六十二引南朝梁•陶弘景《登真隐诀》："三清九宫并有僚属，例左胜于右，其高总称曰'道君'，次真人、真公、真君。"

③ 鹫（jiù）岭：又称"鹫山"，即灵鹫山，传说释迦牟尼曾多年居住于此传道说法。位于古印度摩揭陀国王舍城东北，因山中多鹫鸟或山形像鹫鸟而得名。北周•庾信《陕州弘农郡五张寺经藏碑》："雪山罗汉之论，鹫岭菩提之法，本无极际，何可胜言。"清•倪璠注："鹫岭在王舍城，梵云耆阇崛山是也。"亦借指佛寺。宋•苏轼《海会殿上梁文》："庶几鹫岭之雄，岂特鹅湖之冠。"祇（qí）园：全称"祇树给孤独园"，也称"祇陀太子园"，古印度佛教圣地之一。相传释迦牟尼成道后，憍萨罗国的给孤独长者用大量黄金购置舍卫城南祇陀太子园地，建筑精舍，请释迦说法。祇陀太子也奉献了园内的树木，故以二人名字命名。玄奘去印度时，祇园已毁。后用为佛寺的代称。李光明庄本作"祗园"，因形近而讹。

④ 交梨、火枣：道家传说中能让人飞升的仙果，二词常对举，有五行生克方面的类比。南朝梁•陶弘景《真诰•运象二》："玉醴金浆，交梨火枣，此则腾飞之药，不比于金丹也。"明•王逵《蠡海集•鬼神》："老氏之言交梨火枣者，盖梨乃春花秋熟，外苍内白，虽雪梨亦微苍，故曰'交梨'，有金木交互之义。枣，味甘而色赤

为阳,有阳土生物之义,故曰'火枣'。"

⑤仙丹:道教为追求长生不死和成仙所炼制的丹药。

⑥沙门称释,始于晋道安:语本南朝梁·慧皎《高僧传(卷五)·道安传》:"初,魏晋沙门依师为姓,故姓各不同。安以为大师之本莫尊释迦,乃以释命氏。后获《增一阿含》,果称'四河入海,无复河名'。四姓为沙门,皆称释种。既悬与经符,遂为永式。"《太平御览(卷六百五十五)·释部三·僧》引之。清·赵翼《陔馀丛考·僧称》:"僧之称'释家',从释道安始。道安谓:佛氏释迦,今为佛子,宜从释氏帛尸,因请学佛者皆姓释氏。此僧家称'释氏'之始。"汉族佛教僧尼统一姓"释",又称"释子"。始自释道安,此前僧人依师为姓,各不统一,如其师来自天竺则姓"竺",来自月支则姓"支"。沙门,梵语的音译。或译为"娑门""桑门""丧门"等。一说,"沙门"等非直接译自梵语,而是吐火罗语的音译。原为古印度反婆罗门教思潮各个派别出家者的通称,佛教盛行后专指佛教僧侣。晋·袁宏《后汉纪·明帝纪下》:"浮屠者,佛也。……其精者,号为'沙门'。沙门者,汉言息也,盖息意去欲而归于无为也。"《魏书·释老志》:"诸服其道者,则剃落须发,释累辞家,结师资,遵律度,相与和居,治心修净,行乞以自给。谓之'沙门',或曰'桑门',亦声相近,总谓之'僧',皆胡言也。"道安,即释道安(314—385),十六国时常山扶柳(今河北冀州)人。俗姓卫。十二岁出家,后从佛图澄受业。晋武帝宁康元年(373),避石氏乱,率弟子慧远等四百余人至襄阳,立檀溪寺。太元四年(379),秦主苻坚取襄阳,得安。安至长安,僧徒数千人,大弘法化。前秦建元二十一年(385)圆寂,寿七十二。释道安是著名高僧,生而左臂有肉隆起如印,时称"印手菩萨"。晚年在襄阳、长安等地以性空为宗宣扬佛教,并组织参与佛经翻译。对前期佛教主要贡献如下:注疏佛经如《般若经》等;整理新、旧译经,创制

众经目录；制定僧尼轨范；主张僧侣以"释"为氏，不随师姓等等。弟子中以创立净土宗之慧远为最著。

⑦中国有佛，始于汉明帝：语本《魏书·释老志》："孝明帝夜梦金人，项有日光，飞行殿庭，乃访群臣，傅毅始以佛对。帝遣郎中蔡愔、博士弟子秦景等使于天竺，写浮屠遗范。愔仍与沙门摄摩腾、竺法兰东还洛阳。中国有沙门及跪拜之法，自此始也。"汉明帝，东汉第二位皇帝。传说他梦见光芒四射的金人在殿堂上飞行，大臣傅毅用佛来解说。汉明帝于是派遣使者出使天竺。相传白马寺便是纪念白马负经书回洛阳而修建。

⑧篯铿（jiān kēng）即是彭祖，八百高年：语本《楚辞·天问》："彭铿斟雉，帝何飨？受寿永多，夫何久长？"东汉·王逸注："彭铿，彭祖也。好和滋味，善斟雉羹，能事帝尧，尧美而飨食之。……言彭祖进雉羹于尧，尧飨食之以寿考。彭祖至八百岁，犹自悔不寿。"又，晋·干宝《搜神记》卷一："彭祖者，殷时大夫也，姓钱，名铿。帝颛顼之孙，陆终氏之中子。历夏而至商末，号七百岁。"晋·葛洪《神仙传·彭祖》："彭祖者，姓篯名铿，帝颛顼之玄孙。至殷末世，年七百六十岁而不衰老。"《庄子·逍遥游》"而彭祖乃今以久特闻"，唐·成玄英疏："尧封于彭城，其道可祖，故谓之'彭祖'。"唐·陆德明释文引《世本》云："姓篯，名铿，在商为守藏史，在周为柱下史，年八百岁。"晋·葛洪《抱朴子内篇·释滞》："彭祖为大夫八百年，然后西适流沙。"《极言》篇："彭祖八百，安期三千，斯寿之过人矣。"篯铿，人名，即彭祖。相传古之长寿者，尧时封于彭城，故又称"老彭"。传说寿长七八百岁，历经尧、舜、禹时期，直至商朝。

⑨许逊（xùn）原宰旌（jīng）阳，一家超举：语本《太平广记》卷十四引唐·无名氏《十二真君传·许真君》："许真君名逊，字敬之，本汝南人也。……乡举孝廉，拜蜀旌阳令，寻以晋室梦乱，弃官东

归。……真君以东晋孝武帝太康（按，当作"宁康"）二年八月一日,于洪州西山,举家四十二口,拔宅上升而去,唯有石函、药臼各一所,车毂一具,与真君所御锦帐,复自云中堕于故宅,乡人因于其地置游帷观焉。"许逊（239？—374）,字敬之,东晋南昌（今属江西）人,祖籍汝南（今属河南）。即道教十二真君中的许真君。学道于吴猛。后举孝廉,为旌阳（今四川德阳旌阳区）令,有政绩。见晋室紊乱,弃官东归,周行江湖。相传于东晋孝武帝宁康二年（374）在南昌西山,举家飞升。宋徽宗政和二年（1112）封为神功妙济真君。世称"许真君""许旌阳",为道教净明道派所尊奉。

⑩波罗,犹云彼岸:波罗,即"波罗密",意为由生死苦恼的此岸,度到涅槃安乐的彼岸。《大智度论》卷十二:"此六波罗蜜,能令人渡悭贪等烦恼染着大海,到于彼岸,以是故名'波罗蜜'。"南朝宋·刘义庆《世说新语·文学》:"（殷中军）初视《维摩诘》,疑'般若波罗密（蜜）'太多,后见《小品》,恨此语少。"南朝梁·刘孝标注:"波罗密,此言到彼岸也。"《六祖坛经》（敦煌写本）:"何名波罗蜜？此是西国梵音,唐言'到彼岸'。解义'离生灭'。着境生灭起,如水有波浪,即是于此岸；离境无生灭,如水永长流,故即名到彼岸。故名'波罗蜜'。"

⑪紫府,即是仙宫:紫府,传说中道家神仙所居之地。晋·葛洪《抱朴子内篇·祛惑》:"又河东蒲阪有项曼都者,与一子入山学仙,十年而归家,家人问其故。曼都曰:在山中三年精思,有仙人来迎我,共乘龙而升天。良久,低头视地,窈窈冥冥,上未有所至,而去地已绝远。龙行甚疾,头昂尾低,令人在其脊上,危怖崄巇。及到天上,先过紫府,金床玉几,晃晃昱昱,真贵处也。仙人但以流霞一杯与我,饮之辄不饥渴。忽然思家,到天帝前,谒拜失仪,见斥来还,令当更自修积,乃可得更复矣。"托名东方朔所著的汉代道家经典《海内十洲三岛记》中有"长洲一名青丘,在南海辰巳之地,地方

五千里,去岸二十五万里。……有紫府宫,天真仙女游于此地"。

⑫上方:佛教徒称住持僧居住的内室为"上方"。亦借指佛寺。

⑬梵刹(fàn chà):梵语音译。意为清净的地方,指佛土佛国,后转
　　为寺院的美称。梵者,清净之义;刹者,"刹摩"或"掣多罗"之
　　略,土田之义。

⑭真宇:语出晋·左思《吴都赋》:"增冈重阻,列真之宇。"道教称仙
　　人为"真人","列真之宇"即众仙居住的地方。后遂以"真宇"指
　　道观。

⑮蕊(ruǐ)珠:即蕊珠宫,道教传说中的仙宫。《黄庭内景经》:"太上大
　　道玉晨君,闲居蕊珠作七言。"清·蒋国祚注:"蕊珠者,天上宫名。"

【译文】

如来释迦,就是释迦牟尼,原是佛教的始祖;老聃李耳,就是道君,是
道教的祖师。

鹫岭、祇园,都是佛国的圣地;交梨、火枣,都是道家的仙丹。

佛门弟子以"释"为姓,从东晋释道安开始;佛法在中国传播,始于
东汉明帝时期。

籛铿即是彭祖,活了八百年;许逊原是旌阳县令,带全家人飞升
成仙。

梵语"波罗",就好比说"彼岸";道教"紫府",说的就是仙宫。

"上方""梵刹",都指佛教场所;"真宇""蕊珠宫",都指道家仙境。

伊蒲馔①,可以斋僧;青精饭②,亦堪供佛。

香积厨③,僧家所备;仙麟脯④,仙子所餐。

佛图澄显神通,咒莲生钵⑤;葛仙翁作戏术,吐饭成蜂⑥。

达摩一苇渡江⑦,栾巴噀酒灭火⑧。

吴猛画江成路⑨,麻姑掷米成珠⑩。

【注释】

①伊蒲馔（zhuàn）：指施舍给僧人的饭食。泛指素食。《后汉书·光武十王传·楚王英》："英少时好游侠，交通宾客，晚节更喜黄老，学为浮屠斋戒祭祀。八年，诏令天下死罪入缣赎。英遣郎中令奉黄缣白纨三十四诣国相曰：'托在蕃辅，过恶累积，欢喜大恩，奉送缣帛，以赎愆罪。'国相以闻，诏报曰：'楚王诵黄老之微言，尚浮屠之仁祠，洁斋三月，与神为誓，何嫌何疑，当有悔吝？其还赎，以助伊蒲塞桑门之盛馔。'"汉明帝永平八年（65），楚王刘英以黄缣白纨三十四赎罪，汉明帝赐还缣帛，称"以助伊蒲塞桑门之盛馔"。伊蒲塞，即优婆塞，指在家受戒修行的居士。桑门，即沙门，出家修道者。

②青精饭：道教传说中的仙方，服之延年益寿。实即乌米饭，用南烛木汁浸米蒸饭晒干而成。唐·杜甫《赠李白》诗："岂无青精饭，使我颜色好。"宋·王观国《学林》卷八："子美诗盖用道书中陶隐居《登真诀》有干石青精馈饭法。馈，音迅，谓飧也。其法用南烛草木浸米蒸饭暴干。其色青如黳珠。食之，可以延年却老。此子美所谓'青精饭'也。《神农本草·木部》有：'南烛枝叶，久服轻身长年，令人不饥，益颜色。取汁炊饭，又名"黑饭草"。在道书谓之"南烛草木"，在《本草》谓之"南烛枝叶"，盖一物也。'"宋代典籍言及南烛草木与青精饭者，甚众。《太平御览（卷六百七十一）·道部十三·服饵下》引南朝齐梁·陶弘景《登真隐诀》，宋·张君房《云笈七签（卷七十四）·方药》，言之甚详。宋·林洪《山家清供》卷上："青精饭，首以此，重谷也。按《本草》：'南烛木，今名黑饭草，又名旱莲草。'即青精也。采枝、叶，捣叶，浸上白好粳米，不拘多少，候一二时，蒸饭。曝干，坚而碧色，收贮。如用时，先用滚水量以米数，煮一滚，即成饭矣。……久服，延年益颜。"宋·沈括《梦溪笔谈·药议》："南烛草木，记传、《本草》

所说多端，今少有识者。为其作青精饭，色黑，乃误用乌桕为之，全非也。此木类也，又似草类，故谓之'南烛草木'，今人谓之'南天烛'者是也。南人多植于庭槛之间，茎如蒴藋，有节；高三四尺，庐山有盈丈者。叶微似楝而小。至秋则实赤如丹。南方至多。"

③香积厨：指寺院的厨房。香积，本为佛号。旧注："维摩居士遣八菩萨往众香国礼佛，言愿得世尊所食之余，欲以婆娑世界，施作佛事。香积如来以众香国之钵，盛饭与之。故僧家斋厨曰'香积厨'。"语本《维摩诘经·香积佛品》："上方界分，过四十二恒河沙佛土，有国名众香，佛号'香积'。……其食香气，周流十方无量世界。""于是香积如来，以众香钵，盛满香饭，与化菩萨。"后遂以"香积"指僧道的饭食。

④仙麟脯（lín fǔ）：语出晋·葛洪《神仙传·王远》："（麻姑）入拜方平。方平为之起立。坐定，召进行厨，皆金玉杯盘，无限也，肴膳多是诸花果，而香气达于内外。擘脯而行之，如松柏炙，云是'麟脯'也。"干麒麟肉，道教传说中仙人的食品。

⑤佛图澄显神通，咒莲生钵（bō）：语本南朝梁·僧慧皎《高僧传》卷九："（石勒）召澄问曰：'佛道有何灵验？'澄知勒不达深理，正可以道术为征，因而言曰：'至道虽远，亦可以近事为证。'即取应器盛水，烧香咒之，须臾生青莲花，光色曜目，勒由此信服。"《晋书·艺术传·佛图澄》亦载。高僧佛图澄曾以容器盛水，烧香念咒，水中生出青莲花，令后赵君主石勒信服。佛图澄（232—348），西晋、后赵时高僧，天竺人，一说龟兹人。"佛图澄"为音译，本姓帛。西晋怀帝时抵达洛阳传法。洛阳为后赵占领后，佛图澄深受后赵君主石勒、石虎的敬重，号"大和尚"，门徒众多，释道安即是其一。据《高僧传》记载："受业追游常有数百，前后门徒几且一万，所历州郡兴立佛寺八百九十三所，弘法之盛莫与先矣。"

⑥葛仙翁作戏术,吐饭成蜂:语本晋·干宝《搜神记》卷一:"葛玄,字孝先,从左元放受《九丹液仙经》。与客对食,言及变化之事。客曰:'事毕,先生作一事。'特戏者。玄曰:'君得无即欲有所见乎?'乃嗽口中饭,尽变大蜂数百,皆集客身,亦不螫人。久之,玄乃张口,蜂皆飞入。玄嚼食之,是故饭也。"葛仙翁,即葛玄,字孝先,三国吴丹阳句容(今江苏句容)人。葛洪从祖父。师从左慈,受太清、九鼎、金液等丹经,曾入天台赤城山学道,常隐马迹山修炼,自称"葛仙翁"。相传孙权曾召见之。

⑦达摩(?—536):即菩提达摩,或作"达磨"。南北朝时高僧。本为南天竺国王子。姓刹帝利,本名菩提多罗。师从般若多罗尊者,为西土禅宗二十八世传人。南朝梁武帝大通元年(527)泛海至广州。普通中迎至金陵与谈佛理。谈不契合,乃渡江入魏传布佛教。在洛阳、嵩山等地传授禅教,在少林寺中面壁九年(一说十年),世称"壁观婆罗门"。传《楞伽经》及其心法于慧可,于是禅宗得以流传中国。世称中土禅宗初祖。一苇(wěi)渡江:即禅宗达摩祖师离开南梁,渡过长江到达北魏的故事。一苇,语出《诗经·卫风·河广》:"谁谓河广,一苇杭之。"唐·孔颖达疏:"言一苇者,谓一束也,可以浮之水上而渡,若桴栰(fá)然,非一根苇也。"佛教徒为神话达摩祖师,言其折芦苇一枝,乘以过江。明·朱棣编《神僧传·达摩》:"帝不省玄旨,师知机不契,十九日遂去梁,折芦一枝渡江,二十三日北趋魏境,寻至雒邑,初止嵩山少林寺,终日面壁而坐,九年遂逝焉。"宋代禅师语录已有达摩一苇渡江之说。蕴闻《慧通大慧普觉禅师普说·方敷文请普说》:"达磨祖师欲裂其爱网,直截向渠道无功德。梁武帝因缘时节未至,遂不领略。当时若使会个无功德,祖师岂肯一苇渡江?"《愚菴智及禅师语录·颂古》:"证不灭受,达诸法空。当朝触讳,有理难容。一苇渡江,九年面壁。前无释迦,后无弥勒。分皮擘髓,大

振玄风。千峰到岳,万派朝宗。"

⑧栾巴噀(xùn)酒灭火:语本晋·葛洪《神仙传·栾巴》:"正旦会群臣饮酒,巴乃含酒,起望西南噀之。奏云:'臣本乡成都市失火,故为救之。'帝驰驿往问之,云:'正旦失火,时有雨自东北来灭火,雨皆作酒气也。'"东汉成都人栾巴,精于道术,一次在朝廷宴会上,他将嘴里的酒喷向西南,说:"我家乡成都市失火,我特意相救。"栾巴,蜀郡成都(今四川成都)人。《神仙传》记载他的事迹,但未写明年代。东汉中期,也有名为栾巴的官员,好道术。噀酒灭火,相传栾巴含酒喷向西南,扑灭了成都的大火。噀,含在口中而喷出。

⑨吴猛画江成路:语本晋·干宝《搜神记》卷一:"后将弟子回豫章,江水大急,人不得渡。猛乃以手中白羽扇画江,水横流,遂成陆路,徐行而过。过讫,水复,观者骇异。"相传吴猛曾用手中的扇子在江上画出一条大路。吴猛,道教徒称作"吴真君"。《搜神记》及《晋书·艺术传》有传。《搜神记》说他"濮阳人,仕吴,为西安令,因家分宁。性至孝。遇至人丁义,授以神方。又得秘法神符,道术大行"。《晋书·艺术传》说他是豫章人。分宁,即今江西修水,晋代属豫章郡。《太平广记·吴真君》则称吴猛让干宝的兄长干庆死而复生,干宝深受触动,因而编撰了记载神怪事迹的《搜神记》。

⑩麻姑掷米成珠:语本晋·葛洪《神仙传·王远》:"麻姑欲见蔡经母及妇侄,时经弟妇新产数十日,麻姑望见乃知之,曰:'噫,且止勿前!'即求少许米,至得米,便以撒地,谓以米祛其秽也。视米,皆成真珠。"麻姑,传说中的女仙。东汉桓帝时曾应仙人王远(字方平)召,降于蔡经家,为一美丽女子,年可十八九岁,手纤长似鸟爪。蔡经见之,心中念曰:"若背大痒时,得此爪以爬背,当佳。"方平知蔡经心中所念,使人鞭之,且曰:"麻姑,神人也。汝何思谓

其爪可以爬背耶?"麻姑自云:"接侍以来,已见东海三为桑田。"

又能掷米成珠,为种种变化之术。其事见晋·葛洪《神仙传》。

【译文】

"伊蒲馔",可以用来施舍僧人;"青精饭",也能用来供奉神佛。

"香积厨",指寺院的厨房;"仙麟脯",是神仙的食品。

佛图澄大显神通,念完咒语,青莲就从钵中长出;葛仙翁妙变戏法,吐出饭粒,变成一群蜜蜂。

达摩祖师脚踏一根芦苇,渡过大江;栾巴含酒喷向西南,扑灭成都大火。

吴猛挥扇,在江水中划出一条大路;麻姑撒米在地,变成无数珍珠。

飞锡、挂锡,谓僧人之行止①;导引、胎息②,谓道士之修持③。

和尚拜礼④,曰和南⑤;道士拜礼,曰稽首⑥。

曰圆寂⑦,曰荼毗⑧,皆言和尚之死;曰羽化⑨,曰尸解⑩,悉言道士之亡。

女道曰巫,男道曰觋,自古攸分⑪;男僧曰僧,女僧曰尼⑫,从来有别。

羽客、黄冠⑬,皆称道士;上人、比丘⑭,并美僧人。

【注释】

①飞锡、挂锡,谓僧人之行止:飞锡、挂锡,僧人手持锡杖,出游称为"飞锡",安住称为"挂锡"。宋·释道诚《释氏要览》卷下:"今僧游行,嘉称'飞锡',此因高僧隐峰游五台,出淮西,掷锡飞空而往也。若西天得道僧,往来多是飞锡。""今僧止所住处,名'挂锡'者。凡西天比丘,行必持锡杖。持锡有二十五威仪。凡至室中,

不得着地，必挂于壁牙上，故云'挂锡'。"

②导引：导气引体，古时医家、道家的养生术。《后汉书·方术传·华佗》："古之仙者，为导引之事，熊经鸱顾，引挽腰体，动诸关节，以求难老。"近年出土的西汉帛画有治疾的《导引图》。《素问·异法方宜论》："其民食杂而不劳，故其病多痿厥寒热，其治宜导引按跻。"唐·慧琳《一切经音义》卷十八："凡人自摩自捏，申缩手足，除劳去烦，名为'导引'。若使别人握搦身体，或摩或捏，即名'按摩'也。"胎息：道家的一种修炼方法。《后汉书·方术传·王真》："年且百岁，视之面有光泽，似未五十者。自云：'周流登五岳名山，悉能行胎息、胎食之方，嗽舌下泉咽之。'"唐·李贤注引《汉武内传》："习闭气而吞之，名曰'胎息'；习嗽舌下泉而咽之，名曰'胎食'。"

③修持：修行，保养。

④和尚：梵语在古代西域语中不确切的音译，原意为"吾师"，印度佛教徒对亲教师的尊称。在中国泛指出家修行的佛教徒，主要用于男性。

⑤和南：又称"婆南"，梵语Vandana的讹音，译为"稽首""敬礼""度我"。僧侣对长上致敬时，口中称"和南"。《萨婆多部十诵律》卷三十九："称'和南'者，是口语。"唐·释窥基《大乘法苑义林章·归敬章》："古云'南牟'，即是敬礼。应言'纳慕'或'纳莫'。……若云'伴谈'。或云'伴题'。此云'稽首'。亦云'礼拜'。亦非敬礼。讹名'和南'。"

⑥稽（qǐ）首：此指道士举一手向人行礼。元·马致远《陈抟高卧》第三折："只打个稽首，权充拜礼。"《水浒传》第十四回："那先生看了道：'保正休怪，贫道稽首。'"又作"起手"。明·吴承恩《西游记》第一回："猴王近前叫道：'老神仙，弟子起手！'"元明以来，道士行礼之"稽首"，与先秦跪拜礼"稽首"，名同而实异。

⑦圆寂：佛教语。梵语的意译。也译作"灭度""入灭"。梵语音译
　　为"般涅槃"或"涅槃"。意为圆满诸德、寂灭诸恶。后世以此称
　　僧人之死。

⑧荼毗（tú pí）：亦作"阇（dū）毗"。意为燃烧、焚烧，即火葬。火葬
　　法于佛陀以前即行于印度，原为僧人死后处理尸体之法，佛教东
　　渐后，中国、日本亦多用之。行荼毗之火葬场即称为"荼毗所"。

⑨羽化：飞升成仙。《晋书·许迈传》："玄自后莫测所终，好道者皆
　　谓之'羽化'矣。"宋·苏轼《前赤壁赋》："飘飘乎如遗世独立，羽
　　化而登仙。"亦用作道教徒死亡的婉辞。

⑩尸解：指修道者遗弃形骸而仙去。晋·葛洪《抱朴子内篇·论
　　仙》："按仙经云，上士举形升虚，谓之'天仙'。中士游于名山，谓
　　之'地仙'。下士先死后蜕，谓之'尸解仙'。"《晋书·葛洪传》：
　　"而洪坐至日中，兀然若睡而卒。……视其颜色如生，体亦柔软，
　　举尸入棺，甚轻，如空衣，世以为尸解得仙云。"

⑪"女道曰巫"三句：语本《国语·楚语下》："如是则明神降之，
　　在男曰'觋'，在女曰'巫'。"古代称女巫为"巫"，男巫为"觋
　　（xí）"，合称"巫觋"。《荀子·正论》："出户而巫觋有事。"唐·杨
　　倞注："女曰'巫'，男曰'觋'。"攸，所。

⑫僧："僧伽"的简称，梵语音译。意为大众。原指出家佛教徒三
　　人或四人以上组成的团体，后来也用于称呼单个和尚。尼："比
　　丘尼"的简称。指出家受具足戒的女性。男僧为"比丘"。《魏
　　书·释老志》："诸服其道者，则剃落须发，释累辞家，结师资，遵
　　律度，相与和居，治心修净，行乞以自给。谓之'沙门'，或曰'桑
　　门'，亦声相近，总谓之'僧'，皆胡言也。僧，译为和命众，桑门为
　　息心，比丘为行乞。俗人之信凭道法者，男曰'优婆塞'，女曰'优
　　婆夷'。其为沙门者，初修十诫，曰'沙弥'，而终于二百五十，则
　　具足成大僧。妇入道者曰'比丘尼'。"

⑬羽客：本指神仙、方士。北周·庾信《邛竹杖赋》："和轮人之不重，待羽客以相贻。"清·倪璠注："羽客，羽人。《山海经》有羽人之国，不死之民。"五代时期，紫霄真人谭峭被南唐中主赐号"金门羽客"。北宋徽宗宣和年间，道士林灵素亦号称"金门羽客"。后遂以"羽客"称道士。宋·陈舜俞《庐山记·叙山南》："保大中，道士谭紫霄来自闽中，赐号'金门羽客'。"宋·周辉《清波杂志》卷三："宣和崇尚道教，黄冠出入禁闼，号金门羽客，气焰赫然，林灵素为之宗主。"宋·陆游《老学庵笔记》卷五："林灵素为金门羽客，用闽王时谭紫霄故事。"黄冠：道士的帽子，借指道士。唐代李淳风父李播隐居为道士，曾自号黄冠子。《旧唐书·李淳风传》："李淳风，岐州雍人也。其先自太原徙焉。父播，隋高唐尉，以秩卑不得志，弃官而为道士。颇有文学，自号黄冠子。"《新唐书·方技传·李淳风》亦载，文字略有小异。《北史·李先传》："景儒子昭徽，博涉稽古，脱略不羁，时人称其为'播郎'。因以字行于燕、赵焉。善谈论，有宏辩，属文任气，不拘常则。志好隐逸，慕葛洪之为人。寻师访道，不远千里。遇高尚则倾盖如旧，见庸识虽王公蔑如。初为道士，中年应诏举，为高唐尉。大业中，将妻子隐于嵩山，号黄冠子。有文集十卷，为学者所称。"《北史》所记李昭徽，与两《唐书》所记李播，当为同一人。

⑭上人：上德之人。指智德兼备，可为众人师的高僧。宋·释道诚《释氏要览》卷上"上人"条："《摩诃般若经》云：何名'上人'？佛言：若菩萨一心行阿耨菩提心不散乱，是名'上人'。……古师云：内有智德，外有胜行，在人之上，名'上人'。"也用作对僧人的尊称，宋·吴曾《能改斋漫录·僧为上人》："唐诗多以僧为上人。"比丘：梵语音译。指出家受具足戒的男性。《大智度论》卷三解释"比丘"五义："比丘名乞士，清净活命故，名为乞士。""比名破，丘名烦恼，能破烦恼，故名比丘。""出家人名比丘，譬如胡、

汉、羌、虏，各有名字。""受戒时自言：'我是某甲比丘，尽形寿持戒。'""比名怖，丘名能，怖魔王及魔人民。"

【译文】

"飞锡"和"挂锡"，分别指僧人云游和歇息；"导引"和"胎息"，都是说道士修身持道的法门。

和尚合十敬礼，称为"和南"；道士举手敬礼，叫作"稽首"。

"圆寂""荼毗"，都指和尚去世；"羽化""尸解"，都指道士去世。

女道士称为"巫"，男道士称为"觋"，自古以来就有区分；男僧人称为"僧"，女僧人称为"尼"，一直以来就有分别。

"羽客"和"黄冠"，都是对道士的尊称；"上人"和"比丘"，都是对僧人的尊称。

檀越、檀那①，僧家称施主②；烧丹、炼汞③，道士学神仙。

和尚自谦，谓之空桑子④；道士诵经，谓之步虚声⑤。

菩者普也，萨者济也，尊称神祇⑥，故有菩萨之誉⑦；水行龙力大，陆行象力大，负荷佛法，故有龙象之称⑧。

儒家谓之世，释家谓之劫，道家谓之尘，俱谓俗缘之未脱⑨；儒家曰精一⑩，释家曰三昧⑪，道家曰贞一⑫，总言奥义之无穷⑬。

达摩死后，手携只履西归⑭；王乔朝君，舄化双凫下降⑮。

辟谷绝粒⑯，神仙能服气炼形⑰；不灭不生，释氏惟明心见性⑱。

梁高僧谈经入妙，可使岩石点头，天花坠地⑲；张虚靖炼丹既成，能令龙虎并伏，鸡犬俱升⑳。

【注释】

①檀（tán）越：梵语义译。意为施主。唐·义净《南海寄归内法传》卷一："梵云陀那钵底，译为'施主'。'陀那'是'施'，'钵底'是'主'。而云'檀越'者，本非正译。略去'那'字，取上'陀'音，转名为'檀'，更加'越'字。意道由行檀舍，自可越渡贫穷。妙释虽然，终乖正本。"檀那：又作"陀那"，梵语"施"的音译。意为施主或布施。

②施主：佛教徒对布施者的敬称。施予僧众衣食，或出资举行法会的人。

③烧丹：炼丹。源于古代方术，置丹砂于炉中炼制。后有内丹、外丹之分。以气功修炼人体精、气、神谓之"内丹"，以炉火烧炼药石谓之"外丹"。南朝梁·庾肩吾《东宫玉帐山铭》："煮石初烂，烧丹欲成。"炼汞（gǒng）：道家烧炼金石药物，制成丹药。特指外丹。唐·高骈《闻河中王铎加都统》诗："炼汞烧铅四十年，至今犹在药炉前。"

④空桑子：相传商代大臣伊尹生于空桑。《吕氏春秋·孝行览·本味》："有侁氏女子采桑，得婴儿于空桑之中，献之其君。其君令烰人养之，察其所以然。曰：'其母居伊水之上，孕，梦有神告之曰："臼出水而东走，毋顾！"明日，视臼出水，告其邻，东走十里而顾，其邑尽为水，身因化为空桑。故命之曰"伊尹"。'此伊尹生空桑之故也。"后遂以"空桑子"比喻无父母之人，或指僧人。

⑤道士诵经，谓之步虚声：语本南朝宋·刘敬叔《异苑》卷五："陈思王游山，忽闻空里诵经声，清远遒亮，解音者则而写之，为神仙声。道士效之，作步虚声也。"后遂以"步虚声"指道士唱经礼赞之声。步虚，道家传说中神仙的凌空步行。

⑥神祇（qí）：天神和地神。泛指一切神灵。

⑦菩萨：梵语音译"菩提萨埵"的简称。意为自觉佛性、下化众生。

菩提，意为觉、智慧。萨埵，有情，或称众生，泛指一切有生命者。宋·释道诚《释氏要览》卷中："菩萨者，具足应云'菩提萨埵'。唐言'觉有情'。觉者，所求果也。有情者，所度境也。"

⑧"水行龙力大"四句：语本后秦·龙树菩萨《大智度论》卷三："那伽，或名龙，或名象。是五千阿罗汉、诸无数阿罗汉中最大力，以是故言如龙如象。水行中龙力大，陆行中象力大。"后遂以"龙象"比喻修行勇猛，有最大力者。一说，象之大者为龙象，非龙、象二物。也用于对僧人的敬称。负荷，背负肩担。《左传·昭公七年》："子产曰：'古人有言曰，其父析薪，其子弗克负荷。'"晋·杜预注："荷，担也。"引申为担负重则、承担使命。《后汉书·公孙瓒传》："臣虽阘茸，名非先贤，蒙被朝恩，负荷重任。"

⑨"儒家谓之世"四句：语本唐·高彦休《唐阙史（卷上）·丁约剑解》："大历初，韦行式为西川采访使，有侄曰'子威'，年及弱冠，聪敏温克，常耽玩道书或神仙修炼之术。有步卒丁约者执役于部下，周旋勤恪，未尝少惰，子威颇私之。……因褫衣带得药类粟以奉子威。又谓曰：'郎君道情深厚，不欺暗室。终当弃俗，尚隔两尘。'子威曰：'何谓两尘？'对曰：'儒谓之"世"，释谓之"劫"，道谓之"尘"。'"丁约"儒谓之'世'，释谓之'劫'，道谓之'尘'"之语，流传甚广。宋人引之者众。道家书李昌龄《太上感应篇》卷一、陈葆光《三洞群仙录》卷九引之，佛家书慧霞《曹洞五位显诀》引之，曾慥《类说》卷三、朱胜非《绀珠集》卷二、谢维新《古今合璧事类备要》卷五十、叶廷珪《海录碎事》卷十三上、孔传《白孔六帖》卷三、杨伯岩《六帖补》卷十八、李昉《太平广记》卷四十五引之。《白孔六帖》《六帖补》云出自《续仙传》，《太平广记》云出自《广异记》。俗缘，佛教以因缘解释人事，因称尘世之事为俗缘。唐·许浑《记梦》诗："尘心未尽俗缘在，十里下山空月明。"

⑩精一：语出《尚书·大禹谟》："人心惟危，道心惟微，惟精惟一，允执厥中。"西汉·孔安国传："危则难安，微则难明，故戒以精一，信执其中。"指道德修养的精粹纯一。

⑪三昧（mèi）：佛教语。梵文音译。又译"三摩地"。意译为"正定"。谓屏除杂念，心不散乱，专注一境。《大智度论》卷七："何等为'三昧'？善心一处住不动，是名'三昧'。"晋·慧远《念佛三昧诗集序》："夫三昧者何？专思、寂想之谓也。"隋·智颛（yǐ）《法界次第初门·三三昧初门》："通言三昧者，三摩提。秦言正心行处。是心从无始已来，常曲不端，得是直故，故名'三昧'。"

⑫贞一：守正专一。晋·王珣《祭徐聘士文》："贞一足以制群动，纯本足以息浮末。"

⑬奥义：精深的义理，深奥的含义。《尚书序》："至于夏、商、周之《书》，虽设教不伦，《雅》《诰》奥义，其归一揆。"

⑭达摩死后，手携只履西归：语本南唐·静、筠二禅僧《祖堂集·达摩》："灭度后三年，魏使时有宋云西岭为使却回，逢见达摩手携只履，语宋云曰：'汝国天子已崩。'宋云到魏，果王已崩。遂闻奏后魏第九主孝庄帝，及开塔唯见一只履，却取归少林寺供养。"《五灯会元》卷一、《景德传灯录》卷三亦载之。相传达摩老祖死后三年，后魏使者宋云还在路上见到他，手里提着一只鞋，对宋云说"你国天子驾崩了。"

⑮王乔朝君，舃（xì）化双凫（fú）下降：语本《后汉书·方术传·王乔》："王乔者，河东人也。显宗世，为叶令。乔有神术，每月朔望，常自县诣台朝。帝怪其来数（shuò），而不见车骑，密令太史伺望之。言其临至，辄有双凫从东南飞来。于是候凫至，举罗张之，但得一只舃焉。乃诏尚方诊视，则四年中所赐尚书官属履也。……或云此即古仙人王子乔也。"汉明帝（庙号显宗）时，叶县县令王乔会仙术，上朝不用车马，能把鞋子变成野鸭在天上飞。

有人说他其实就是周代的仙人王子乔。舄，鞋。

⑯辟（bì）谷绝粒：不吃五谷的意思，是道家的一种修炼术。辟谷时，仍食药物，并须兼做导引等功夫。《史记·留侯世家》："乃学辟谷，道引轻身。"《文选·游天台山赋》："非夫遗世玩道，绝粒茹芝者，乌能轻举而宅之？"唐·李善注："《列仙传》曰：'赤松子好食松实，绝谷。'孔安国《尚书传》曰：'米食曰粒。'"东汉·王充《论衡·祭意》："好道学仙者，绝谷不食。"道家认为五谷杂粮会在体内产生秽气，对于修仙有碍。《庄子·逍遥游》："藐姑射之山，有神人居焉，肌肤若冰雪，淖约若处子。不食五谷，吸风饮露，乘云气，御飞龙，而游乎四海之外。"

⑰服气：即吐纳，道家养生术。旧注："服气，仙家饮沆瀣，飧赤霞，采日精，吸月华。"《晋书·隐逸传·张忠》："恬静寡欲，清虚服气，餐芝饵石，修导养之法。"炼形：方士修炼形体，以求超脱成仙。《文选·左思〈吴都赋〉》："桂父练形而易色，赤须蝉蜕而附丽。"晋·刘逵注引《列仙传》："桂父，象林人也。常服桂叶，以龟脑和之，颜色如童，时黑时白时赤，南海人尊事之累世。"晋·张华《博物志》卷四："《神农经》曰：上药养命，谓五石之练形，六芝之延年也。"南朝宋·颜延之《清者人之正路诰》："为道者盖流出于仙法，故以练形为上。……练形之家，必就深旷，反飞灵，糇丹石，粒芝精，所以还年却老，延华驻彩。"

⑱不灭不生，释氏惟明心见性：语本宋·道原《景德传灯录》卷四载保唐无住禅师答唐相国杜鸿渐之语："公又问：'云何不生，云何不灭，如何得解说？'师曰：'见境心不起名不生。不生即不灭。既无生灭，即不被前尘所缚，当处解脱。不生名无念。无念即无灭。无念即无缚。无念即无脱。举要而言，识心即离念。见性即解脱。离识心见性外。更有法门证无上菩提者。无有是处。'"宋·普济《五灯会元》卷二亦载之。不灭不生，佛教术语。通常

作"不生不灭"。形容涅槃境界。不生未来五蕴,亦无未来五欲可灭,故称"不灭"。《楞严经》卷四:"我以妙明,不灭不生。"《般若波罗蜜多心经》:"不生不灭,不垢不净。"明心见性,佛教语。指发现自性清净之心,彻见自心佛性。《元史·仁宗本纪》:"仁宗天性慈孝,聪明恭俭,通达儒术,妙悟释典,尝曰:'明心见性,佛教为深;修身治国,儒道为切。'"《明史·儒林列传·罗钦顺》:"释氏之明心见性,与吾儒之尽心知性,相似而实不同。"

⑲"梁高僧谈经入妙"三句:语本宋·延寿《宗镜录》卷九十八:"设或说得天华坠,石点头,事若不真,总成妖幻。所以志公见云光法师讲《法华经》感天华坠,云是蚨蚕之义。"实则,仅"天华(花)坠"是梁代高僧云光法师事迹;"石点头"乃晋代竺道生事迹。《东林十八高贤传(莲社高贤传)·道生法师》:"师被摈,南还,入虎丘山,聚石为徒。讲《涅槃经》,至阐提处,则说有佛性,且曰:'如我所说,契佛心否?'群石皆为点头,旬日学众云集。"入妙,达到神妙的境地。岩石点头,乃《东林十八高贤传(莲社高贤传)》所载东晋高僧竺道生的故事。相传道生法师在虎丘山讲《涅槃经》,说到一阐提有佛性,群石皆为点头。后因以"顽石点头"比喻道理讲得透彻,说服力强,足以使人信服。天花坠地,也作"天花乱坠"。佛祖讲经,感动天神,各色香花纷纷从天空下坠。《法华经·序品》:"尔时世尊,四众围绕,供养、恭敬、尊重、赞叹。为诸菩萨说大乘经,……是时天雨曼陀罗华、摩诃曼陀罗华、曼殊沙华、摩诃曼殊沙华,而散佛上、及诸大众。普佛世界,六种震动。"又,传说梁武帝普通二年(521),云光法师讲经感动上天,香花从空中纷纷落下,后世名其讲经之地为"雨花台"。南宋·志磐《佛祖统纪·法运通塞志》:"普通二年,诏云光法师于内殿讲法华经,天雨宝华。"

⑳"张虚靖炼丹既成"三句:旧注:"《列仙传》:张道陵七世孙张虚

靖，学长生之术，遍游名山，炼丹既成，龙降虎伏，白日升天。临去，药器置于庭，鸡犬舐之，皆得升天。"按，传世本西汉·刘向《列仙传》、南唐·沈汾《续仙传》皆无此文字。张虚靖，或写作"张虚静"，当为张继先，字嘉闻，北宋信州贵溪（今属江西）人。住信州龙虎山上清观，嗣汉三十代天师。宋徽宗崇宁四年（1105）召至京，赐号虚靖先生。北宋末卒。相传在龙虎山（今江西鹰潭西南）有张天师，自汉代张道陵起，世代相传，至张继先为第三十代。这一天师谱系，大约确定于宋代。《大宋宣和遗事·元集》："夏，解州有蛟在盐池作祟。……诏命嗣汉三十代天师张继先治之。不旬日间，蛟祟已平。……帝遂褒加封赠，仍赐张继先为视秩大夫虚靖真人。"明洪武中嗣孙四十三代天师宇初编成《三十代天师虚靖真君语录》七卷。龙虎并伏，形容道法高明，能够降龙伏虎。佛教与道教中都有相关故事。南唐·静、筠二禅僧《祖堂集·肥田伏禅师》："道高龙虎伏，德重鬼神钦。"另，"龙虎"也指道教炼丹时的水火之力。唐·李咸用《送李尊师归临川》："尘外烟霞吟不尽，鼎中龙虎伏初驯。"鸡犬俱升，也作"鸡犬升天"。相传汉代淮南王刘安得道成仙，家中鸡犬吃了剩下的丹药，也一同升天。《艺文类聚（卷七十八）·灵异部上·仙道》引《列仙传》曰："汉淮南王刘安，言神仙黄白之事，名为《鸿宝万毕》三卷，论变化之道，于是八公乃诣王，授丹经及三十六水方。俗传安之临仙去，余药器在庭中，鸡犬舐之，皆得飞升。"

【译文】

"檀越"和"檀那"，是僧人对施主的尊称；"烧丹"和"炼汞"，是道士修仙的方术。

"空桑子"，是和尚自谦的说法；"步虚声"，指道士诵经的声音。

"菩"的意思是普世，"萨"的意思是救济，因此"菩萨"这一美誉可用来尊称天神地祇；水中的动物，龙的力量最大，陆上的动物，象的力量最大,因此"龙象"一词用作弘扬佛法的高僧称号。

儒家说"世",释家说"劫",道家说"尘",都是指没有摆脱世俗的因缘;儒家说"精一",释家说"三昧",道家说"贞一",都是讲无穷的奥妙。

达摩死后,手提一只鞋向西归去;王乔朝见君王,鞋子变成两只野鸭飞下来。

"辟谷绝粒",神仙可以不吃五谷杂粮来吐纳修炼;"不灭不生",佛家靠的则是澄明内心直见性灵。

梁代高僧谈论经文到达妙处,可以让岩石点头、天花坠地;张虚靖修炼丹药成功,能够让龙虎拜服、鸡犬升天。

藏世界于一粟,佛法何其大①;贮乾坤于一壶,道法何其玄②。

妄诞之言,载鬼一车③;高明之家,鬼阚其室④。

无鬼论,作于晋之阮瞻⑤;《搜神记》,撰于晋之干宝⑥。

颜子渊、卜子夏,死为地下修文郎⑦;韩擒虎、寇莱公,死作阴司阎罗王⑧。

至若:土谷之神曰社稷⑨,干旱之鬼曰旱魃⑩。

魑魅魍魉⑪,山川之祟⑫;神荼、郁垒,啖鬼之神⑬。

仕途偃蹇,鬼神亦为之揶揄⑭;心地光明,吉神自为之呵护⑮。

【注释】

①藏世界于一粟(sù),佛法何其大:语本唐·吕岩(字洞宾)诗:"铁牛耕地种金钱,刻石时童把贯穿。一粒粟中藏世界,二升铛内煮山川。白头老子眉垂地,碧眼胡儿手指天。若向此中玄会得,此玄玄外更无玄。"原为道家语,意为一粒谷子内有大千世界。

元·辛文房《唐才子传》卷六载韩湘诗"一瓢藏世界",与此类似。形容内涵深厚,妙义无穷,极小可容纳极大。后被佛教徒广泛引用,遂为著名偈语。宋·普济《五灯会元·吕岩洞宾真人》:"道经黄龙山,睹紫云成盖,疑有异人。乃入谒,值龙击鼓升堂。龙见,意必吕公也,欲诱而进。厉声曰:'座旁有窃法者。'吕毅然出,问:'一粒粟中藏世界,半升铛内煮山川。且道此意如何?'龙指曰:'这守尸鬼。'吕曰:'争奈囊有长生不死药。'龙曰:'饶经八万劫,终是落空亡。'吕薄讶,飞剑胁之,剑不能入。遂再拜,求指归。龙诘曰:'半升铛内煮山川即不问,如何是一粒粟中藏世界?'吕于言下顿契。作偈曰:'弃却瓢囊摵碎琴,如今不恋水中金。自从一见黄龙后,始觉从前错用心。'龙嘱令加护。"

②贮乾坤于一壶,道法何其玄:语本晋·葛洪《神仙传·壶公》:"壶公者,不知其姓名。今世所有召军符、召鬼神治病玉斧符凡二十余卷,皆出于壶公,故总名为'壶公符'。汝南费长房为市掾时,忽见公从远方来,入市卖药,人莫识之。其卖药,口不二价。治病皆愈。语买药者曰:'服此药,必吐出某物,某日当愈。'皆如其言。得钱日收数万,而随施与市道贫乏饥冻者,所留者甚少。常悬一空壶于坐上,日入之后,公辄转足跳入壶中。人莫知所在,唯长房于楼上见之,知其非常人也。长房乃日日自扫除公座前地,及供馔物,公受而不谢。如此积久,长房不懈,亦不敢有所求。公知长房笃信,语长房曰:'至暮无人时更来。'长房如其言而往。公语长房曰:'卿见我跳入壶中时,卿便随我跳,自当得入。'长房承公言为试,展足,不觉已入。既入之后,不复见壶,但见楼观五色,重门阁道。见公左右侍者数十人。公语长房曰:'我仙人也。……'"神仙壶公在市上卖药,摊前常悬挂着一个壶,天晚了便跳进壶里。费长房跟进去看,只见壶中世界无限大,内有日月、山川、楼阁、人物。

③载鬼一车：语出《周易·睽卦》："上九，睽孤。见豕负涂，载鬼一车，先张之弧，后说之弧。匪寇，婚媾。往，遇雨则吉。"三国魏·王弼注："处睽之极，睽道未通，故曰'睽孤'。已居炎极，三处泽盛，睽之极也。以文明之极，而观至秽之物，'睽'之甚也。豕失负涂，秽莫过焉。至'睽'将合，至殊将通，恢诡谲怪，道将为一。未至于洽，先见殊怪，故'见豕负涂'，甚可秽也。见鬼盈车，吁可怪也。"唐·孔颖达疏："鬼魅盈车，怪异之甚也。"意为混淆是非，无中生有。宋·朱熹《周易本义》："载鬼一车，以无为有也。"

④高明之家，鬼阚（kàn）其室：语本《文选·扬雄〈解嘲〉》："高明之家，鬼瞰其室。"唐·李善注引东汉·李奇曰："鬼神害盈而福谦。"唐·刘良注："是知高明富贵之家，鬼神窥望其室，将害其满盈之志矣。"谓鬼神窥望显达富贵人家，将祸害其满盈之志。高明，高爽敞亮。可指楼观。亦指显贵者。《尚书·洪范》："无虐茕独，而畏高明。"西汉·孔安国传："单独者不侵虐之，宠贵者不枉法畏之。"唐·孔颖达疏："高明，谓贵宠之人。"阚，望。

⑤无鬼论，作于晋之阮（ruǎn）瞻：语本《世说新语·方正》："阮宣子论鬼神有无者，或以人死有鬼，宣子独以为无。曰：'今见鬼者，云着生时衣服，若人死有鬼，衣服复有鬼邪？'"暨《晋书·阮籍传（附阮瞻）》："瞻素执无鬼论，物莫能难，每自谓此理足可以辩正幽明。忽有一客通名诣瞻，寒温毕，聊谈名理。客甚有才辩，瞻与之言，良久及鬼神之事，反复甚苦。客遂屈，乃作色曰：'鬼神，古今圣贤所共传，君何得独言无！即仆便是鬼。'于是变为异形，须臾消灭。"阮瞻（约281—约310），字千里，西晋陈留尉氏（今河南尉氏）人。阮咸子。清虚寡欲，善清言。王戎曾问老庄明自然，圣人贵名教，其旨同异，瞻曰"将无同"。王戎即命辟之，时人谓之"三语掾"。东海王司马越以为记室参军。晋怀帝永嘉中，为太子舍人。素执无鬼论，人莫能难。以疾卒。《晋书》称其清虚

寡欲,为人谦退。

⑥《搜神记》,撰于晋之干宝:语本《晋书·干宝传》"(宝)性好阴阳术数,留思京房、夏侯胜等传。宝父先有所宠侍婢,母甚妒忌,及父亡,母乃生推婢于墓中。宝兄弟年小,不之审也。后十余年,母丧,开墓,而婢伏棺如生,载还,经日乃苏。言其父常取饮食与之,恩情如生,在家中吉凶辄语之,考校悉验,地中亦不觉为恶。既而嫁之,生子。又宝兄尝病气绝,积日不冷,后遂悟,云见天地间鬼神事,如梦觉,不自知死。宝以此遂撰集古今神祇灵异人物变化,名为《搜神记》,凡三十卷。以示刘惔,惔曰:'卿可谓鬼之董狐。'"《搜神记》,东晋干宝编撰的志怪小说集,共三十卷,收录了大量鬼神仙怪的故事,目的是"明神道之不诬"(《搜神记》自序)。原作已散失,现在版本是由后人增缀补辑而来。干宝,字令升,两晋之际汝阴新蔡(今河南新蔡)人。以才器召为著作郎。平杜韬有功,赐爵关内侯。入东晋,领国史,累迁散骑常侍。著《晋纪》,直而能婉,称良史。好阴阳术数,因其兄长、母婢死而复生,有感而作《搜神记》,刘惔誉为"鬼之董狐"。又注《周官》《周易》。

⑦颜子渊、卜子夏,死为地下修文郎:语本《太平广记(卷三百十九)·鬼四》引晋·王隐《晋书》:"苏韶,字孝先,安平人也,仕至中牟令。卒,韶伯父承,为南中郎军司而亡。诸子迎丧还,到襄城,第九子节,夜梦见卤簿,行列甚肃,见韶。……韶曰:'言天上及地下事,亦不能悉知也。颜渊、卜商,今见在为修文郎。'"《太平御览》卷八百八十三亦载。又,唐·许嵩《建康实录》卷七:"案《三十国春秋》:是年天台令苏韶卒。卒后,韶从弟节见韶乘马昼日而行,着黑介帻黄彩单衣。节问曰:'兄何由来?'韶曰:'欲改葬。'节因问幽冥之事。韶曰:'死者为鬼,俱行天地之中。在人间而不与生者接。颜回、卜商,今见为修文郎。死之与生,略无有异。'"颜子

渊，即颜回（前521—前490？），字子渊，春秋末期鲁国人。贫而好学，以德行著称。比孔子小三十岁，是孔子最器重的弟子。《史记·仲尼弟子列传》说他"年二十九，发尽白，蚤（早）死。孔子哭之恸"。后世尊之为"复圣"。卜子夏，卜商，字子夏，孔子弟子。见前《衣服》篇"卜子夏甚贫，鹑衣百结"条注。修文郎，传说中阴司里掌管著作的官吏。

⑧韩擒虎、寇莱公，死作阴司阎罗王：语本《隋书·韩擒虎传》："无何，其邻母见擒门下仪卫甚盛，有同王者，母异而问之。其中人曰：'我来迎王。'忽然不见。又有人疾笃，忽惊走至擒家曰：'我欲谒王。'左右问曰：'何王也？'答曰：'阎罗王。'擒子弟欲挞之，擒止之曰：'生为上柱国，死作阎罗王，斯亦足矣。'因寝疾，数日竟卒，时年五十五。"宋·阙名《锦绣万花谷·前集》卷二十六："寇莱公有妾蒨桃，随南迁，再移光州。蒨桃泣曰：'妾前世师事仙人，为侠。今将别去，敢有所托，愿葬杭州天竺寺。'莱公诺曰：'吾去非久也，何之？'桃曰：'吾向不言，恐泄阴理。今欲去，言亦无害。公当为地下主者，浮提王也。'公不久亦亡。有王克勤，见公于曹州境上，拥驴北去，克勤询后骑曰：'公何往？'曰：'阎浮提王交政也。'果为阎罗王矣。"韩擒虎（538—592），一名豹，字子通，本籍东垣（在今河北石家庄东北），后家新安（治在今河南义马）。隋初名将。韩雄子。容仪魁伟，有胆略，好读书，经史诸子略知其旨。仕北周，袭父爵，以军功迁和州刺史。入隋，文帝欲图江南，特拜擒虎为庐州总管，委以平陈之任。伐陈为先锋，直捣金陵，执陈后主。进位上柱国，封寿光县公，终凉州总管。传说韩擒虎去世前，有鬼神来迎他上任做阎罗王。寇莱公，北宋宰相寇准，字平仲，封莱国公。见前《宫室》篇"寇莱公庭除之外，只可栽花"条注。阎罗王，也称"阎王""阎罗天子"等。佛教传说中掌管地狱的神王之一。明·李诩《戒庵老人漫笔·论十王荐亡之

诞》："一云，佛言琰魔罗，盖主捽落迦者，止一琰魔罗王耳。阎罗盖琰魔罗之讹也。余十八王见于阿含等经，名皆梵语。……十王（传说地狱十王）之说，不知起于何时。"

⑨社稷：土神和谷神。《周礼·春官·大宗伯》："以血祭祭社稷、五祀、五岳。"东汉·郑玄注："社稷，土谷之神，有德者配食焉。共工氏之子曰'句龙'，食于社。有厉山氏之子曰'柱'，食于稷。汤迁之而祀弃。"古代中国以农业立国，最重祭祀土地和谷物。以共工氏之子句龙为后土（土神）。商汤之前，以厉山氏之子柱为后稷（谷神）；商汤之后，以弃为后稷。

⑩旱魃（bá）：神话传说中能引起干旱的鬼怪。《诗经·大雅·云汉》："旱魃为虐，如惔如焚。"唐·孔颖达疏："《神异经》曰：'南方有人，长二三尺，袒身，而目在顶上，走行如风，名曰"魃"，所见之国大旱，赤地千里，一名"旱母"。'"又，《山海经·大荒北经》："蚩尤请风伯雨师，纵大风雨。黄帝乃下天女曰'魃'，雨止，遂杀蚩尤。魃不得复上，所居不雨。"

⑪魑魅魍魉（chī mèi wǎng liǎng）：害人的鬼怪的统称。《文选·张衡〈西京赋〉》："魑魅魍魉，莫能逢旃。"唐·李善注："杜预曰：'螭，山神，兽形。''魅，怪物。'魍魉，水神。"一说"魍魉"为木石之怪或疫神。

⑫祟（suì）：鬼神带来的祸害。《庄子·天道》："一心定而王天下，其鬼不祟。"

⑬神荼（shēn shū）、郁垒（lǜ），啖（dàn）鬼之神：语本东汉·王充《论衡·订鬼》："《山海经》又曰：沧海之中，有度朔之山。上有大桃木，其屈蟠三千里，其枝间东北曰'鬼门'，万鬼所出入也。上有二神人，一曰神荼，一曰郁垒，主阅领万鬼。恶害之鬼，执以苇索，而以食虎。于是黄帝乃作礼以时驱之，立大桃人，门户画神荼、郁垒与虎，悬苇索以御凶魅。"又，《论衡·乱龙》："上古之人，

有神荼、郁垒者，昆弟二人，性能执鬼，居东海度朔山上，立桃树下，简阅百鬼。鬼无道理，妄为人祸，荼与郁垒缚以卢索，执以食虎。故今县官斩桃为人，立之户侧；画虎之形，着之门阑。夫桃人，非荼、郁垒也；画虎，非食鬼之虎也，刻画效象，冀以御凶。"神荼、郁垒，传说中能制伏恶鬼的两位神人。啖，吃。

⑭仕途偃蹇（jiǎn），鬼神亦为之揶揄（yé yú）：语本《世说新语·任诞》"襄阳罗友有大韵"南朝梁·刘孝标注引《晋阳秋》曰："友字它仁，襄阳人。少好学，不持节检。性嗜酒，当其所遇，不择士庶。又好伺人祠，往乞余食，虽复营署垆肆，不以为羞。桓温常责之云：'君太不逮！须食，何不就身求？乃至于此！'友傲然不屑，答曰：'就公乞食，今乃可得，明日已复无。'温大笑之。始仕荆州，后在温府，以家贫乞禄。温虽以才学遇之，而谓其诞肆，非治民才，许而不用。后同府人有得郡者，温为席起别，友至尤晚。问之，友答曰：'民性饮道嗜味，昨奉教旨，乃是首旦出门，于中路逢一鬼，大见揶揄，云："我只见汝送人作郡，何以不见人送汝作郡？"民始怖终惭，回还以解，不觉成淹缓之罪。'温虽笑其滑稽，而心颇愧焉。后以为襄阳太守，累迁广、益二州刺史。在藩举其宏纲，不存小察，甚为吏民所安说。薨于益州。"东晋罗友仕途坎坷，说曾在路上遇见一个鬼，鬼嘲笑他说："只看见你送别人做郡守，为什么就不见别人送你做郡守呢？"偃蹇，困苦艰难，人生不顺利。揶揄，嘲笑，戏弄。

⑮心地光明，吉神自为之呵护：语本宋·李昌龄《太上感应篇》："夫心起于善，善虽未为，而吉神已随之。"吉神，掌吉善之神。《山海经·中山经》："九水出焉，合而北流注于河。其中多苍玉，吉神泰逢司之。"晋·郭璞注："吉，犹善也。"呵护，指神灵庇护、保佑。

【译文】

把世界藏到一粒粟米之中，佛法是多么宏大；将乾坤藏在一把壶之内,道法是多么玄妙。

只要是荒诞胡说的言论,便可以用"载鬼一车"来形容;无论多么显赫的权贵人家,都有鬼神在上监视窥探。

"无鬼论",由晋朝阮瞻始创;《搜神记》,是晋朝干宝所写。

颜回、子夏,死后成为阴曹地府的修文郎;韩擒虎、寇准,死后成为阴曹地府的阎罗王。

此外:土神和谷神,合称"社稷";带来旱灾的鬼神,叫"旱魃"。

"魑魅魍魉",指带来祸害的各种山神水怪;"神荼""郁垒",是能吃恶鬼的门神。

仕途坎坷、做官不顺,连鬼神都会揶揄嘲笑;心地善良、光明磊落,吉神自然会关怀庇护。

鸟兽

【题解】

本篇70联,讲的都是和鸟兽有关的成语典故。

麟为毛虫之长①,虎乃兽中之王②。

麟凤龟龙,谓之四灵③;犬、豕与鸡,谓之三物④。

骤骊、骅骝⑤,良马之号;太牢、大武⑥,乃牛之称。

羊曰柔毛,又曰长髯主簿⑦;豕名刚鬣,又名乌喙将军⑧。

鹅名舒雁⑨,鸭号家凫⑩。

鸡有五德,故称之为德禽⑪;雁性随阳,因名之曰阳鸟⑫。

家豹、乌圆⑬,乃猫之誉;韩卢、楚犷⑭,皆犬之名。

麒麟、驺虞⑮,皆好仁之兽;螟螣、蟊贼,皆害苗之虫⑯。

【注释】

①麟为毛虫之长：语本《大戴礼记·易本命》："有羽之虫三百六十，而凤皇为之长；有毛之虫三百六十，而麒麟为之长；有甲之虫三百六十，而神龟为之长；有鳞之虫三百六十，而蛟龙为之长；倮之虫三百六十，而圣人为之长，此乾坤之美类，禽兽万物之数也。"又，《孔子家语·执辔》："羽虫三百有六十，而凤为之长；毛虫三百有六十，而麟为之长；甲虫三百有六十，而龟为之长；鳞虫三百有六十，而龙为之长；倮虫三百有六十，而人为之长。此乾坤之美也，殊形异类之数。"麟，麒麟，古代传说中的一种动物。形状像鹿，头上有角，全身有鳞甲，尾像牛尾。古人以为仁兽、瑞兽，象征祥瑞。《诗经·周南·麟之趾》篇，唐·孔颖达疏："《释兽》云：'麟，麕身，牛尾，一角。'京房《易》传曰：'麟，麕身，牛尾，马蹄，有五彩，腹下黄，高丈二。'陆机《疏》：'麟，麕身，牛尾，马足，黄色，员蹄，一角，角端有肉。音中钟吕，行中规矩，游必择地，详而后处。不履生虫，不践生草，不群居，不侣行，不入陷阱，不罹罗网。王者至仁则出。今并州界有麟，大小如鹿，非瑞应麟也。故司马相如赋曰"射麋脚麟"，谓此麟也。'"毛虫，指兽类。东汉·王充《论衡·遭虎》："夫虎，毛虫；人，倮虫。"

②虎乃兽中之王：语本东汉·应劭《风俗通义·祀典》："虎者，阳物，百兽之长也，能执搏挫锐，噬食鬼魅。"又，《说文解字》："虎，山兽之君。"

③麟凤龟龙，谓之四灵：语本《礼记·礼运》："何谓四灵？麟、凤、龟、龙，谓之'四灵'。"唐·孔颖达疏："谓之'灵'者，谓神灵。以此四兽皆有神灵，异于他物，故谓之'灵'。"

④三物：指豕（shǐ）、犬、鸡三种动物，古时祭祀、证盟所用。《诗经·小雅·何人斯》："出此三物，以诅尔斯。"毛传："三物，豕、犬、鸡也。"豕，猪。

⑤ 骠駬（lù ěr）、骅骝（huá liú）：都是传说中的良马。后来也以此泛指骏马。《史记·秦本纪》："造父以善御幸于周缪王，得骥、温骊、骅骝、骠耳之驷，西巡狩，乐而忘归。"

⑥ 太牢、大武：都指祭祀用的牛。《大戴礼记·曾子天圆》："诸侯之祭，牲牛，曰'太牢'；大夫之祭，牲羊，曰'少牢'；士之祭，牲特豕，曰'馈食'。"《礼记·曲礼下》："凡祭宗庙之礼，牛曰'一元大武'。"东汉·郑玄注："元，头也。武，迹也。"唐·孔颖达疏："'牛曰一元大武'者，元，头也；武，迹也。牛若肥则脚大，脚大则迹痕大，故云'一元大武'也。"

⑦ 羊曰柔毛，又曰长髯（rán）主簿（bù）：柔毛，祭祀所用的羊。《礼记·曲礼下》："凡祭宗庙之礼。……羊曰'柔毛'。"唐·孔颖达疏："'羊曰柔毛'者，若羊肥则毛细而柔弱，故王云：'柔毛，言肥泽也。'"长髯主簿，羊的别称。《初学记（卷二十九）·兽部·羊》引晋·崔豹《古今注》："羊一名'长髯主簿'。"按，今本《古今注·鸟兽》作"髯须主簿"。

⑧ 豕名刚鬣（liè），又名乌喙（huì）将军：《礼记·曲礼下》："凡祭宗庙之礼，……豕曰'刚鬣'。"唐·孔颖达疏："'豕曰刚鬣'者，豕肥则毛鬣刚大也。王云：'刚鬣，言肥大也。'"刚鬣，祭祀所用的猪。鬣，指长而粗硬的毛。乌喙将军，猪的别称。似为"长喙参军"之讹。《太平御览（卷九百三）·兽部十五·豕》："崔豹《古今注》曰：'猪一名（长）喙，一名参军。'"乌喙，形容嘴巴（像乌乌一样）又尖又长。"乌喙"为成词，但古人似无以"乌喙"称猪之例。

⑨ 舒雁：鹅的别称。《尔雅·释鸟》："舒雁，鹅。"《礼记·内则》："舒雁翠，鹄鸮胖。"东汉·郑玄注："舒雁，鹅也。"舒，形容其行走迟缓。

⑩ 家凫（fú）：家鸭的别称。凫，野鸭。《尔雅·释鸟》："舒凫，鹜也。"晋·郭璞注："鸭也。"郝懿行疏："谓之舒者，以其行步舒迟也。"《诗经·郑风·女曰鸡鸣》："将翱将翔，弋凫与雁。"朱子集传：

"凫，水鸟，如鸭，青色，背上有文。"

⑪鸡有五德，故称之为德禽：语本《韩诗外传》卷二："君独不见夫鸡乎？首戴冠者，文也。足傅距者，武也。敌在前敢斗者，勇也。得食相告，仁也。守夜不失时，信也。鸡有此五德。……"文亦见于《新序·杂事》，而小有异同。鸡有五德，鸡有文、武、勇、仁、信五种美德。

⑫雁性随阳，因名之曰阳鸟：语本《尚书·禹贡》："淮海惟扬州。彭蠡既猪（潴），阳鸟攸居。"西汉·孔安国传："彭蠡，泽名。随阳之鸟，鸿雁之属，冬月所居于此泽。"唐·孔颖达疏："日之行也，夏至渐南，冬至渐北，鸿雁之属，九月而南，正月而北，左思《蜀都赋》所云'木落南翔，冰泮北徂'是也。日，阳也，此鸟南北与日进退，随阳之鸟，故称'阳鸟'，冬月所居于此彭蠡之泽也。"雁性随阳，雁为候鸟，随季节迁徙至温暖的地区，因而古人称其个性"随阳"，为"阳鸟"。

⑬家豹：猫的别称。古人称猫为"家狸""家豹"。明·李时珍《本草纲目》卷五十一上"猫"条释名："家狸。"称猫为"家狸"较常见。称猫为"家豹"者，见《古宿尊禅师语录（卷五）·杂偈·家豹》："毛虫之类许多般。寝食同人得几然。有问何缘当若是，诗书无恙赖渠眠。"因"家豹"一词不常见，他本《幼学琼林》或改"家豹"为"家狸"，大可不必。乌圆：猫的别称。唐·段成式《酉阳杂俎·支动》："猫，目睛暮圆，及午，竖敛如綖，其鼻端常冷，惟夏至一日暖。其毛不容蚤虱。黑者，暗中逆循其毛，即若火星。俗言猫洗面过耳则客至。楚州射阳出猫有褐花者，灵武有红叱拨及青骢色者，猫，一名蒙贵，一名乌员。"乌员，同"乌圆"，或指其目睛暮圆。

⑭韩卢：亦作"韩子卢"。良犬的别称。《战国策·齐策三》："齐欲伐魏。淳于髡谓齐王曰：'韩子卢者，天下之疾犬也。东郭逡者，

海内之狡兔也。韩子卢逐东郭逡,环山者三,腾山者五,兔极于前,犬废于后,犬兔俱罢,各死其处。田父见之,无劳倦之苦,而擅其功。今齐、魏久相持,以顿其兵,弊其众,臣恐强秦、大楚承其后,有田父之功。'齐王惧,谢将休士也。"《战国策·秦策三》:"以秦卒之勇,车骑之多,以当诸侯,譬若驰韩卢而逐蹇兔也。"韩卢,宋·鲍彪注:"俊犬名。《博物志》:'韩有黑犬,名卢。'"楚犷(guǎng):也作"楚黄"。楚国有良犬名"茹黄"。《吕氏春秋·贵直论·直谏》:"荆文王得茹黄之狗,宛路之矰,以畋于云梦,三月不反。"犷,形容兽类凶猛。《说文解字》:"犷,犬犷犷不可附也。"清·段玉裁注:"《吕氏春秋》'荆文王得茹黄之狗',《说苑》作'如黄'。《广雅》犬属有'楚黄',《广韵》作'楚獷',《经典释文》作'楚犷',实一字也。引伸为凡粗恶貌之称。《汉书》曰:'犷犷亡秦。'"《经典释文(卷三十)·尔雅音义·释畜·獒》:"《广雅》云'殷虞''晋獒''楚犷''韩狞''宋狵',皆良犬也。"

⑮驺虞(zōu yú):传说中的义兽名。不吃活物,不踏生草。《诗经·召南·驺虞》:"彼苴者葭,壹发五豝,于嗟乎驺虞!"毛传:"驺虞,义兽也。白虎黑文,不食生物,有至信之德则应之。"

⑯螟(míng)螣(tè)、蟊(máo)贼,皆害苗之虫:语本《诗经·小雅·大田》:"去其螟螣,及其蟊贼,无害我田稚。"毛传:"食心曰'螟',食叶曰'螣'。食根曰'蟊',食节曰'贼'。"郑笺:"此四虫者,恒害我田中之稚禾。"螟、螣、蟊、贼,都是吃庄稼的害虫。螣,同"蟘"。

【译文】

麒麟是兽族领袖,虎是百兽之王。

麒麟、凤凰、乌龟和龙,并称"四灵";狗、猪和鸡,并称"三物"。

"骡骊""骅骝",是骏马的名号;"太牢""大武",是牛的别称。

羊,称为"柔毛",又叫"长髯主簿";猪,名叫"刚鬣",又称"乌喙将军”。

鹅又称“舒雁”，鸭也叫“家凫”。

鸡有五种德行，因而叫它“德禽”；大雁性喜温暖，逐阳气而迁徙，因而叫它“阳鸟”。

“家豹”和“乌圆”，都是猫的美称；“韩卢”和“楚犷”，都是狗的别名。

麒麟和驺虞，都是仁义的神兽；螟、螣、蟊、贼，都是吃庄稼的害虫。

无肠公子，螃蟹之名[①]；绿衣使者，鹦鹉之号[②]。

狐假虎威，谓借势而为恶[③]；养虎贻患，谓留祸之在身[④]。

犹豫多疑[⑤]，喻人之不决；狼狈相倚[⑥]，比人之颠连[⑦]。

胜负未分，不知鹿死谁手[⑧]；基业易主，正如燕入他家[⑨]。

雁到南方，先至为主，后至为宾[⑩]；雉名陈宝，得雄则王，得雌则霸[⑪]。

刻鹄类鹜，为学初成；画虎类犬，弄巧反拙[⑫]。

美恶不称，谓之狗尾续貂[⑬]；贪图不足，谓之蛇欲吞象[⑭]。

祸去祸又至，曰前门拒虎，后门进狼[⑮]；除凶不畏凶，曰不入虎穴，焉得虎子[⑯]。

【注释】

①无肠公子，螃蟹之名：语本晋·葛洪《抱朴子内篇·登涉》：“山中寅日，有自称虞吏者，虎也；称当路君者，狼也；称令长者，老狸也。卯日，称丈人者，兔也；称东王父者，麋也；称西王母者，鹿也。辰日，称雨师者，龙也；称河伯者，鱼也；称无肠公子者，蟹也。”后遂以“无肠公子”为螃蟹的别称。宋·高似孙《蟹略》卷一：“外甚刚果，若奋矛甲。中实柔脆，殊无他肠。人皆爱之，称其为‘无肠公子’。”

②绿衣使者，鹦鹉之号：语本五代·王仁裕《开元天宝遗事·鹦鹉告事》："长安城中有豪民杨崇义者，家富数世，服玩之属，僭于王公。崇义妻刘氏有国色，与邻舍儿李弇私通，情甚于夫，遂有意欲害崇义。忽一日，醉归寝于室中，刘氏与李弇同谋而害之，埋于枯井中。其时仆妾辈并无所觉，惟有鹦鹉一只在堂前架上。洎杀崇义之后，其妻却令童仆四散出寻觅其夫，遂经府陈词，言其夫不归，窃恐为人所害。府县官吏日夜捕贼，涉疑之人及童仆辈经拷捶者百数人，莫究其弊。后来县官等再诣崇义家检校，其架上鹦鹉忽然声屈。县官遂取于臂上，因问其故。鹦鹉曰：'杀家主者，刘氏、李弇也。'官吏等遂执缚刘氏，及捕李弇下狱，备招情款。府尹具事案奏闻，明皇叹讶久之。其刘氏、李弇依刑处死，封鹦鹉为'绿衣使者'，付后宫养喂。张说后为《绿衣使者传》，好事者传之。"唐代长安富豪杨崇义妻刘氏和邻人李弇私通，谋杀杨崇义。官府到杨家勘察，架上鹦鹉忽作人言，说杀害家主的是刘氏和李弇，案情于是大白。唐玄宗因封鹦鹉为"绿衣使者"，交付后宫喂养，张说为之作《绿衣使者传》。后因以"绿衣使者"为鹦鹉之别名。

③狐假虎威，谓借势而为恶：语本《战国策·楚策一》："虎求百兽而食之，得狐，狐曰：'子无敢食我也。天帝使我长百兽，今子食我，是逆天帝命也。子以我为不信，吾为子先行，子随我后，观百兽之见我而敢不走乎？'虎以为然，故遂与之行。兽见之皆走。虎不知兽畏己而走也，以为畏狐也。"后因以"狐假虎威"喻仰仗别人的威势或倚仗别人威势来欺压人。

④养虎贻（yí）患，谓留祸之在身：语本《史记·项羽本纪》："项王乃与汉约，中分天下，割鸿沟以西者为汉，鸿沟而东者为楚。……项王已约，乃引兵解而东归。汉欲西归，张良、陈平说曰：'汉有天下太半，而诸侯皆附之。楚兵罢食尽，此天亡楚之时也，不如因其机

而遂取之。今释弗击，此所谓"养虎自遗患"也。'汉王听之。"养虎贻患，也作"养虎自遗患"，比喻纵容敌人，自留后患。贻，遗留。

⑤犹豫多疑：形容迟疑不决、疑心过重的样子。《离骚》："心犹豫而狐疑。"南北朝·颜之推《颜氏家训·书证》："《礼》云：'定犹豫，决嫌疑。'《离骚》曰：'心犹豫而狐疑。'先儒未有释者。案：《尸子》曰：'五尺犬为"犹"。'《说文》云：'陇西谓犬子为"犹"。'吾以为人将犬行，犬好豫在人前，待人不得，又来迎候，如此往还，至于终日，斯乃豫之所以为未定也，故称'犹豫'。或以《尔雅》曰：'犹如麂，善登木。'犹，兽名也。既闻人声，乃豫缘木，如此上下，故称'犹豫'。狐之为兽，又多猜疑，故听河冰无流水声，然后敢渡。今俗云：'狐疑，虎卜。'则其义也。"按，"犹豫"为双声字，以声取义，本无定字，故亦作"犹与""由与""尤与""犹夷"等。旧说以"犹""豫"为二兽名，性皆多疑，非是。参阅清·黄生《义府·犹豫》。

⑥狼狈（bèi）：狈是传说中的一种似狼动物，前足很短，必须依靠狼来行动。唐·段成式《酉阳杂俎·广动植·毛篇》："或言狼、狈是两物。狈前足绝短，每行常驾两狼，失狼则不能动。故世言事乖者称'狼狈'。"狼狈，常喻境况艰难窘迫。《后汉书·任光传》："更始二年春，世祖自蓟还，狼狈不知所向，传闻信都独为汉拒邯郸，即驰赴之。"《三国志·蜀书·马超传》："康故吏民杨阜、姜叙、梁宽、赵衢等，合谋击超。……（超）进退狼狈，乃奔汉中依张鲁。"

⑦颠连：形容陷入困境，诸事不顺的样子。宋·张载《西铭》："凡天下疲癃残疾，茕独鳏寡，皆吾兄弟之颠连而无告者也。"

⑧胜负未分，不知鹿死谁手：语本《晋书·载记·石勒》："勒因飨高句丽、宇文屋孤使，酒酣，谓徐光曰：'朕方自古开基何等主也？'对曰：'陛下神武筹略迈于高皇，雄艺卓荦超绝魏祖，自三王已来

无可比也，其轩辕之亚乎！'勒笑曰：'人岂不自知，卿言亦以太过。朕若逢高皇，当北面而事之，与韩彭竞鞭而争先耳。脱遇光武，当并驱于中原，未知鹿死谁手。大丈夫行事当礌礌落落，如日月皎然，终不能如曹孟德、司马仲达父子，欺他孤儿寡妇，狐媚以取天下也。朕当在二刘之间耳，轩辕岂所拟乎！'其群臣皆顿首称万岁。"南北朝时期后赵开国皇帝石勒说，如果让自己和汉光武帝刘秀争夺天下，不好说谁输谁赢。因《史记》中有"秦失其鹿，天下共逐之"之语，后来常以"逐鹿"比喻对权力的争夺。未知鹿死谁手，意即胜负输赢难定，不知道天下当为何人所得。

⑨基业易主，正如燕入他家：语本唐·刘禹锡《乌衣巷》："朱雀桥边野草花，乌衣巷口夕阳斜。旧时王谢堂前燕，飞入寻常百姓家。"乌衣巷，在今江苏南京秦淮河南。东晋时王、谢等望族居此，因著闻。唐代刘禹锡过乌衣巷时，东晋王、谢世家早已败落，故以"燕入他家"比喻门阀世族败落，基业易主。

⑩"雁到南方"三句：语本元·陈澔《礼记集说·月令》"鸿雁来宾"句下注："雁以仲秋先至者为主，季秋后至者为宾。如先登者为主人，从之以登者为客也。"《礼记·月令》："季秋之月，……鸿雁来宾，爵入大水为蛤。"历代经师，意见分歧甚大。清·李汝珍《镜花缘》第十七回"因字声粗谈切韵，闻雁唳细问来宾"，借唐敖之口，述之甚详：正在谈论，忽听天边雁声嘹亮。唐敖道："此时才交初夏，鸿雁从何而来？可见各处时令自有不同。"只见红衣女子道："婢子因这雁声，偶然想起《礼记》'鸿雁来宾'，郑康成注解及《吕览》《淮南》诸注，各有意见。请教大贤，应从某说为是？"多九公见问，虽略略晓得，因记不清楚，难以回答。唐敖道："老夫记得郑康成注《礼记》，谓'季秋鸿雁来宾'者，言其客止未去，有似宾客，故曰'来宾'。而许慎注《淮南子》，谓先至为主，后至为宾。迨高诱注《吕氏春秋》，谓'鸿雁来'为一句，'宾爵入大

水为蛤'为一句,盖以仲秋来的是其父母,其子羽翼稚弱,不能随从,故于九月方来;所谓'宾爵'者,就是老雀,常栖人堂宇,有似宾客,故谓之'宾爵'。鄙意'宾爵'二字,见之《古今注》,虽亦可连;但按《月令》,仲秋已有'鸿雁来'之句,若将'宾'字截入下句,季秋又是'鸿雁来',未免重复。如谓仲秋来的是其父母,季秋来的是其子孙,此又谁得而知?况《夏小正》于'雀入于海为蛤'之句上无'宾'字,以此更见高氏之误。据老夫愚见,似以郑注为当。才女以为何如?"两个女子一齐点头道:"大贤高论极是。可见读书人见解自有不同,敢不佩服!"

⑪"雉(zhì)名陈宝"三句:语本晋·干宝《搜神记》卷八:"秦穆公时,陈仓人掘地得物,若羊非羊,若猪非猪。牵以献穆公,道逢二童子。童子曰:'此名为"媪",常在地食死人脑。若欲杀之,以柏插其首。'媪曰:'彼二童子名为"陈宝",得雄者王,得雌者伯。'陈仓人舍媪,逐二童子。童子化为雉,飞入平林。陈仓人告穆公。穆公发徒大猎,果得其雌。又化为石,置之汧、渭之间。至文公时,为立祠陈宝。其雄者飞至南阳,今南阳雉县是其地也。秦欲表其符,故以名县。每陈仓祠时,有赤光长十余丈,从雉县来,入陈仓祠中,有声殷殷如雄雉。其后光武起于南阳。"《艺文类聚》卷九十、《太平御览》卷九百十七、《太平广记》卷四百六十一亦载,皆云出自《列异传》。《搜神记》或亦本之《列异传》。相传春秋秦穆公时。神物"陈宝"变化成两个童子,被另一种神怪"媪"揭穿身份,说得到雄的可以成王,得到雌的可以成霸。真身被揭穿后,陈宝变成雉(野鸡)飞走了。秦穆公派人大肆追捕,捉住了雌的,但变成了石头。到秦文公时,为之立祠。雄的飞到了南阳雉县,后来此地出了汉光武帝刘秀。雉,鸟名。俗称"野鸡"。陈宝,古代传说中的神名。本体为雉。"陈宝"一词,见于《史记·秦本纪》:"(文公)十九年,得陈宝。"唐·司马贞索隐:

"按，《汉书·郊祀志》云：文公获若石云，于陈仓北阪城祠之，其神来，若雄雉，其声殷殷云，野鸡夜鸣，以一牢祠之，号曰'陈宝'。"唐·张守节正义："《括地志》云：'宝鸡祠在岐州陈仓县东二十里故陈仓城中。'《晋太康地志》云：'秦文公时，陈仓人猎得兽，若彘，不知名，牵以献之。逢二童子，童子曰："此名为媦，常在地中，食死人脑。即欲杀之，拍捶其首。"媦亦语曰："二童子名陈宝，得雄者王，得雌者霸。"陈仓人乃逐二童子，化为雉，雌上陈仓北阪，为石，秦祠之。'《搜神记》云：'其雄者飞至南阳，其后光武起于南阳。'皆如其言也。"《史记·封禅书》："作鄜畤后九年，（秦）文公获若石云，于陈仓北阪城祠之。其神或岁不至，或岁数来，来也常以夜，光辉若流星，从东南来集于祠城，则若雄鸡，其声殷云，野鸡夜雊。以一牢祠，命曰'陈宝'。"唐·司马贞索隐引《列异传》云："陈仓人得异物以献之，道遇二童子，云：'此名为媦，在地下食死人脑。'媦乃言云：'彼二童子名陈宝，得雄者王，得雌者伯。'乃逐童子，化为雉。秦穆公大猎，果获其雌，为立祠。"东汉·张衡《西京赋》："岐梁汧雍，陈宝鸣鸡在焉。"北魏·郦道元《水经注·渭水》："县有陈仓山，山上有陈宝鸡鸣祠。昔秦文公感伯阳之言，游猎于陈仓，遇之于此坂，得若石焉，其色如肝，归而宝祠之，故曰'陈宝'。其来也，自东南晖晖声若雷，野鸡皆鸣，故曰'鸡鸣神'也。"

⑫ "刻鹄（hú）类鹜（wù）"四句：语本《后汉书·马援传》："初，兄子严、敦并喜讥议，而通轻侠客。援前在交阯，还书诫之曰：'吾欲汝曹闻人过失，如闻父母之名，耳可得闻，口不可得言也。好论议人长短，妄是非正法，此吾所大恶也，宁死不愿闻子孙有此行也。汝曹知吾恶之甚矣，所以复言者，施衿结褵，申父母之戒，欲使汝曹不忘之耳。龙伯高敦厚周慎，口无择言，谦约节俭，廉公有威，吾爱之重之，愿汝曹效之。杜季良豪侠好义，忧人之忧，乐人

之乐,清浊无所失,父丧致客,数郡毕至,吾爱之重之,不愿汝曹效也。效伯高不得,犹为谨敕之士,所谓刻鹄不成尚类鹜者也。效季良不得,陷为天下轻薄子,所谓画虎不成反类狗者也。讫今季良尚未可知,郡将下车辄切齿,州郡以为言,吾常为寒心,是以不愿子孙效也。'"刻鹄类鹜,"刻鹄不成尚类鹜"之简称。天鹅雕得虽然不太成功,但好歹像是野鸭,比喻仿效虽不逼真,但还相似。画虎类犬,"画虎不成反类狗"之简称。老虎画得太不成功,像是狗,比喻仿效失真,适得其反。弄巧成拙,本欲取巧,结果反而坏了事。

⑬狗尾续貂(diāo):典出《晋书·赵王伦传》:"伦从兵五千人,入自端门,登太极殿,满奋、崔随、乐广进玺绶于伦,乃僭即帝位,大赦,改元建始。是岁,贤良方正、直言、秀才、孝廉、良将皆不试;计吏及四方使命之在京邑者,太学生年十六以上及在学二十年,皆署吏;郡县二千石令长赦日在职者,皆封侯;郡纲纪并为孝廉,县纲纪为廉吏。以世子荂为太子,馥为侍中、大司农、领护军、京兆王,虔为侍中、大将军领军、广平王,诩为侍中、抚军将军、霸城王,孙秀为侍中、中书监、骠骑将军、仪同三司,张林等诸党皆登卿将,并列大封。其余同谋者咸超阶越次,不可胜纪,至于奴卒厮役亦加以爵位。每朝会,貂蝉盈坐,时人为之谚曰:'貂不足,狗尾续。'"古代近侍官员以貂尾为冠饰,西晋赵王伦篡位时,滥封官爵,貂尾不足,便用狗尾替代。后来以此讽刺以次充好,前后不相称。多指文学艺术作品。

⑭蛇欲吞象:语本《山海经·海内南经》:"巴蛇食象,三岁而出其骨,君子服之,无心腹之疾。其为蛇,青黄赤黑。一曰黑蛇青首,在犀牛西。"《山海经》记载,有一种大蛇名为"巴蛇",能吞下大象,三年后才排出象骨。后来以此讽刺过分贪婪。谚语称:"人心不足蛇吞象。"

⑮前门拒虎，后门进狼：亦作"前门去虎，后门进狼"，省作"拒虎进狼"。当是古谚语，比喻一害刚去，又来一害。旧注："汉和帝年方十四，乃能收窦氏，足继孝昭之烈。惜其与宦官郑众谋之，以启中常侍亡汉之阶。胡致堂曰：'窦氏虽除，而寺人之权，从兹盛矣。谚曰："前门拒虎，后门进狼"，此之谓欤。'"按，今传本宋·胡寅《致堂读史管见》卷三论汉和帝与郑众诛窦宪事甚详，而无"前门拒虎，后门进狼"之谚。《钦定古今图书集成（第三百七十九卷）·理学汇编经籍典》引明·顾充《历朝捷录》（东汉总论），有"所可恨者，诛宪之举，谋于郑众，而勾盾令封侯，以梯十常侍亡汉之阶，似乎拒虎而进狼耳"之语。"前门拒虎，后门进狼"，常被明人引用。明·李贽《史纲评要·周纪·显王》："前门拒虎，后门进狼，未知是祸是福。"

⑯不入虎穴，焉得虎子：语本《后汉书·班超传》："超曰：'不入虎穴，不得虎子。当今之计，独有因夜以火攻虏，使彼不知我多少，必大震怖，可殄尽也。灭此虏，则鄯善破胆，功成事立矣。'"老虎的洞穴非常危险，但不进去就不能抓到小老虎，比喻不冒风险就不能获得巨大的成功。东汉班超出使西域时，曾以此语激励随从氏族，在鄯善剿灭匈奴使者及随从。

【译文】

"无肠公子"，是螃蟹的别名；"绿衣使者"，是鹦鹉的称号。

"狐假虎威"，是说借他人权势作恶；"养虎贻患"，是指把祸患留在身边。

"犹豫多疑"，形容人难以抉择；"狼狈相倚"，比喻人处境艰难。

胜负还未分出，不知道"鹿死谁手"；基业换了主人，正好比"燕入他家"。

大雁飞向南方，先到的是主，后到的是客；神雉野鸡名叫"陈宝"，得到雄雉可以称王，得到雌雉可以称霸。

　　把天鹅刻得像野鸭，比喻初学者技能不够娴熟；把老虎画得像狗，比喻弄巧成拙。

　　前好后坏、美丑不相称，叫作"狗尾续貂"；贪得无厌，称为"蛇欲吞象"。

　　一祸才去，一祸又来，叫"前门拒虎，后门进狼"；志在铲除凶恶的敌人，不畏凶险，称"不入虎穴，焉得虎子"。

　　鄙众趋利，曰群蚁附膻①；谦己爱儿，曰老牛舐犊②。

　　无中生有，曰画蛇添足③；进退两难，曰羝羊触藩④。

　　杯中蛇影，自起猜疑⑤；塞翁失马，难分祸福⑥。

　　龙驹凤雏，晋闵鸿夸吴中陆士龙之异⑦；伏龙凤雏，司马徽称孔明、庞士元之奇⑧。

　　吕后断戚夫人手足，号曰人彘⑨；胡人腌契丹王尸骸，谓之帝羓⑩。

　　人之狠恶，同于梼杌；人之凶暴，类于穷奇⑪。

【注释】

①鄙众趋利，曰群蚁附膻（shān）：语本唐·卢坦《与李渤拾遗书》："大凡今之人，奔分寸之禄，走丝毫之利，如群蚁之附腥膻，聚蛾之投爝火。取不为丑，贪不避死。得以为荣，失以为辱。不由道以进退，不量能以授受。"群蚁附膻，像虫蚁一样被腥膻的气味吸引，比喻趋附于邪恶、低级的势力。蚁附膻，语本《庄子·徐无鬼》："羊肉不慕蚁，蚁慕羊肉。羊肉，膻也。"

②谦己爱儿，曰老牛舐（shì）犊（dú）：语本《后汉书·杨彪传》："彪见汉祚将终，遂称脚挛不复行，积十年。后子修为曹操所杀，操见彪问曰：'公何瘦之甚？'对曰：'愧无日磾先见之明，犹怀老牛舐

犊之爱。'操为之改容。"东汉末年，杨彪的儿子杨修被曹操处死，杨彪为之形体消瘦，说老牛尚有舐犊之爱。舐犊，老牛用舌头舔小牛。比喻对子女的慈爱。舐，以舌舔物。

③无中生有，曰画蛇添足：语本《战国策·齐策二》："昭阳为楚伐魏，覆军杀将，得八城，移兵而攻齐。陈轸为齐王使，见昭阳，再拜贺战胜。起而问：'楚之法，覆军杀将，其官爵何也?'昭阳曰：'官为上柱国，爵为上执珪。'陈轸曰：'异贵于此者何也?'曰：'唯令尹耳。'陈轸曰：'令尹贵矣，王非置两令尹也。臣窃为公譬，可也? 楚有祠者，赐其舍人卮酒。舍人相谓曰："数人饮之不足，一人饮之有余。请画地为蛇，先成者饮酒。"一人蛇先成，引酒且饮之，乃左手持卮，右手画蛇，曰："吾能为之足。"未成。一人之蛇成，夺其卮曰："蛇固无足，子安能为之足?"遂饮其酒。为蛇足者终亡其酒。今君相楚而攻魏，破军杀将，得八城，不弱兵，欲攻齐，齐畏公甚，公以是为名居足矣，官之上非可重也。战无不胜而不知止者，身且死，爵且后归，犹为蛇足也。'昭阳以为然，解军而去。"后以"画蛇添足"比喻做多余的事，反而有害无益。亦用以比喻虚构事实，无中生有。

④进退两难，曰羝（dī）羊触藩（fān）：语本《周易·大壮卦》："九三，小人用壮，君子用罔，贞厉，羝羊触藩，羸其角。……上六，羝羊触藩，不能退，不能遂，无攸利。"公羊的角钩在篱笆上，前进和后退，都非常困难。后遂以"羝羊触藩"比喻进退两难的处境。羝，公羊。藩，篱笆。

⑤杯中蛇影，自起猜疑：语本东汉·应劭《风俗通义·怪神》："予之祖父郴，为汲令，以夏至日诣见主簿杜宣，赐酒，时北壁上有悬赤弩，照于杯，形如蛇，宣畏恶之，然不敢不饮，其日，便得胸腹痛切，妨损饮食，大用羸露，攻治万端，不为愈。后郴因事过至宣家，窥视，问其变故，云：'畏此蛇，蛇入腹中。'郴还听事，思惟良久，

顾见悬弩，必是也。则使门下史将铃下侍徐扶辇载宣，于故处设酒，杯中故复有蛇，因谓宣：'此壁上弩影耳，非有他怪。'宣遂解，甚夷怿，由是瘳平，官至尚书，历四郡，有威名焉。"杜宣因将投射到酒杯里的弓影看成蛇而得病，后遂以"杯弓蛇影"比喻疑神疑鬼，自己吓唬自己。又，《晋书·乐广列传》："尝有亲客，久阔不复来，广问其故，答曰：'前在坐，蒙赐酒，方欲饮，见杯中有蛇，意甚恶之，既饮而疾。'于时河南听事壁上有角，漆画作蛇，广意杯中蛇即角影也。复置酒于前处，谓客曰：'酒中复有所见不？'答曰：'所见如初。'广乃告其所以，客豁然意解，沈痾顿愈。"乐广屋里墙壁上挂有号角，号角上画有蛇，蛇影映在酒杯里，客人饮酒后得病。后遂以"杯中蛇影"比喻胡乱猜疑。

⑥塞（sài）翁失马，难分祸福：语本《淮南子·人间训》："近塞上之人有善术者，马无故亡而入胡。人皆吊之。其父曰：'此何遽不为福乎？'居数月，其马将胡骏马而归。人皆贺之。其父曰：'此何遽不能为祸乎？'家富良马，其子好骑，堕而折其髀。人皆吊之。其父曰：'此何遽不为福乎？'居一年，胡人大入塞，丁壮者引弦而战，近塞之人，死者十九，此独以跛之故，父子相保。"后遂以"塞翁失马"比喻祸福相倚相生，不能仅看表面。后来多指坏事也可以变成好事。

⑦龙驹（jū）凤雏（chú），晋闵（mǐn）鸿夸吴中陆士龙之异：语本《晋书·陆机传》："云字士龙，六岁能属文，性清正，有才理。少与兄机齐名，虽文章不及机，而持论过之，号曰'二陆'。幼时吴尚书广陵闵鸿见而奇之，曰：'此儿若非龙驹，当是凤雏。'"后遂以"龙驹凤雏"比喻英俊聪颖的杰出少年。闵鸿，三国吴末广陵（今江苏扬州）人。初仕吴为尚书。见陆云而奇之，荐为贤良。与纪瞻、顾荣、贺循、薛兼号为"五俊"。吴亡，入洛，张华见而叹曰："皆南金也。"入晋后不仕。原有集，已佚。今存赋四篇。吴中，

泛指吴地，即今江苏南部和浙江北部一带。陆士龙，陆云（262—303），字士龙，三国东吴后期至西晋初年吴郡华亭（今上海松江）人。陆逊孙，陆抗子，陆机弟。少与兄齐名，号曰"二陆"。年十六，举贤良。晋武帝太康末，随兄陆机入洛。仕晋，历官尚书郎、侍御史、中书侍郎、清河内史等职，世称"陆清河"。晋惠帝太安二年（303），与兄陆机同时遇害。今存《陆士龙集》辑本。

⑧伏龙凤雏，司马徽称孔明、庞士元之奇：语本《三国志·蜀书·诸葛亮传》："时先主屯新野。徐庶见先主，先主器之，谓先主曰：'诸葛孔明者，卧龙也，将军岂愿见之乎？'"南朝宋·裴松之注引《襄阳记》曰："刘备访世事于司马德操。德操曰：'儒生俗士，岂识时务？识时务者在乎俊杰。此间自有伏龙、凤雏。'备问为谁，曰：'诸葛孔明、庞士元也。'"三国时，诸葛亮、庞统被称为"伏龙""凤雏"。后遂以"伏龙""凤雏"指隐居待时的贤者。孔明，三国时蜀国丞相诸葛亮，字孔明。见前《文臣》篇"孔明有王佐之才"条注。庞士元，庞统（179—214），字士元，汉末襄阳（今属湖北）人。与诸葛亮齐名，号为"凤雏"。刘备得荆州，任命他为耒阳令，因政绩差而免官。诸葛亮、鲁肃盛赞其才，刘备升他做治中从事，与诸葛亮并为军师中郎将。后从备入蜀，取刘璋，围攻雒城时，中流矢而卒。

⑨吕后断戚夫人手足，号曰人彘（zhì）：语本《史记·吕太后本纪》："太后遂断戚夫人手足，去眼，煇耳，饮喑药，使居厕中，命曰'人彘'。"汉高祖刘邦宠幸戚夫人，刘邦死，吕后命人砍断戚夫人手足，挖眼灼耳，灌下哑药，置于厕所，称作"人彘"。吕后，亦称"高后"，指汉高祖刘邦正妻吕雉（前241—前180）。刘邦称帝，立为皇后。有谋略，助汉高祖杀韩信、彭越等异姓王。子惠帝即位，又虐杀戚夫人，毒死赵王如意。汉惠帝卒，临朝称制，排斥刘邦旧臣，立诸吕为王，使掌南北军。死后，诸吕欲作乱，为周勃、

陈平诛灭。称制九年，掌握汉政权十六年。戚夫人（？—约前194），即戚姬，西汉济阴定陶（今山东菏泽定陶区）人。汉高祖宠姬。生赵王如意。高祖欲废太子，立赵王为太子。吕后用张良计召商山四皓为太子客，竟不易太子。高祖卒，吕后鸩杀赵王，囚戚夫人，断其手足，去眼熏耳，饮以哑药，置于厕所，名曰"人彘"。彘，猪。

⑩ 胡人腌（yān）契（qì）丹王尸骸（hái），谓之帝豝（bā）：语本《新五代史·四夷附录·契丹》："德光行至栾城，得疾，卒于杀胡林。契丹破其腹，去其肠胃，实之以盐，载而北，晋人谓之'帝豝'焉。"契丹王，此指辽太宗耶律德光。耶律德光（902—947），字德谨，契丹名"尧骨"。太祖阿保机次子。天赞初，授天下兵马大元帅。太祖死后，为述律太后所立。仍用天显年号。天显十一年（936），破后唐军，立原后唐河东节度使石敬瑭为晋帝，得其所献幽云十六州。遂于十三年（938）十一月改元"会同"，以皇都为上京，升幽州为南京，原南京为东京。会同六年（943），因后晋嗣君石重贵拒不称臣，出兵南下。九年（946），灭后晋。次年正月入汴，改会同十年为大同元年（947），改国号为辽。旋以中原军民纷起反抗，北归，行至栾城病卒。在位二十一年。帝豝，指辽太宗耶律德光的干尸。耶律德光死后，依契丹旧俗制成干尸，人称之为"帝豝"。《旧五代史·外国列传·契丹》："契丹人破其（耶律德光）尸，摘去肠胃，以盐沃之，载而北去，汉人目为'帝豝'焉。"《说郛》卷八引宋·文惟简《虏廷事实》："（契丹）富贵之家，人有亡者，以刃破腹，取其肠胃，涤之，实以香药盐矾，五彩缝之，又以尖苇筒刺于皮肤，沥其膏血且尽，用金银为面具，铜丝络其手足。耶律德光之死，盖用此法，时人目为'帝豝'，信有之也。"清·赵翼《土城怀古》诗："不闻宫掖悲人彘，肯使兵尘丧帝豝。"豝，经过加工的大块干肉。

⑪梼杌（táo wù）、穷奇：传说中的凶兽名。又，帝尧时有"四凶"，被舜流放，"四凶"乃浑敦、穷奇、梼杌、饕餮之并称。《左传·文公十八年》："昔帝鸿氏有不才子，掩义隐贼，好行凶德，丑类恶物，顽嚚不友，是与比周，天下之民谓之'浑敦'。少皞氏有不才子，毁信废忠，崇饰恶言，靖谮庸回，服谗蒐慝，以诬盛德，天下之民谓之'穷奇'。颛顼有不才子，不可教训，不知话言，告之则顽，舍之则嚚，傲很明德，以乱天常，天下之民谓之'梼杌'。此三族也，世济其凶，增其恶名，以至于尧，尧不能去。缙云氏有不才子，贪于饮食，冒于货贿，侵欲崇侈，不可盈厌，聚敛积实，不知纪极，不分孤寡，不恤穷匮，天下之民以比三凶，谓之'饕餮'。舜臣尧，宾于四门，流四凶族浑敦、穷奇、梼杌、饕餮，投诸四裔，以御魑魅。"梼杌，晋·杜预注："谓鲧梼杌。顽凶无俦匹之貌。"《神异经·西荒经》："西方荒中有兽焉，其状如虎而犬毛，长二尺，人面虎足，猪口牙，尾长一丈八尺，搅乱荒中，名梼杌，一名傲狠，一名难训。《春秋》云颛顼氏有不才子名梼杌是也。"穷奇，晋·杜预注："谓共工。其行穷，其好奇。"唐·孔颖达疏："行恶终必穷，故云其行穷也。好恶，言好谗慝，是所好奇异于人也。"《山海经·西山经》："又西二百六十里，曰'邽山'。其上有兽焉，其状如牛，猬毛，名曰'穷奇'，音如獠狗，是食人。"晋·郭璞注："或云似虎，猬毛，有翼。……一名号'神狗'。"《山海经·海内北经》："穷奇状如虎，有翼，食人从首始，所食被发，在蜪（táo）犬北。"

【译文】

瞧不起俗众追名逐利，可说"群蚁附膻"；自谦爱护小儿，可称"老牛舐犊"。

比喻无中生有，可说"画蛇添足"；形容进退两难，可说"羝羊触藩"。

"杯中蛇影"，指人无端自起疑心；"塞翁失马"，很难说是祸还是福。

"龙驹凤雏",晋朝闵鸿用这话夸奖吴中陆士龙与众不同;"伏龙""凤雏",司马徽用这话称赞诸葛孔明和庞士元不同凡响。

吕后斩断戚夫人的手脚,称她"人彘";胡人腌制契丹王耶律德光的尸体,称之为"帝羓"。

狠毒凶恶的人,好比"梼杌";凶恶残暴的人,如同"穷奇"。

王猛见桓温,扪虱而谈当世之务①;宁戚遇齐桓,扣角而取卿相之荣②。

楚王式怒蛙,以昆虫之敢死③;丙吉问牛喘,恐阴阳之失时④。

以十人而制千虎⑤,比言事之难胜;走韩卢而搏蹇兔⑥,喻言敌之易摧。

兄弟似鹡鸰之相亲⑦,夫妇如鸾凤之配偶⑧。

有势莫能为,曰虽鞭之长,不及马腹⑨;制小不用大,曰割鸡之小,焉用牛刀⑩。

鸟食母者曰枭⑪,兽食父者曰獍⑫。

苛政猛于虎⑬,壮士气如虹⑭。

【注释】

①王猛见桓（huán）温,扪（mén）虱而谈当世之务:语本《晋书·苻坚载记·王猛》:"（王猛）遂隐于华阴山。怀佐世之志,希龙颜之主,敛翼待时,候风云而后动。桓温入关,猛被褐而诣之,一面谈当世之事,扪虱而言,旁若无人。温察而异之,问曰:'吾奉天子之命,率锐师十万,杖义讨逆,为百姓除残贼,而三秦豪杰未有至者何也?'猛曰:'公不远数千里,深入寇境,长安咫尺而不渡灞水,百姓未见公心故也,所以不至。'温默然无以酬之。"王猛早年隐

居华阴山时，东晋大将桓温北征，王猛前去拜访，一边捉虱，一边纵谈天下大事。后即以"扪虱而谈"形容放达从容、侃侃而谈的样子。王猛（325—375），字景略，北海剧（今山东寿光）人。十六国时期前秦名臣。少贫贱，博学，好兵书。隐居华山，东晋桓温入关，王猛被褐诣温，扪虱而谈当世之事，旁若无人。后苻坚用之，云"如玄德之遇孔明"。累迁司徒、录尚书事。整顿吏治，勒禁豪强，注重农业，国用日富，前秦日益强盛。苻坚建元六年（370），统兵灭前燕，留镇邺。旋入为丞相。临终告坚不宜图晋，应逐渐除鲜卑及羌，坚不能用，后有淝水之败。

②宁戚遇齐桓，扣角而取卿相之荣：语本《吕氏春秋·离俗览·举难》："宁戚欲干齐桓公，穷困无以自进，于是为商旅将任车以至齐，暮宿于郭门之外。桓公郊迎客，夜开门，辟任车，爝火甚盛，从者甚众。宁戚饭牛居车下，望桓公而悲，击牛角疾歌。桓公闻之，抚其仆之手曰：'异哉！之歌者非常人也！'命后车载之。桓公反，至，从者以请。桓公赐之衣冠，将见之。宁戚见，说桓公以治境内。明日复见，说桓公以为天下。桓公大说，将任之。"又，《楚辞·离骚》："宁戚之讴歌兮，齐桓闻以该辅。"东汉·王逸注："宁戚，卫人。该，备也。宁戚修德不用，退而商贾，宿齐东门外。桓公夜出，宁戚方饭牛，叩角而商歌。桓公闻之，知其贤，举用为客卿，备辅佐也。"春秋时期，宁戚叩牛角而歌，齐桓公闻而知其贤，用为卿大夫。宁戚，春秋时卫国人。贫困无资，为商旅挽车至齐，宿于城门外，待齐桓公夜出迎客，击牛角，发悲歌，桓公闻而异之，与见。遂说桓公以治理天下之道，桓公大悦，用为辅佐。扣角，敲牛角。扣，同"叩"。

③楚王式怒蛙，以昆虫之敢死：语本《韩非子·内储说上》："越王虑伐吴，欲人之轻死也，出见怒蛙，乃为之式。从者曰：'奚敬于此？'王曰：'为其有气故也。'明年之请以头献王者岁十余人。由

此观之，誉之足以杀人矣。一曰，越王勾践见怒蛙而式之，御者曰：'何为式？'王曰：'蛙有气如此，可无为式乎？'士人闻之曰：'蛙有气，王犹为式，况士人之有勇者乎！'是岁，人有自到死以其头献者。故越王将复吴而试其教，燔台而鼓之，使民赴火者，赏在火也；临江而鼓之，使人赴水者，赏在水也；临战而使人绝头刳腹而无顾心者，赏在兵也；又况据法而进贤，其劝甚此矣。"又，东汉·赵晔《吴越春秋·勾践伐吴外传》："（勾践）恐军士畏法不使，自谓未能得士之死力，道见蛙张腹而怒，将有战争之气，即为之轼。其士卒有问于王曰：'君何为敬蛙虫而为之轼？'勾践曰：'吾思士卒之怒久矣，而未有称吾意者。今蛙虫无知之物，见敌而有怒气，故为之轼。'于是军士闻之，莫不怀心乐死，人致其命。"春秋时期，越王勾践为鼓舞士气，曾向路上鼓腹而怒的青蛙扶轼致敬。楚王，似为"越王"之讹。式，通"轼"，是古时设在车厢前供乘者凭扶的横木。亦指以手抚轼以致尊敬。《汉书·石奋传》："过宫门阙必下车趋，见路马必轼焉。"唐·颜师古注："轼，谓抚轼，盖为敬也。"怒蛙，鼓起肚皮，瞋目怒视的青蛙。敢死，勇敢不怕死。

④丙吉问牛喘，恐阴阳之失时：语本《汉书·丙吉传》："吉又尝出，逢清道群斗者，死伤横道，吉过之不问，掾史独怪之。吉前行，逢人逐牛，牛喘吐舌，吉止驻，使骑吏问：'逐牛行几里矣？'掾史独谓丞相前后失问，或以讥吉，吉曰：'民斗相杀伤，长安令、京兆尹职所当禁备逐捕，岁竟丞相课其殿最，奏行赏罚而已。宰相不亲小事，非所当于道路问也。方春少阳用事，未可大热，恐牛近行，用暑故喘，此时气失节，恐有所伤害也。三公典调和阴阳，职当忧，是以问之。'掾史乃服，以吉知大体。"西汉宣帝时，丞相丙吉在路上见人群殴，置之不理；见到牛被驱赶得气喘吁吁，反而派人过问。属吏不解，丙吉说："处理百姓斗殴，是长安令、京兆尹的职

责；眼下是春天，牛走得气喘吁吁，恐怕是因为春行暑气的缘故。阴阳不调，影响岁时，是三公该过问的事。"丙吉（？—前55），姓或作"邴"，字少卿，西汉鲁国（今山东曲阜）人。治律令，本为鲁狱史，累迁廷尉监。汉武帝末，诏治巫蛊郡邸狱。皇曾孙（汉宣帝）生数月，以卫太子事系狱，赖丙吉得全。后任大将军霍光长史，建议迎立汉宣帝。地节三年（前67）为太子太傅，迁御史大夫。元康三年（前63）封博阳侯。神爵三年（前59）任丞相。政尚宽大，不问小事。掾史有罪赃，不称职，辄给长假以去，无所案治。卒谥定。阴阳失时，古时认为阴、阳二气调和则风调雨顺，否则有水旱等灾害，违误农时。东汉·王充《论衡·非韩》："使礼义废，纲纪败，上下乱而阴阳缪，水旱失时，五谷不登，万民饥死，农不得耕，士不得战也。"

⑤以十人而制千虎：语本《宋史·常安民传》载宋·常安民《贻吕公著书》："善观天下之势，犹良医之视疾，方安宁无事之时，语人曰：'其后必将有大忧'，则众必骇笑。惟识微见几之士，然后能逆知其渐。故不忧于可忧，而忧之于无足忧者，至忧也。今日天下之势，可为大忧。虽登进忠良，而不能搜致海内之英才，使皆萃于朝，以胜小人，恐端人正士，未得安枕而卧也。故去小人不为难，而胜小人为难。陈蕃、窦武协心同力，选用名贤，天下想望太平，然卒死曹节之手，遂成党锢之祸。张柬之五王中兴唐室，以谓庆流万世，及武三思一得志，至于窜移沦没。凡此者皆前世已然之祸也。今用贤如倚孤栋，拔士如转巨石，虽有奇特瑰卓之才，不得一行其志，甚可叹也。猛虎负嵎，莫之敢撄，而卒为人所胜者，人众而虎寡也。故以十人而制一虎则人胜，以一人而制十虎则虎胜，奈何以数十人而制千虎乎？今怨忿已积，一发其害必大，可不谓大忧乎。"北宋时鸿胪丞常安民见朝廷内外小人势力大张，而贤士英才寥落，忧心时事，而出此语。"以十人而制千虎"，比喻非

常困难。

⑥ 走韩卢而搏蹇（jiǎn）兔：语本《史记·范睢蔡泽列传》："夫以秦卒之勇，车骑之众，以治诸侯，譬若施韩卢而搏蹇兔也，霸王之业可致也，而群臣莫当其位。"韩卢，是古时良犬。放良犬去搏击跛兔，比喻力量远超对手，非常容易获胜。蹇，跛行。

⑦ 兄弟似鹡鸰（jí líng）之相亲：语本《诗经·小雅·常棣》："脊令在原，兄弟急难。每有良朋，况也永叹。兄弟阋于墙，外御其务。每有良朋，烝也无戎。"毛传："脊令，雍渠也。飞则鸣，行则摇，不能自舍耳。急难，言兄弟之相救于急难。"郑笺："雍渠，水鸟，而今在原，失其常处，则飞则鸣求其类，天性也，犹兄弟之于急难。"后遂以"鹡鸰"（脊令）比喻兄弟间的友爱之情。鹡鸰，鸟类的一属。最常见的一种，身体小，头顶黑色，前额纯白色，嘴细长，尾和翅膀都很长，黑色，有白斑，腹部白色。吃昆虫和小鱼等。

⑧ 夫妇如鸾（luán）凤之配偶：语本《左传·庄公二十二年》："初，懿氏卜妻敬仲。其妻占之，曰：'吉。是谓凤皇于飞，和鸣锵锵。'"晋·杜预注："雄曰'凤'，雌曰'皇'。雄雌俱飞，相和而鸣锵锵然，犹敬仲夫妻相随适齐，有声誉。"后遂以"鸾凤和鸣"比喻夫妻和美。鸾凤，"鸾""凤"对举，"鸾"为雄，"凤"为雌，鸾凤和鸣，悦耳动听，常用来指代夫妻和谐。

⑨ "有势莫能为"三句：语本《左传·宣公十五年》："宋人使乐婴齐告急于晋。晋侯欲救之。伯宗曰：'不可。古人有言曰："虽鞭之长，不及马腹。"天方授楚，未可与争。虽晋之强，能违天乎？'"晋·杜预注："言非所击。"春秋时期，楚攻宋，晋欲救之，晋国大夫伯宗劝阻晋侯说："即使鞭子再长，也打不到马的肚腹啊。"后遂以"鞭长莫及"比喻力所不能及。

⑩ "制小不用大"三句：语本《论语·阳货》："子之武城，闻弦歌之声。夫子莞尔而笑，曰：'割鸡焉用牛刀？'"朱子集注："言其治小

邑,何必用此大道也。"孔子的学生子游为武城宰,以礼乐为教,邑人皆弦歌。孔子说:"宰鸡何必用杀牛的刀啊?"后遂以"割鸡焉用牛刀"比喻做小事情不值得用太大的力量。

⑪枭(xiāo):鸟名。猫头鹰一类的鸟,亦为鸟纲鸱鸮科各种鸟的泛称。相传枭长大以后食母,因此常用以比喻恶人或不孝之子。《刘子·贪爱》:"炎州有鸟,其名曰'枭',妪伏其子,百日而长,羽翼既成,食母而飞。"

⑫獍(jìng):又称"破镜",传说中的恶兽名。《汉书·郊祀志》:"祠黄帝用一枭、破镜。"《太平御览》卷九百十三引三国魏·孟康《汉书音义》:破镜,"兽名。食父。黄帝欲绝其类,使祠皆用之。破镜如貙而虎眼"。《史记·孝武本纪》:"古者天子常以春秋解祠,祠黄帝用一枭、破镜。"南朝宋·裴骃集解引孟康曰:"枭,鸟名。食母。破镜,兽名。食父。黄帝欲绝其类,使百物祠皆用之。破镜如貙而虎眼。"北齐·颜之推《颜氏家训·文章》:"破镜乃凶逆之兽。"清·纪昀《阅微草堂笔记·如是我闻一》:"枭鸟食母,破獍食父,均不孝之物也。"

⑬苛(kē)政猛于虎:语本《礼记·檀弓》:"孔子过泰山侧,有妇人哭于墓者而哀,夫子式而听之。使子路问之曰:'子之哭也,一似重有忧者。'而曰:'然,昔者吾舅死于虎,吾夫又死焉,今吾子又死焉。'夫子曰:'何为不去也?'曰:'无苛政。'夫子曰:'小子识之,苛政猛于虎也。'"意为残酷的统治比老虎还要凶猛。

⑭壮士气如虹:形容勇士意气豪壮,有惊天动地的气势。"虹"即"白虹",日月周围的白色晕圈,是一种特殊的天象,古人常认为是"兵象"。《战国策·魏策四》:"聂政之刺韩傀也,白虹贯日。"《史记·鲁仲连邹阳列传》:"昔者荆轲慕燕丹之义,白虹贯日,太子畏之。"南朝宋·裴骃集解引东汉·应劭曰:"精诚感天,白虹为之贯日也。"《礼记·聘义》:"气如白虹,天也。精神见于山川,地

也。"东汉·郑玄注:"精神,亦谓精气也。虹,天气也。山川,地
所以通气也。"晋·郭璞《山海经图赞》:"壮士挺剑,气激白虹。"

【译文】

　　王猛谒见桓温,边捉虱子边谈论天下大事;宁戚路遇齐桓公,敲牛角
而歌,博得了位居卿相的荣誉。

　　楚王在车上凭轼向愤怒的青蛙致敬,是因为敬畏它勇不惧死;丙吉
询问牛喘的原因,是担心阴阳不调气候反常。

　　仅靠十来个人就想制服上千头老虎,比喻办事难以胜任;放出好猎
犬去捕捉跛脚的兔子,比喻敌人容易摧毁。

　　兄弟相亲,如同"鹡鸰"在原;夫妻相配,好比"鸾凤"和鸣。

　　有力使不上,可以说"虽鞭之长,不及马腹";对付小玩意不用大力
气,可以说"割鸡之小,焉用牛刀"。

　　吃母亲的鸟,是"枭";吃父亲的兽,是"獍"。

　　"苛政猛于虎",是说苛捐杂税害人,比老虎还要凶猛;"壮士气如
虹",是说壮士气概冲天,如同白虹贯穿日月。

　　腰缠十万贯,骑鹤上扬州,谓仙人而兼富贵[①];盲人骑
瞎马,夜半临深池,是险语之逼人[②]。

　　黔驴之技,技止此耳[③];鼯鼠之技,技亦穷乎[④]。

　　强兼并者,曰鲸吞[⑤];为小贼者,曰狗盗[⑥]。

　　养恶人如养虎,当饱其肉,不饱则噬;养恶人如养鹰,饥
之则附,饱之则飏[⑦]。

　　隋珠弹雀,谓得少而失多[⑧];投鼠忌器,恐因甲而害乙[⑨]。

　　事多,曰猬务[⑩];利小,曰蝇头[⑪]。

　　心惑似狐疑[⑫],人喜如雀跃[⑬]。

【注释】

① "腰缠十万贯"三句：语本《说孚》卷四十六上引南朝梁·殷芸《小说》："有客相从，各言所志，或愿为扬州刺史，或愿多资财，或愿骑鹤上升。其一人曰：'腰缠十万贯，骑鹤上扬州。'"欲兼三者。后因以比喻欲集做官、发财、成仙于一身。或形容贪婪、妄想。骑鹤，指仙人骑鹤云游。

② "盲人骑瞎马"三句：语本《世说新语·排调》："桓南郡与殷荆州语次，因共作了语。顾恺之曰：'火烧平原无遗燎。'桓曰：'白布缠棺竖旒旐。'殷曰：'投鱼深渊放飞鸟。'次作危语。桓曰：'矛头淅米剑头炊。'殷曰：'百岁老翁攀枯枝。'顾曰：'井上辘轳卧婴儿。'殷有一参军在坐，云：'盲人骑瞎马，夜半临深池。'殷曰：'咄咄逼人！'仲堪眇目故也。""盲人骑瞎马，夜半临深池"，形容极度危险。

③ 黔（qián）驴之技，技止此耳：语本唐·柳宗元《黔之驴》："黔无驴，有好事者船载以入。至则无可用，放之山下。虎见之，庞然大物也，以为神。蔽林间窥之，稍出近之，慭慭（yìn）然莫相知。他日，驴一鸣，虎大骇，远遁，以为且噬己也，甚恐。然往来视之，觉无异能者。益习其声，又近出前后，终不敢搏。稍近，益狎，荡倚冲冒，驴不胜怒，蹄之。虎因喜，计之曰：'技止此耳！'因跳踉大㘎，断其喉，尽其肉，乃去。"黔驴之技，也作"黔驴技穷"。比喻外表看来惊人，实际能力却不过如此。

④ 鼯（wú）鼠之技，技亦穷乎：语本《荀子·劝学》："螣蛇无足而飞，梧鼠五技而穷。"唐·杨倞注："梧鼠，当为'鼫鼠'，盖本误为'鼯'字，传写又误为'梧'耳。技，才能也。言技能虽多，而不能如螣蛇专一，故穷。五技，谓能飞不能上屋，能缘不能穷木，能游不能渡谷，能穴不能掩身，能走不能先人。"后遂以"鼯技"比喻浅薄的才能。北齐·颜之推《颜氏家训·省事》："鼯鼠五能，

不成伎术。"王利器集解引清·赵曦明曰:"鼯,当作'鸓'。……
《说文》:'鸓,五伎鼠也,能飞不能过屋,能缘不能穷木,能游不能
度谷,能穴不能掩身,能走不能先人。'"鼯鼠,鼠名。别名"夷由"。
俗称"大飞鼠"。外形像松鼠,生活在高山树林中。尾长,背部褐色
或灰黑色,前后肢之间有宽大的薄膜,能借此在树间滑翔,吃植物
的皮、果实和昆虫等。古人误以为鸟类。《尔雅·释鸟》:"鼯鼠,夷
由。"晋·郭璞注:"状如小狐,似蝙蝠,肉翅。翅尾项胁,毛紫赤色,
背上苍艾色,腹下黄,喙颔杂白。脚短爪长,尾三尺许。飞且乳,亦
谓之'飞生'。声如人呼,食火烟,能从高赴下,不能从下上高。"

⑤鲸吞:像鲸鱼一般吞食。喻指兼并。语本《左传·宣公十二年》:
"古者明王伐不敬,取其鲸鲵而封之,以为大戮,于是乎有京观,
以惩淫慝。"晋·杜预注:"鲸鲵,大鱼名。以喻不义之人吞食小
国。"《旧唐书·萧铣杜伏威等传论》:"自隋朝维绝,宇县瓜分;小
则鼠窃狗偷,大则鲸吞虎据。"

⑥狗盗:从狗窦(方便狗出入的墙洞)钻进室内偷窃的盗贼。《史
记·孟尝君列传》:"最下坐有能为狗盗者,曰:'臣能得狐白裘。'
乃夜为狗,以入秦宫臧中,取所献狐白裘至,以献秦王幸姬。"

⑦"养恶人如养虎"六句:语本《三国志·魏书·吕布(张邈)臧洪
传》:"始,布因登求徐州牧,登还,布怒,拔戟斫几曰:'卿父劝吾
协同曹公,绝婚公路。今吾所求无一获,而卿父子并显重,为卿所
卖耳!卿为吾言,其说云何?'登不为动容,徐喻之曰:'登见曹公
言"待将军譬如养虎,当饱其肉,不饱则将噬人。"公曰:"不如卿
言也。譬如养鹰,饥则为用,饱则扬去。"其言如此。'布意乃解。"
《后汉书·吕布传》亦载。《太平御览》卷三百五十二引陈登此言,
而云出自《英雄记》。噬(shì),咬,吃。飏(yáng),飞走,遁去。

⑧隋珠弹雀,谓得少而失多:语本《庄子·让王》:"今且有人于此,
以隋侯之珠弹千仞之雀,世必笑之。是何也?则其所用者重而所

要者轻也。"隋珠弹雀，用珍贵的明珠弹击鸟雀，比喻处理事情轻重失当，得不偿失。隋珠，也作"隋侯之珠"。传说春秋时隋侯救了一条大蛇，蛇就衔明珠来报答他。晋·干宝《搜神记》卷二十："隋县溠水侧，有断蛇丘。隋侯出行，见大蛇，被伤中断，疑其灵异，使人以药封之。蛇乃能走。因号其处'断蛇丘'。岁余，蛇衔明珠以报之。珠盈径寸，纯白，而夜有光明，如月之照，可以烛室。故谓之'隋侯珠'，亦曰'灵蛇珠'，又曰'明月珠'。"

⑨投鼠忌器，恐因甲而害乙：语本《汉书·贾谊传》载西汉·贾谊《治安策》："里谚曰：'欲投鼠而忌器。'此善谕也。鼠近于器，尚惮不投，恐伤其器，况于贵臣之近主乎！"投鼠忌器，想投出东西击打老鼠，但又怕打坏了旁边的器具。比喻欲除祸害而有所顾忌。

⑩猬（wèi）务：形容事务繁多。旧注："猬，兽类。似豪猪，遍身有刺如栗房。事多似之，故曰'猬务'。"此句，他本多改"猬务"为"猬集"。"猬集"一词，虽较常见。但"猬务"与下句"蝇头"对仗工整；改为"猬集"，则属对不工。不必改字。

⑪蝇头：如青蝇头一般微小。常用以比喻微小的名利。"蝇利""蝇头利"为唐宋诗文习用语。唐·詹琲《追和秦隐君辞荐之韵，上陈侯乞归凤山》："蝇利薄于青纸扇，羊裘暖甚紫罗衣。"宋·柳永《凤归云》："蝇头利禄，蜗角功名，毕竟成何事。"宋·苏轼《满庭芳》词："蜗角虚名，蝇头微利，算来着甚干忙。"

⑫狐疑：狐性多疑，故称"狐疑"。《汉书·文帝纪》："方大臣诛诸吕迎朕，朕狐疑，皆止朕，唯中尉宋昌劝朕。"唐·颜师古注："狐之为兽，其性多疑，每渡冰河，且听且渡。故言疑者，而称'狐疑'。"

⑬雀跃：如雀跳跃，形容欣喜之极。《庄子·在宥》："鸿蒙方将拊脾雀跃而游。"唐·成玄英疏："雀跃，跳跃也。"

【译文】

"腰缠十万贯，骑鹤上扬州"，是形容像神仙一样逍遥，还大富大贵；

“盲人骑瞎马，夜半临深池”，是形容身临险境，真是呲呲逼人。

“黔驴之技”，形容只有这点儿不顶用的本事；“鼯鼠之技”，比喻会的虽多却不精通，解决不了实际问题。

恃强兼并，叫“鲸吞”；小偷小摸，称“狗盗”。

养恶人如同养虎，必须喂饱，喂不饱，它就反噬主人；养恶人如同养鹰，饥饿时趋附过来，一旦吃饱，它就飞走了。

“随珠弹雀”，形容得到的少而失去的多；“投鼠忌器”，指担心因为甲而损害乙。

事情繁杂，称“猬务”；利益微小，叫“蝇头”。

内心疑惑不已，像是“狐疑”；人们开心蹦跳，如同“雀跃”。

爱屋及乌①，谓因此而惜彼；轻鸡爱鹜，谓舍此而图他②。

唆恶为非，曰教猱升木③；受恩不报，曰得鱼忘筌④。

倚势害人，真似城狐社鼠⑤；空存无用，何殊陶犬瓦鸡⑥。

势弱难敌，谓之螳臂当辕⑦；人生易死，乃曰蜉蝣在世⑧。

小难制大，如越鸡难伏鹄卵⑨；贱反轻贵，似鸒鸠反笑大鹏⑩。

小人不知君子之心，曰燕雀岂知鸿鹄志⑪；君子不受小人之侮，曰虎豹岂受犬羊欺⑫。

【注释】

①爱屋及乌：爱其人，而推爱至与之相关的人或物。汉代经学著作，颇及“爱人者兼其屋上之乌”，以为姜太公答周武王之语。《尚书大传·牧誓·大战》：“纣死，武王皇皇若天下之未定。召太公而问曰：‘入殷奈何？’太公曰：‘臣闻之也，爱人者兼其屋上之乌，不爱人者及其胥馀，何如？’”又，《韩诗外传》卷三：“武王伐纣，到于

邢丘,轭折为三,天雨三日不休。武王心惧,召太公而问,曰:'意者纣未可伐乎?'太公对曰:'不然。轭折为三者,军当分为三也。天雨三日不休,欲洒吾兵也。'武王曰:'然何若矣?'太公曰:'爱其人及屋上乌,恶其人者,憎其胥馀。咸刘厥敌,靡使有余。'"《说苑·贵德》:"武王克殷,召太公而问曰:'将奈其士众何?'太公对曰:'臣闻爱其人者,兼屋上之乌;憎其人者,恶其馀胥;咸刘厥敌,靡使有余,何如?'"

② 轻鸡爱鹜(wù),谓舍此而图他:语本《南齐书·王僧虔传》载南朝宋齐·王僧虔《论书》:"庾征西翼书,少时与右军齐名,右军后进,庾犹不分,在荆州与都下人书云'小儿辈贱家鸡,皆学逸少书,须吾下,当比之'。"《南史·王昙首传(附王僧虔)》亦载之。《南齐书》《南史》载王僧虔引晋·庾翼语,皆作"小儿辈贱家鸡",下无"爱野鹜"三字。宋人文献,如朱长文《墨池编》卷二、郑樵《通志》卷一百三十七、谢维新《古今合璧事类备要》卷四十四、阙名《锦绣万花谷》卷三十一引之,皆有"爱野鹜"三字;陈思《书小史》卷五、吴淑《事类赋》卷十八、潘自牧《记纂渊海》卷六十一、《太平御览》卷九百十八引之,作"爱野雉"。《事类赋》《记纂渊海》《太平御览》云出自《晋书》,或未详考。轻鸡爱鹜,东晋征西将军庾翼因不满王羲之书法暴得大名,说后辈学王羲之是"贱家鸡、爱野鹜",后遂以比喻贱近爱远。

③ 教猱(náo)升木:语本《诗经·小雅·角弓》:"毋教猱升木,如涂涂附。"毛传:"猱,猨属。涂,泥。附,着也。"郑笺:"猱之性善登木,若教使,其为之必也。"后遂以"教猱升木"比喻教唆坏人为恶。猱,兽名。猿属。身体便捷,善攀缘。又名"狨"或"猕猴"。

④ 得鱼忘筌(quán):语本《庄子·外物》:"筌者所以在鱼,得鱼而忘筌。"唐·成玄英疏:"筌,鱼筍也,以竹为之,故字从竹。亦有从草者,荃筌也,香草也,可以饵鱼,置香于柴木芦苇之中以取鱼

也。"得鱼忘筌，"筌"是捕鱼器。得到鱼就忘记了渔具，比喻已达到目的便忘记了所依靠的东西。也用来形容文学等技艺达到了超越技巧本身的高超境界。三国魏·嵇康《兄秀才公穆入军赠诗》："嘉彼钓叟，得鱼忘筌。"

⑤城狐社鼠：城墙洞中的狐狸，社坛里的老鼠，比喻有所凭依而为非作歹的人。《晏子春秋·内篇问上三》："景公问于晏子曰：'治国何患？'晏子对曰：'患夫社鼠。'公曰：'何谓也？'对曰：'夫社，束木而涂之，鼠因往托焉，熏之则恐烧其木，灌之则恐败其涂，此鼠所以不可得杀者，以社故也。'"《韩诗外传》卷七亦载晏子对齐景公问。《晋书·谢鲲传》："及敦将为逆，谓鲲曰：'刘隗奸邪，将危社稷。吾欲除君侧之恶，匡主济时，何如？'对曰：'隗诚始祸，然城狐社鼠也。'"宋·洪迈《容斋四笔·城狐社鼠》："城狐不灌，社鼠不熏。谓其所栖穴者得所凭依，此古语也。故议论者率指人君左右近习为城狐社鼠。"

⑥陶犬瓦鸡：陶制的鸡犬，形容只具形式而无实用。南朝梁·元帝《金楼子·立言上》："夫陶犬无守夜之警，瓦鸡无司晨之益。"瓦，即陶，是古代陶制器物的总称。

⑦螳（táng）臂当辕（yuán）：语本《庄子·人间世》："汝不知夫螳螂乎？怒其臂以当车辙，不知其不胜任也。"又，《韩诗外传》卷八："齐庄公出猎，有螳螂举足将搏其轮。问其御曰：'此何虫也？'御曰：'此是螳螂也。其为虫、知进而不知退，不量力而轻就敌。'庄公曰：'以为人，必为天下勇士矣。'于是回车避之。"螳臂当辕，同"螳臂挡车"，比喻不自量力而招致失败。此句，《幼学琼林》他本或作"螳臂当辙"，虽与《庄子》原文相合，但"辙"与下文"世"字在声调上是平对仄，属对工稳，若改作"辙"，则属对不工。

⑧蜉蝣（fú yóu）：虫名。幼虫生活在水中，成虫褐绿色，有四翅，生存期极短，故以喻短暂的生命。《诗经·曹风·蜉蝣》："蜉蝣之

羽，衣裳楚楚。"毛传："蜉蝣，渠略也，朝生夕死。"唐·孔颖达疏
引晋·陆机疏云："蜉蝣，方土语也。通谓之'渠略'，似甲虫，有
角，大如指，长三四寸，甲下有翅，能飞。夏月阴雨时，地中出。今
人烧炙啖之，美如蝉也。"《尔雅·释虫》："蜉蝣，渠略。"晋·郭璞
注："似蛣蜣，身狭而长，有角，黄黑色。丛生粪土中，朝生暮死。
猪好啖之。"

⑨越鸡难伏鹄（hú）卵：语本《庄子·庚桑楚》："庚桑子曰：'辞尽
矣。日奔蜂不能化藿蠋，越鸡不能伏鹄卵，鲁鸡固能矣。鸡之与
鸡，其德非不同也，有能与不能者，其才固有巨小也。今吾才小，不
足以化子。子胡不南见老子！'"又，北齐·刘昼《刘子·均任》：
"为有宽隘，量有巨细，材有大小，则任其轻重所处之分，未可乖
也。……故奔蜂不能化藿蠋，而能化螟蛉；越鸡不能伏鹄卵，鲁鸡
能伏之。藿蠋与螟蛉，俱虫也；鲁鸡与越鸡，同禽也。然化与不化，
伏与不伏者，藿蠋大，越鸡小也。"南越所产的鸡，形体较小，不能
孵化天鹅的卵，比喻才小不堪大任。伏，禽鸟孵卵。鹄，通称天鹅。

⑩鸴（xué）鸠反笑大鹏：语本《庄子·逍遥游》："鹏之徙于南冥也，
水击三千里，抟扶摇而上者九万里，去以六月息者也。……风之
积也不厚，则其负大翼也无力。故九万里，则风斯在下矣，而后乃
今培风；背负青天而莫之夭阏者，而后乃今将图南。……蜩与鸴鸠
笑之曰：'我决起而飞，抢榆枋，时则不至而控于地而已矣，奚以之
九万里而南为？'"蝉和斑鸠自以为是，嘲笑在九万里高空飞翔的大
鹏，比喻俗人不能理解高明之士的境界。鸴鸠，亦作"学鸠"，鸟名。
即斑鸠。也称"鸣鸠"。多用以比喻小人。

⑪小人不知君子之心，曰燕雀岂知鸿鹄（hóng hú）志：语本《史
记·陈涉世家》："陈涉少时，尝与人佣耕，辍耕之垄上，怅恨久
之，曰：'苟富贵，无相忘。'庸者笑而应曰：'若为庸耕，何富贵
也？'陈涉太息曰：'嗟乎，燕雀安知鸿鹄之志哉！'"秦末陈涉（陈

胜）起义，建国张楚。他早年贫困时曾替人耕地，感慨乡里其他人如燕雀等小鸟安于窝巢，不能理解高飞的鸿鹄。比喻眼界短浅者不明白高远的志向。

⑫君子不受小人之侮，曰虎豹岂受犬羊欺：见于《增广贤文》，亦见于《西游记》（第二十八回），或为明清时期俗语。

【译文】

"爱屋及乌"，是说喜欢一物因而推及他物；"轻鸡爱鹜"，是说轻视身边而贪图远处。

教唆恶人为非作歹，叫作"教猱升木"；受到恩惠不思回报，叫作"得鱼忘筌"。

倚仗权势欺害他人，真同"城狐社鼠"一般；空有形式却不实用，与"陶犬瓦鸡"何异？

形容力量弱小难抗强敌，称"螳臂当辕"；形容人生很短容易死去，便说"蜉蝣在世"。

弱小难以控制强大，如同"越鸡难伏鹄卵"；低贱反而看不起高者，好似"莺鸠反笑大鹏"。

小人不理解君子的志向，好比"燕雀岂知鸿鹄志"；君子不受小人的侮辱，如同"虎豹岂受犬羊之欺"。

跖犬吠尧，吠非其主①；鸠居鹊巢②，安享其成。

缘木求鱼③，极言难得；按图索骥④，甚言失真。

恶人藉势，曰如虎负嵎⑤；穷人无归，曰如鱼失水⑥。

九尾狐，讥陈彭年素性谄而又奸⑦；独眼龙，夸李克用一目眇而有勇⑧。

指鹿为马，秦赵高之欺主⑨；叱石成羊，黄初平之得仙⑩。

卞庄勇能擒两虎⑪，高骈一矢贯双雕⑫。

司马懿畏蜀如虎^⑬，诸葛亮辅汉如龙^⑭。

【注释】

①跖（zhí）犬吠尧，吠非其主：语本《战国策·齐策六》："貂勃常恶田单曰：'安平君小人也。'安平君闻之，故为酒而召貂勃曰：'单何以得罪于先生，故常见誉于朝？'貂勃曰：'跖之狗吠尧，非贵跖而贱尧也，狗固吠非其主也。且今使公孙子贤而徐子不肖。然而使公孙子与徐子斗，徐子之狗犹时攘公孙子腓而噬之也。若乃得去不肖者而为贤者狗，岂特攘其腓而噬之耳哉？'安平君曰：'敬闻命。'明日，任之于王。"又，《史记·淮阴侯列传》："高祖已从豨军来，至，见信死，且喜且怜之，问：'信死亦何言？'吕后曰：'信言恨不用蒯通计。'高祖曰：'是齐辩士也。'乃诏齐捕蒯通。蒯通至，上曰：'若教淮阴侯反乎？'对曰：'然，臣固教之。竖子不用臣之策，故令自夷于此。如彼竖子用臣之计，陛下安得而夷之乎！'上怒曰：'亨之。'通曰：'嗟乎，冤哉亨也！'上曰：'若教韩信反，何冤？'对曰：'秦之纲绝而维弛，山东大扰，异姓并起，英俊乌集。秦失其鹿，天下共逐之，于是高材疾足者先得焉。蹠之狗吠尧，尧非不仁，狗因吠非其主。当是时，臣唯独知韩信，非知陛下也。且天下锐精持锋欲为陛下所为者甚众，顾力不能耳。又可尽亨之邪？'高帝曰：'置之。'乃释通之罪。"跖犬吠尧，也作"跖犬噬尧"。尧为明君，而盗跖的狗却对着他怒吠，比喻各为其主。跖，即盗跖。春秋时人，名"跖"，相传他是大盗，故称"盗跖"。先秦著作中多次出现此人，多称其"重利"。《韩非子·忠孝》："毁廉求财，犯刑趋利，忘身之死者，盗跖是也。"《庄子》则称其聚众为盗。《庄子·盗跖》："孔子与柳下季为友，柳下季之弟，名曰'盗跖'。盗跖从卒九千人，横行天下，侵暴诸侯。穴室枢户，驱人牛马，取人妇女，贪得忘亲，不顾父母兄弟，不祭先祖。所过之邑，大

国守城,小国入保,万民苦之。"跠,或作"蹠"。

②鸠(jiū)居鹊巢:语本《诗经·召南·鹊巢》:"维鹊有巢,维鸠居之。"毛传:"鸤鸠不自为巢,居鹊之成巢。"郑笺:"鸤鸠因鹊成巢而居有之,而有均壹之德;犹国君夫人来嫁,居君子之室,德亦然。"鸠居鹊巢,也作"鸠占鹊巢"。斑鸠不会做巢,常常抢占喜鹊做的巢,比喻自己不付出相应的努力,却强占别人的住屋或成果。

③缘木求鱼:语本《孟子·梁惠王上》:"(孟子)曰:'然则王之所大欲可知已。欲辟土地,朝秦、楚,莅中国而抚四夷也。以若所为求若所欲,犹缘木而求鱼也。'王曰:'若是其甚与?'曰:'殆有甚焉。缘木求鱼,虽不得鱼,无后灾。以若所为,求若所欲,尽心力而为之,后必有灾。'"爬上树去捉鱼,比喻行动和目的相反,劳苦而无所得。

④按图索骥(jì):也作"按图索骏"。语本《汉书·梅福传》载梅福上书:"今不循伯者之道,乃欲以三代选举之法取当时之士,犹察伯乐之图,求骐骥于市,而不可得,亦已明矣。"按照良马的画像去寻找真马,比喻做事拘泥成法。唐·欧阳询《艺文类聚》卷九十三引《符子》曰:"齐景公好马,命使善画者图之,访似者,期年不得,今人君考古籍以求贤,亦不可得也。"明·杨慎《艺林伐山》卷七:"伯乐《相马经》有'隆颡跌日,蹄如累曲'之语,其子执《马经》以求马,出见大蟾蜍,谓其父曰:'得一马,略与相同;但蹄不如累曲尔。'伯乐知其子之愚,但转怒为笑曰:'此马好跳,不堪御也。'所谓'按图索骏'也。"

⑤虎负嵎(yú):《孟子·尽心下》:"有众逐虎,虎负嵎,莫之敢撄。"东汉·赵岐注:"撄,迫也。虎依陬而怒,无敢迫近者也。"朱子集注:"负,依也。山曲曰'嵎'。撄,触也。"老虎占据地势之险,无人敢近。后以喻人凭险顽抗。山势曲折险峻处为"嵎",负嵎,指依靠有利的地形。

⑥鱼失水：语本《庄子·庚桑楚》："吞舟之鱼，砀而失水，则蚁能苦之。"又，《韩诗外传》卷八："夫吞舟之鱼大矣，荡而失水，则为蝼蚁所制，失其辅也。"鱼离开水则不能生存，故用以喻指失去凭依。

⑦九尾狐，讥陈彭年素性谄而又奸：语本宋·陈均《九朝编年备要》卷八："陈彭年薨，临其丧，涕泗良久。时为参知政事。彭年敏给强记，好仪制刑名之学，素奸谄，号'九尾狐'。"又，宋·田况《儒林公议》："陈彭年被章圣（宋真宗）深遇。每圣文述作，或俾彭年润色之。彭年竭精尽思，以固恩宠。赞佞符瑞，急希进用。……时人目为'九尾狐'，言其才可谓国祥，而媚惑多岐也。"九尾狐，传说中的奇兽。《山海经·南山经》："（青丘之山）有兽焉，其状如狐而九尾，其音如婴儿，能食人，食者不蛊。"晋·郭璞注："即九尾狐。"古人认为是祥瑞的征兆。《艺文类聚（卷九十九）·祥瑞部下》引《瑞应图》曰："九尾狐者，六合一同则见，文王时，东夷归之。一本曰：王者不倾于色则至。"后来因为民间传说野狐狡诈多智，善于变化，乃以"九尾狐"指道行最为高深的狐仙、狐怪。陈彭年（961—1017），字永年，宋建昌军南城（今江西南城）人。幼好学，年十三著《皇纲论》万余言。南唐李煜召入宫与幼子游。金陵平，师事徐铉。宋太宗雍熙二年（985）进士。宋真宗景德初命直史馆兼崇文院检讨，预修《册府元龟》。附王钦若、丁谓，预东封、西祀。大中祥符元年（1008）与丘雍同修《广韵》。六年（1013）为翰林学士兼龙图阁学士、因修国史。九年（1016）拜刑部侍郎、参知政事。天禧大礼，为天书仪卫副使、参详仪制奉宝册使。卒谥文僖。性敏给，博闻强记，详练仪制沿革、刑名之学。有《唐纪》《江南别录》及文集。

⑧独眼龙，夸李克用一目眇（miǎo）而有勇：语本《旧五代史·唐书一·武皇纪上》："武皇既收长安，军势甚雄，诸侯之师皆畏之。武皇一目微眇，故其时号为'独眼龙'。"《新五代史·唐本纪·庄

宗》："克用少骁勇，军中号曰'李鸦儿'。其一目眇，及其贵也，又号'独眼龙'，其威名盖于代北。"宋·陶岳《五代史补》卷二："太祖武皇，本朱耶赤心之后，沙陀部人也。其先生于雕窠中，酋长以其异生，诸族传养之，遂以诸爷为氏，言非一父所养也。其后言讹，以诸为朱，以爷为耶。至太祖生，眇一目，长而骁勇，善骑射，所向无敌，时谓之'独眼龙'，大为部落所疾。太祖恐祸及，遂举族归唐，授云州刺史，赐姓李，名克用。黄巢犯长安，自北引兵赴难。功成，遂拜太原节度使，封晋王。"李克用（856—908），唐末沙陀部人，本姓朱邪，其父李国昌因军功被赐姓"李"。李克用少骁勇，据云州，自称留后。为唐军所败，逃往鞑靼。黄巢陷京师，李克用受诏入援，授代州刺史，大破黄巢军，任河东节度使，封晋王。朱温灭唐称帝，李克用仍奉唐正朔。其子李存勖建后唐，追谥武，庙号太祖。眇，一目失明。

⑨指鹿为马，秦赵高之欺主：语本《史记·秦始皇本纪》："赵高欲为乱，恐群臣不听，乃先设验，持鹿献于二世，曰：'马也。'二世笑曰：'丞相误邪？谓鹿为马。'问左右，左右或默，或言马以阿顺赵高，或言鹿。高因阴中诸言鹿者以法。后群臣皆畏高。"秦代丞相赵高专权，称鹿为马，群臣畏惧，不敢有异议。意思是故意混淆黑白、颠倒是非。赵高（？—前207），秦人，先世为赵国贵族，父母有罪，没入秦宫，为宦官。通狱法，任中车府令，兼行符玺令事。秦始皇卒，嗾使胡亥与丞相李斯矫诏赐始皇长子扶苏死，立胡亥为二世皇帝。任郎中令，居中用事，诛戮宗室大臣。陈胜、吴广起义后，又诬杀李斯，为中丞相，封武安侯。阴谋作乱，于朝指鹿为马，凡不阿从者皆借故诛除之。二世三年（前207），刘邦率军入关，赵高杀二世，立子婴。卒为子婴所杀。作《爰历篇》，今佚。

⑩叱（chì）石成羊，黄初平之得仙：语本晋·葛洪《神仙传·皇初平》："皇初平者，丹溪人也。年十五，家使牧羊。有道士见其良

谨,使将至金华山石室中。四十余年,忽然不复念家。其兄初起入山索初平,历年不能得见。后在市中有道士善卜,乃问之曰:'吾有弟名初平,因令牧羊失之。今四十余年,不知死生所在。愿道君为占之。'道士曰:'金华山中有一牧羊儿姓皇名初平,是卿弟非耶?'初起闻之惊喜,即随道士去寻求,果得相见。兄弟悲喜。因问弟曰:'羊皆何在?'初平曰:'羊近在山东。'初起往视,了不见羊,但见白石无数。还谓初平曰:'山东无羊也。'初平曰:'羊在耳。但兄自不见之。'初平便乃俱往看之,乃叱曰:'羊起!'于是白石皆变为羊数万头。"黄初平,亦作"皇初平"。传说中的仙人,与兄长皇初起共修仙道,后改名为"赤松子",初起改名为"赤鲁班"。晋代葛洪《神仙传》说皇初平是丹溪(今浙江金华兰溪)人,因牧羊遇仙人,在金华山得道。

⑪卞(biàn)庄勇能擒两虎:语本《史记·张仪列传(附陈轸)》:"韩、魏相攻,期年不解。秦惠王欲救之,……惠王曰:'善。今韩、魏相攻,期年不解,或谓寡人救之便,或曰勿救便,寡人不能决,愿子为子主计之余,为寡人计之。'陈轸对曰:'亦尝有以夫卞庄子刺虎闻于王者乎?庄子欲刺虎,馆竖子止之,曰:"两虎方且食牛,食甘必争,争则必斗,斗则大者伤,小者死,从伤而刺之,一举必有双虎之名。"卞庄子以为然,立须之。有顷,两虎果斗,大者伤,小者死。庄子从伤者而刺之,一举果有双虎之功。今韩、魏相攻,期年不解,是必大国伤,小国亡,从伤而伐之,一举必有两实。此犹庄子刺虎之类也。臣主与王何异也。'惠王曰:'善。'卒弗救。大国果伤,小国亡,秦兴兵而伐,大克之。此陈轸之计也。"卞庄欲搏击猛虎,有人劝说他,两虎相争必有一伤,到时自可一举两得。后用以指趁两个敌人互相争斗而两败俱伤之机打击敌人,将双方一齐消灭。卞庄,春秋时期鲁国大夫,著名勇士。力能博虎,食邑于卞,谥庄,因称"卞庄子"。《论语·宪问》:"卞庄子之勇,冉求之

艺。"《荀子·大略》:"齐人欲伐鲁,忌卞庄子,不敢过卞。"

⑫高骈(pián)一矢(shǐ)贯双雕:语本《新唐书·叛臣传·高骈》:"有二雕并飞,骈曰:'我且贵,当中之。'一发贯二雕焉,众大惊,号'落雕侍御'。"唐代高骈未显贵前,曾以射雕来占卜前程,果然一箭贯穿二雕。高骈之前,北周长孙晟已有"一箭双雕"传说。《北史·长孙晟传》:"尝有二雕飞而争肉,因以箭两支与晟,请射取之。晟驰往,遇雕相攫,遂一发双贯焉。"成语"一箭双雕",本指射箭技术高超,喻指一举两得。高骈(821—887),字千里,唐末幽州(今北京西南一带)人,祖籍渤海蓚县(今河北景县)。南平郡王高崇文孙,其家世代为禁军将领。少娴弓马,且好文学,与儒者游。初为长武城使朱叔明司马,因一箭射落双雕,有"落雕侍御"之号。历神策军都虞候、秦州刺史等职。咸通五年(864),为安南都护。因从南诏手中收复安南有功,七年(866)诏以都护府为静海军,授骈节度使。后改天平军(治所在今山东东平北)节度使。咸通十四年(873),唐懿宗驾崩,唐僖宗即位,加授同中书门下平章事。乾符二年(875),改任剑南西川节度,任上大败南诏。五年(878),改任荆南(治所在今湖北江陵)节度,进封燕国公。六年(879),进位扬州大都督府长史、兵马都统,又擢检校太尉,同平章事,移镇淮南,负责全面指挥镇压黄巢军。广明元年(880),黄巢领军北上,高骈坐守扬州,拥军自保,致使长安失陷,唐僖宗逃亡。因不肯勤王,高骈兵权被削,后为部将毕师铎囚杀。高骈虽平安南、讨南诏有功,然晚节不保,《新唐书》以之入《叛臣传》。高骈晚年属意神仙,信用方士与狂人,卒起祸乱,唐·罗隐《广陵妖乱志》即记其事。

⑬司马懿畏蜀如虎:语本《三国志·蜀书·诸葛亮传》南朝宋·裴松之注引《汉晋春秋》曰:"亮围祁山,招鲜卑轲比能,比能等至,故北地石城以应亮。于是魏大司马曹真有疾,司马宣王自荆州

入朝，魏明帝曰：'西方事重，非君莫可付者。'乃使西屯长安，督张郃、费曜、戴陵、郭淮等。宣王使曜、陵留精兵四千守上邽，余众悉出，西救祁山。郃欲分兵驻雍、郿，宣王曰：'料前军能独当之者，将军言是也；若不能当而分为前后，此楚之三军所以为黥布禽也。'遂进。亮分兵留攻，自逆宣王于上邽。郭淮、费曜等徼亮，亮破之，因大芟刈其麦，与宣王遇于上邽之东，敛兵依险，军不得交，亮引而还。宣王寻亮至于卤城。张郃曰：'彼远来逆我，请战不得，谓我利在不战，欲以长计制之也。且祁山知大军以在近，人情自固，可止屯于此，分为奇兵，示出其后，不宜进前而不敢偪，坐失民望也。今亮县军食少，亦行去矣。'宣王不从，故寻亮。既至，又登山掘营，不肯战。贾栩、魏平数请战，因曰：'公畏蜀如虎，奈天下笑何！'宣王病之。"司马懿与第六次率军出祁山的诸葛亮对峙时非常谨慎，不肯出战，被部下讥讽"畏蜀如虎"。司马懿（179—251），字仲达，三国魏河内温县（今河南温县西南）人。出身士族。东汉末曹操为丞相，辟为文学掾，迁黄门侍郎，转主簿。从讨张鲁、孙权。每与大谋，辄有奇策。曹丕为太子时，任太子中庶子。曹丕即帝位，封河津亭侯，转丞相长史。魏明帝即位，改封舞阳侯，任大将军，镇宛，平孟达之叛，三次率军与蜀国诸葛亮对抗。齐王曹芳即位，与曹爽同受遗诏辅政，迁侍中、持节、都督中外诸军、录尚书事。嘉平元年（249），乘爽从帝谒高平陵之际，杀之，为丞相，专擅朝政。死后，其子司马师、司马昭相继专权。其孙司马炎代魏称帝，建晋朝，追尊为宣帝。

⑭诸葛亮辅汉如龙：语本元·潘荣《通鉴总论》："鞠躬尽瘁，死而后已，亮之所以如龙也。"《道部·清代道教文献·汉丞相诸葛忠武侯集》卷七："阳节潘氏荣曰：'观人才之吉凶，知邦家之休戚。汉儒有言曰："正其谊不谋其利，明其道不计其功。"'盖人品不同，而事业亦异。是不可以成败论英雄也。诸葛亮辅汉于蜀，狄仁杰反

周为唐,其心一也。……鞠躬尽瘁,死而后已,亮之所以如龙也。"

【译文】

盗跖的狗冲着尧吠叫,因为尧不是它的主人;鸠居鹊巢,比喻占有他人劳动成果。

"缘木求鱼",形容绝对不可能达成目标;"按图索骥",形容完全失真。

形容恶人仗势欺人,可说"如虎负嵎";比喻穷人无家可归,可说"如鱼失水"。

"九尾狐",是用来讥讽陈彭年生性谄媚而又奸诈;"独眼龙",是用来夸赞李克用瞎了一眼依旧威武勇猛。

"指鹿为马",典出秦朝赵高蒙骗主上;"叱石成羊",源自黄初平成仙得道。

卞庄勇猛,一人擒杀两虎;高骈神射,一箭贯穿双雕。

司马懿怯战,像怕老虎一样怕蜀国;诸葛亮忠勇,辅佐蜀汉,神勇如龙。

鹪鹩巢林,不过一枝;鼹鼠饮河,不过满腹①。

弃人甚易,曰孤雏腐鼠②;文名共仰,曰起凤腾蛟③。

为公乎,为私乎,惠帝问虾蟆④;欲左左,欲右右,汤德及禽兽⑤。

鱼游于釜中,虽生不久⑥;燕巢于幕上,栖身不安⑦。

妄自称奇,谓之辽东豕⑧;其见甚小,譬如井底蛙⑨。

父恶子贤,谓是犁牛之子⑩;父谦子拙,谓是豚犬之儿⑪。

出人群而独异,如鹤立鸡群⑫;非配偶以相从,如雉求牝匹⑬。

天上石麟,夸小儿之迈众⑭;人中骐骥,比君子之超凡⑮。

【注释】

① "鹪鹩（jiāo liáo）巢林"四句：语本《庄子·逍遥游》："尧让天下于许由，曰：'日月出矣而爝火不息，其于光也，不亦难乎！时雨降矣而犹浸灌，其于泽也，不亦劳乎！夫子立而天下治，而我犹尸之，吾自视缺然。请致天下。'许由曰：'子治天下，天下既已治也。而我犹代子，吾将为名乎？名者，实之宾也。吾将为宾乎？鹪鹩巢于深林，不过一枝；偃鼠饮河，不过满腹。归休乎君，予无所用天下为！庖人虽不治庖，尸祝不越樽俎而代之矣。'"唐·成玄英疏："鹪鹩，巧妇鸟也。一名'工雀'，一名'女匠'，亦名'桃虫'，好深处而巧为巢也。偃鼠，形大小如牛，赤黑色，獐脚，脚有三甲，耳似象耳，尾端白，好入河饮水。而鸟巢一枝之外，不假茂林；兽饮满腹之余，无劳浩汗。况许由安兹蓬荜，不顾金闱，乐彼疏食，讵劳玉食也！"鹪鹩在深林里筑巢，只不过占一根树枝；偃鼠喝河里的水，只求喝饱肚子而已。比喻欲望有限，容易满足。鹪鹩，鸟名。形小，体长约三寸。羽毛赤褐色，略有黑褐色斑点。尾羽短，略向上翘。以昆虫为主要食物。常取茅苇毛毳为巢，大如鸡卵，系以麻发，于一侧开孔出入，甚精巧，故俗称"巧妇鸟"。又名"黄脰鸟""桃雀""桑飞"等。因《庄子·逍遥游》典，后世遂以"鹪鹩心"比喻欲望不高，易于自足的心愿。鼹（yǎn）鼠，《庄子·逍遥游》作"偃鼠"。传说中的一种大兽，体大如牛，好入河饮水。说见前引《庄子》唐·成玄英疏。《太平广记》卷四百四十引前蜀·杜光庭《录异记·鼠》："鼹鼠首尾如鼠，色青黑，短足有指，形大，重千余斤。出零陵郡界，不知所来。民有灾及为恶者，鼠辄入其田中，振落毛衣，皆成小鼠，食其苗稼而去。"明·李时珍《本草纲目·兽三·隐鼠》集解引宋·苏颂曰："（鼹）鼠出沧州及胡中，似牛而鼠首黑足，大者千斤，多伏于水。"一说即田鼠。

② 弃人甚易，曰孤雏腐鼠：语本《后汉书·窦融传》："宪恃宫掖声

势,遂以贱直请夺沁水公主园田,主逼畏,不敢计。后肃宗驾出过园,指以问宪,宪阴喝不得对。后发觉,帝大怒,召宪切责曰:'深思前过,夺主田园时,何用愈赵高指鹿为马?久念使人惊怖。昔永平中,常令阴党、阴博、邓叠三人更相纠察,故诸豪戚莫敢犯法者,而诏书切切,犹以舅氏田宅为言。今贵主尚见枉夺,何况小人哉!国家弃宪如孤雏腐鼠耳。'宪大震惧,皇后为毁服深谢,良久乃得解,使以田还主。"东汉开国名将窦融的后人窦宪倚仗妹妹当了皇后,便强夺沁水公主的田产,被汉章帝斥责说:"国家抛弃你窦宪,就像抛弃孤雏腐鼠一样。"孤雏腐鼠,失去母鸟的幼鸟,腐烂的死鼠,都是轻贱易损之物,用以比喻微不足道随时可以放弃的人或物。

③起凤腾蛟:语本唐·王勃《滕王阁序》:"腾蛟起凤,孟学士之词宗。"起飞的凤凰,腾空的蛟龙,矫健异常,用以形容文士才华优异。

④"为公乎"三句:语本《晋书·惠帝纪》:"帝又尝在华林园,闻虾蟆(má)声,谓左右曰:'此鸣者为官乎,私乎?'或对曰:'在官地为官,在私地为私。'及天下荒乱,百姓饿死,帝曰:'何不食肉糜?'其蒙蔽皆此类也。"晋惠帝昏庸弱智,在华林园听见蛤蟆叫,问身边的人说:"它是为官家叫呢,还是为私家叫?"

⑤"欲左左"三句:语本《吕氏春秋·孟冬纪·异用》暨《史记·殷本纪》。见前《器用》篇"求人宥罪,曰幸开汤网"条注。

⑥鱼游于釜(fǔ)中,虽生不久:语本《后汉书·张纲传》:"婴闻,泣下,曰:'荒裔愚人,不能自通朝廷,不堪侵枉,遂复相聚偷生,若鱼游釜中,喘息须臾间耳。今闻明府之言,乃婴等更生之辰也。既陷不义,实恐投兵之日,不免孥戮。'纲约之以天地,誓之以日月,婴深感悟,乃辞还营。明日,将所部万余人与妻子面缚归降。"东汉顺帝汉安元年(142),广陵张婴聚众造反,广陵太守张纲晓之以理,动之以情,劝降张婴。张婴说自己一群人谋反,就像鱼游

釜中，随时丧命。后遂以"鱼游釜中"比喻处境十分危险，有行将灭亡之虞。

⑦燕巢于幕上，栖身不安：语本《左传·襄公二十九年》："吴公子札来聘，……自卫如晋，将宿于戚。闻钟声焉，曰：'异哉！吾闻之也："辩而不德，必加于戮。"夫子获罪于君以在此，惧犹不足，而又何乐？夫子之在此也，犹燕之巢于幕上。君又在殡，而可以乐乎？'文子闻之，终身不听琴瑟。"晋·杜预注："言至危。"春秋时期，吴公子季札对卫国大夫孙文子说："您现在的处境，好比燕子将巢筑在帐幕之上。"又，《刘子·托附》："夫燕之巢幕，衔泥补缀，烂若绶纹，虽陶匠逞妙，不能为之，可谓固矣。然凯旋剔幰，则巢破子裂，是所托危也。"帐幕随时可能撤换，燕子在帐幕上筑巢，危在旦夕，遂以"燕巢于幕"喻处境危险。

⑧妄自称奇，谓之辽东豕（shǐ）：语本《后汉书·朱浮传》载《朱浮与彭宠书》："伯通与耿侠游俱起佐命，同被国恩。侠游廉让，屡有降挹之言；而伯通自伐，以为功高天下。往时辽东有豕，生子白头，异而献之，行至河东，见群豕皆白，怀惭而还。若以子之功论于朝廷，则为辽东豕也。"《东观汉记》卷十五亦载。东汉初年，渔阳太守彭宠自恃功高，专横跋扈，幽州牧朱浮寄信彭宠，批评他居功自傲，好比"辽东豕"。辽河以东（今辽宁东部和南部）的猪都是黑色的，白猪极为稀奇，但出了辽东，外地到处都是白猪，毫不稀奇。后以"辽东豕"指知识浅薄，少见多怪。

⑨其见甚小，譬（pì）如井底蛙：语本《庄子·秋水》："井蛙不可以语于海者，拘于虚也。"又，《后汉书·马援传》："是时公孙述称帝于蜀，嚣使援往观之。援素与述同里闬，相善，以为既至当握手欢如平生，而述盛陈陛卫，以延援入，交拜礼毕，使出就馆，更为援制都布单衣、交让冠，会百官于宗庙中，立旧交之位。述鸾旗旄骑，警跸就车，磬折而入，礼飨官属甚盛，欲授援以封侯大将军位。宾

客皆乐留,援晓之曰:'天下雄雌未定,公孙不吐哺走迎国士,与图成败,反修饰边幅,如偶人形。此子何足久稽天下士乎?'因辞归,谓嚣曰:'子阳井底蛙耳,而妄自尊大,不如专意东方。'"两汉之际,马援对隗嚣说,公孙述妄自尊大,好比井底之蛙,劝隗嚣不如依附刘秀。井底蛙,犹成语"井底之蛙",意为眼界只有井口般大,不知天地之宽。形容见识浅薄却自以为是。

⑩父恶子贤,谓是犁牛之子:语本《论语·雍也》:"子谓仲弓曰:'犁牛之子骍且角。虽欲勿用,山川其舍诸?'"朱子集注:"犁,杂文。骍,赤色。周人尚赤,牲用骍。角,角周正,中牺牲也。用,用以祭也。山川,山川之神也。言人虽不用,神必不舍也。仲弓父贱而行恶,故夫子以此譬之。言父之恶,不能废其子之善,如仲弓之贤,自当见用于世也。然此论仲弓云尔,非与仲弓言也。范氏曰:'以瞽瞍为父而有舜,以鲧为父而有禹。古之圣贤,不系于世类,尚矣。子能改父之过,变恶以为美,则可谓孝矣。'"后遂以"犁牛之子"喻父虽不善却无损于子之贤明。犁牛,颜色驳杂的牛。周代祭祀尚赤,犁牛没有作为祭品的资格;但它所生的小牛却可能是赤色、牛角周正的祭祀上品。一说,"犁牛"即耕牛。

⑪豚(tún)犬之儿:三国时期,曹操曾说"生子当如孙仲谋,刘景升儿子若豚犬耳!"见前《祖孙父子》篇"生子当如孙仲谋"条注。后世多用以谦称自己的儿子。《旧五代史·唐书·庄宗纪一》:"梁祖闻其败也,既惧而叹曰:'生子当如是,李氏不亡矣!吾家诸子乃豚犬尔。'"清·蒲松龄《代王次公与颜山赵启》:"令媛绮罗之质,自宜字夫崔卢;小儿豚犬之才,敢云娶于高国!"豚犬,猪和狗。

⑫出人群而独异,如鹤立鸡群:语本《世说新语·容止》:"有人语王戎曰:'嵇延祖卓卓如野鹤之在鸡群。'答曰:'君未见其父耳!'"暨《晋书·忠义传·嵇绍》:"嵇绍,字延祖,魏中散大夫康之子也。十岁而孤,事母孝谨。以父得罪,靖居私门。山涛领选,启武

帝曰:'康诰有言:"父子罪不相及。"嵇绍贤侔郤缺,宜加旌命,请为秘书郎。'帝谓涛曰:'如卿所言,乃堪为丞,何但郎也。'乃发诏征之,起家为秘书丞。绍始入洛,或谓王戎曰:'昨于稠人中始见嵇绍,昂昂然如野鹤之在鸡群。'戎曰:'君复未见其父耳。'"嵇康之子嵇绍仪表出众,时人夸他在人群中好比野鹤之在鸡群,卓然不凡,一眼即见。后遂以"鹤立鸡群"比喻人的才能或仪表卓然出众。又,《艺文类聚》卷九十引《竹林七贤论》:"嵇绍入洛,或谓王戎曰:'昨于稠人中始见嵇绍,昂昂然野鹤之在鸡群。'"《竹林七贤论》乃晋人戴逵所作,若《艺文类聚》不讹,则"如野鹤之在鸡群"之语出处更早于《世说新语》。

⑬非配偶以相从,如雉(zhì)求牡(mǔ)匹:语本《诗经·邶风·匏有苦叶》:"济盈不濡轨,雉鸣求其牡。"毛传:"违礼义,不由其道,犹雉鸣而求其牡矣。飞曰'雌雄',走曰'牝牡'。"郑笺:"雉鸣反求其牡,喻夫人所求非所求。"孔疏:"夫人违礼淫乱,不由其道,犹雉鸣求其牡也。今雌雉鸣也,乃鸣求其走兽之牡,非其道。以兴夷姜母也,乃媚悦为子之公,非所求也。夫人非所当求而求之,是犯礼不自知也。"朱子集传:"夫济盈必濡其辙,雉鸣当求其雄,此常理也。今济盈而曰不濡轨,雉鸣而反求其牡,以比淫乱之人不度礼义,非其配耦而犯礼以相求也。"雉求牡匹,飞鸟称"雌雄",走兽称"牝牡"。雉为鸟名,求牡则不能匹配。清·顾炎武《日知录》卷三十二:"雉鸣求其牡,诗人以为不伦之刺。"

⑭天上石麟,夸小儿之迈众:语本《陈书·徐陵传》:"徐陵字孝穆,东海郯人也。……母臧氏,尝梦五色云化而为凤,集左肩上,已而诞陵焉。时宝志上人者,世称其有道,陵年数岁,家人携以候之,宝志手摩其顶,曰:'天上石麒麟也。'光宅惠云法师每嗟陵早成就,谓之颜回。八岁,能属文。十二,通庄老义。既长,博涉史籍,纵横有口辩。"石麒麟,指古代帝王陵前石雕的麒麟。因南朝宝

志上人称赞幼龄徐陵是"天上石麒麟",后遂用作天赋过人的幼儿之美称。

⑮人中骐骥(qí jì),比君子之超凡:语本《南史·徐勉传》:"及长好学,宗人孝嗣见之叹曰:'此所谓人中之骐骥,必能致千里。'"南朝齐徐孝嗣夸赞族人徐勉是人中之骐骥,将来必有大成就。骐骥,骏马。《庄子·秋水》:"骐骥、骅骝,一日而驰千里。"亦用以比喻贤才。《世说新语·雅量》"许侍中、顾司空俱作丞相从事"条,南朝梁·刘孝标注:"顾和字君孝,少知名。族人顾荣曰:'此吾家骐骥也,必兴吾宗!'"

【译文】

鹪鹩在树林中筑巢,只不过占据一枝;鼹鼠在河流中饮水,顶多就喝满一肚。

很轻易被人抛弃,好比"孤雏腐鼠";文学名声为世人们仰慕,可称"起凤腾蛟"。

"是为公呢,还是为私",晋惠帝问手下人虾蟆为啥而叫;"想往左飞的往左飞,想往右飞的往右飞",商汤王的恩德惠及禽兽。

鱼儿在热锅中游走,即便活着也活不长久;燕子在帘幕上筑巢,暂能安身也无法平安。

少见多怪、妄自尊大的人,叫作"辽东豕";见识短浅、眼界太窄的人,好比"井底蛙"。

父亲不好而儿子优秀,称作"犁牛之子";父亲谦称自己的儿子笨拙,说是"豚犬之儿"。

在人群中过于出众,一眼就能分辨,如同"鹤立鸡群";明明不是配偶,却非要搞在一起,好比"雄求牡匹"。

"天上石麟",用来夸奖小儿出类拔萃;"人中骐骥",用来比喻君子超凡出世。

怡堂燕雀，不知后灾^①；瓮里醯鸡，安有广见^②？

马牛襟裾，骂人不识礼仪^③；沐猴而冠^④，笑人见不恢弘^⑤。

羊质虎皮^⑥，讥其有文无实；守株待兔^⑦，言其守拙无能。

恶人如虎生翼，势必择人而食^⑧；志士如鹰在笼，自是凌霄有志^⑨。

鲋鱼困涸辙，难待西江水，比人之甚窘^⑩；蛟龙得云雨，终非池中物，比人有大为^⑪。

执牛耳，为人主盟^⑫；附骥尾^⑬，望人引带。

鸿雁哀鸣，比小民之失所^⑭；狡兔三穴^⑮，诮贪人之巧营^⑯。

风马牛，势不相及^⑰；常山蛇，首尾相应^⑱。

【注释】

①怡（yí）堂燕雀，不知后灾：语本《吕氏春秋·有始览·谕大》："季子曰：'燕雀争善处于一屋之下，子母相哺也，姁姁焉相乐也，自以为安矣。灶突决，则火上焚栋，燕雀颜色不变，是何也？乃不知祸之将及己也。'"《吕氏春秋·务大》亦载斯语，而云"孔子曰"。又，《孔丛子·论势》："秦兵攻赵，魏大夫以为于魏便。子顺曰：'何谓？'曰：'胜赵，则吾因而服焉。不胜赵，则可承弊而击之。'子顺曰：'不然。秦自孝公以来，战未尝屈。今皆良将，何弊之承？'大夫曰：'纵其胜赵，于我何损？邻之不修，国之福也。'子顺曰：'秦，贪暴之国也。胜赵，必复他求。吾恐于时受其师也。先人有言："燕雀处屋，子母相哺，煦煦然其相乐也，自以为安矣。灶突炎上，栋宇将焚，燕雀颜不变，不知祸之将及己也。"今子不悟赵破患将及己，可以人而同于燕雀乎！'"燕雀在屋堂之上筑巢安居，自以为安全，却不知房屋失火，自己也会被波及。比喻缺乏远见，不能预料即将发生的危险。怡，舒适安乐。

②瓮（wèng）里醯（xī）鸡，安有广见：语本《庄子·田子方》："孔子见老聃，……孔子出，以告颜回曰：'丘之于道也，其犹醯鸡与！微夫子之发吾覆也，吾不知天地之大全也。'"晋·郭象注："醯鸡者，瓮中之蠛蠓。"唐·成玄英疏："醯鸡，醋瓮中之蠛蠓，每遭物盖瓮头，故不见二仪也。亦犹仲尼遭圣迹蔽覆，不见事理，若无老子为发覆盖，则终身不知天地之大全，虚通之妙道也。"后遂以"瓮里醯鸡"比喻见识浅陋的人。醯鸡，即蠛蠓，一种群聚的微小飞虫。古人以为是酒醋上的白霉所变。《列子·天瑞》："醯鸡生乎酒。"

③马牛襟裾（jīn jū），骂人不识礼仪：语本唐·韩愈《符读书城南》诗："人不通古今，马牛而襟裾。行身陷不义，况望多名誉。"本是韩愈训诫其子韩符读书之言。马牛襟裾，牛马穿着人的衣服。讥人不明道理、不识礼仪。衣前幅为"襟"，后幅为"裾"，"襟裾"泛指衣服。

④沐猴而冠（guàn）：语本《史记·项羽本纪》："人或说项王曰：'关中阻山河四塞，地肥饶，可都以霸。'项王见秦宫室皆以烧残破，又心怀思欲东归，曰：'富贵不归故乡，如衣绣夜行，谁知之者！'说者曰：'人言楚人沐猴而冠耳，果然。'项王闻之，烹说者。"南朝宋·裴骃集解引三国魏·张晏曰："沐猴，狝猴也。"狝猴戴着人的帽子，比喻徒具外表，却无法掩盖本质。常用来讽刺依附权势、窃据名位之人。沐猴，即狝猴。

⑤恢弘：博大，宽宏。

⑥羊质虎皮：语本西汉·扬雄《法言·吾子》："或曰：'有人焉自云姓孔而字仲尼，入其门，升其堂，伏其几，袭其裳，则可谓仲尼乎？'曰：'其文是也，其质非也。''敢问质。'曰：'羊质而虎皮，见草而说，见豺而战，忘其皮之虎矣。'"晋·李轨注："羊假虎皮，见豺则战；人假伪名，考实则穷。"羊披着虎皮，仍然是羊，比喻徒有其表，而无其实。

⑦守株待兔：语本《韩非子·五蠹》："宋人有耕田者，田中有株，兔走，触柱折颈而死，因释其耒而守株，冀复得兔，兔不可复得，而身为宋国笑。今欲以先王之政，治当世之民，皆守株之类也。"后因以"守株待兔"比喻死守狭隘经验，不知变通。

⑧恶人如虎生翼，势必择人而食：语本《逸周书·寤敬》："监戒善败，护守勿失。无（为）虎傅翼，将飞入宫，择人而食。"清·朱右曾校释："为虎傅翼，喻助凶暴。'为'字旧脱。"《韩非子·难势》："故《周书》曰：'毋为虎傅翼，将飞入邑，择人而食之。'夫乘不肖人于势，是为虎傅翼也。"老虎一旦添上翅膀，就会飞到城里吃人。

⑨志士如鹰在笼，自是凌霄有志：语本《晋书·慕容垂载记》："坚至渑池，垂请至邺展拜陵墓，因张国威刑，以安戎狄。坚许之，权翼谏曰：'垂爪牙名将，所谓今之韩、白，世豪东夏，志不为人用。顷以避祸归诚，非慕德而至，列土干城未可以满其志，冠军之号岂足以称其心！且垂犹鹰也，饥则附人，饱便高飏，遇风尘之会，必有陵霄之志。惟宜急其羁绁，不可任其所欲。'"十六国时期，权翼劝谏苻坚不要放走慕容垂，说慕容垂好比鹰，饿的时候依附人，饱了就会高飞，只要遇到机会，一定会展现凌霄之志。《太平御览》卷一百二十五引北魏·崔鸿《十六国春秋·后燕录》，亦载权翼谏苻坚之语，或即《晋书》所本。凌霄，或作"陵霄"。直上云霄，形容飞得极高。《淮南子·原道训》："乘云陵霄，与造化者俱。"

⑩"鲋（fù）鱼困涸辙（hé zhé）"三句：语本《庄子·外物》。见前《贫富》篇"甦涸鲋，乃济人之急"条注。

⑪"蛟龙得云雨"三句：语本《三国志·吴书·周瑜传》："权拜瑜偏将军，领南郡太守。以下隽、汉昌、刘阳、州陵为奉邑，屯据江陵。刘备以左将军领荆州牧，治公安。备诣京见权，瑜上疏曰：'刘备以枭雄之姿，而有关羽、张飞熊虎之将，必非久屈为人用者。愚谓大计宜徙备置吴，盛为筑宫室，多其美女玩好，以娱其耳目，分此

二人，各置一方，使如瑜者得挟与攻战，大事可定也。今猥割土地以资业之，聚此三人，俱在疆场，恐蛟龙得云雨，终非池中物也。'权以曹公在北方，当广揽英雄，又恐备难卒制，故不纳。"三国时期，赤壁之战后，周瑜上疏劝说孙权将刘备留在东吴，不要让刘、关、张三人聚在一起。说让他们三人聚在一起，只怕一有机会，就会大有作为，好比蛟龙终究不是养在水池中的宠物，得云雨之助，必将腾飞。有大为，即有很大的作为。

⑫执牛耳，为人主盟：语本《左传·哀公十七年》："公会齐侯，盟于蒙，孟武伯相。齐侯稽首，公拜。齐人怒，武伯曰：'非天子，寡君无所稽首。'武伯问于高柴曰：'诸侯盟，谁执牛耳?'季羔曰：'鄫衍之役，吴公子姑曹。发阳之役，卫石魋。'武伯曰：'然则彘也。'"晋·杜预注："执牛耳，尸盟者。"执牛耳，指主持盟会的人。古代诸侯会盟时割下牛耳，主盟者持盘捧牛耳，参与者以血涂口（歃血），以示诚信不渝。《周礼·天官·玉府》："若合诸侯，则共珠槃玉敦。"东汉·郑玄注："合诸侯者，必割牛耳，取其血，歃之以盟。珠槃以盛牛耳，尸盟者执之。"

⑬附骥（jì）尾：语出《史记·伯夷列传》："颜渊虽笃学，附骥尾而行益显。"骥，即马。蚊蝇附在马的尾巴上，可以远行千里，比喻依附先辈或名人而成名。唐·司马贞索隐："苍蝇附骥尾而致千里，以譬颜回因孔子而名彰也。"

⑭鸿雁哀鸣，比小民之失所：语本《诗经·小雅·鸿雁》："鸿雁于飞，哀鸣嗷嗷。"毛传："未得所安集，则嗷嗷。"朱子集传："比也。流民以鸿雁哀鸣自比，而作此歌也。"后遂以"鸿雁哀鸣"比喻流离失所。

⑮狡（jiǎo）兔三穴：同"狡兔三窟"。语本《战国策·齐策四》："冯谖曰：'狡兔有三窟，仅得免其死耳。今君有一窟，未得高枕而卧也。请为君复凿二窟。'"狡猾的兔子有三处巢穴，后以"狡兔三

窟"（或"狡兔三穴"）喻藏身处多，便于避祸。

⑯诮（qiào）：讥诮。

⑰风马牛，势不相及：语本《左传·僖公四年》："齐侯以诸侯之师侵蔡。蔡溃。遂伐楚。楚子使与师言曰：'君处北海，寡人处南海，唯是风马牛不相及也。不虞君之涉吾地也，何故？'"唐·孔颖达疏："服虔云：'风，放也。牝牡相诱谓之"风"。'《尚书》称：'马牛其风。'此言'风马牛'，谓马牛风逸，牝牡相诱，盖是末界之微事，言此事不相及，故以取喻不相干也。"兽类牝牡相诱为风，马、牛不可匹配，因此说"不相及"。一说，风为放逸，是走失之意，形容齐、楚两地相隔遥远，马牛互不越境。后来用以比喻彼此毫不相干。

⑱常山蛇，首尾相应：语本《孙子兵法·九地》："故善用兵者，譬如率然。率然者，常山之蛇也。击其首则尾至，击其尾则首至，击其中则首尾俱至。"常山蛇，传说中一种能首尾互相救应的蛇，故用以形容排兵布阵能首尾相顾，并被兵家用作阵法名。《晋书·桓温传》："初，诸葛亮造八阵图于鱼复平沙之上，垒石为八行，行相去二丈。温见之，谓'此常山蛇势也'。"

【译文】

"怡堂燕雀"，比喻缺乏远见的人，不知灾难将临；"瓮里醯鸡"，比喻见识浅陋的人，怎能有广阔见闻？

牛马穿人衣，是骂人不懂礼仪；猕猴戴帽子，是笑人见识短浅。

本质是羊却披上虎皮，讥讽人空有其名而无其实；守着木桩等撞死的兔子，嘲笑人蠢笨无能，死板不知变通。

恶人倘若有所倚仗，便像老虎长了翅膀，一定会吃人；志士即便不得势，也如雄鹰困在笼子里，肯定有一飞冲天的雄心壮志。

鲋鱼困在干涸的车辙中，难以等到西江水来救命，比喻人深陷窘境，急需援助；蛟龙一旦得到云雨，终究不是池中之物，比喻人一旦有机会，将大有作为。

　　"执牛耳",指主持会盟做老大;"附骥尾",比喻盼望有人提携引荐。

　　"鸿雁哀鸣",比喻老百姓流离失所;"狡兔三穴",讥诮贪婪者善于钻营。

　　"风马牛",比喻彼此毫不相干;"常山蛇",形容排兵布阵能首尾相顾。

　　百足之虫,死而不僵,以其扶之者众[1];千岁之龟,死而留甲,因其卜之则灵[2]。

　　大丈夫宁为鸡口,毋为牛后[3];士君子岂甘雌伏,定要雄飞[4]。

　　毋局促如辕下驹[5],毋委靡如牛马走[6]。

　　猩猩能言,不离走兽;鹦鹉能言,不离飞鸟[7]。

　　人惟有礼,庶可免相鼠之刺[8];若徒能言,夫何异禽兽之心[9]?

【注释】

[1]"百足之虫"三句:语本《三国志·魏书·武文世王公传》篇末"评曰:魏氏王公,既徒有国土之名,而无社稷之实,又禁防壅隔,同于囹圄。位号靡定,大小岁易。骨肉之恩乖,常棣之义废。为法之弊,一至于此乎!"南朝宋·裴松之注引《魏氏春秋》载宗室曹冏上书曰:"……夫泉竭则流涸,根朽则叶枯;枝繁者荫根,条落者本孤。故语曰'百足之虫,至死不僵',以扶之者众也。此言虽小,可以譬大。"曹魏抑制王公太过,宗室曹冏上书,冀望以"'百足之虫,至死不僵',以扶之者众也"之语打动朝廷,改变政策,扶植王公。《文选·论二》载曹冏《六代论》,即其上书核心内容。

百足之虫,马陆的别名。体长而稍扁,长寸余,由许多环节构成,各节有足一至二对。中断成两截,头、尾仍能各自行走。多用以比喻故国、旧家或势位富厚的人。

②"千岁之龟"三句:语本《庄子·秋水》:"庄子钓于濮水,楚王使大夫二人往先焉,曰:'愿以境内累矣!'庄子持竿不顾,曰:'吾闻楚有神龟,死已三千岁矣,王巾笥而藏之庙堂之上。此龟者,宁其死为留骨而贵乎? 宁其生而曳尾于涂中乎?'"唐·成玄英疏:"龟有神异,故刳之而卜,可以决吉凶也。盛之以笥,覆之以巾,藏之庙堂,用占国事,珍贵之也。"又,三国魏·曹植《神龟赋·序》:"龟号千岁。时有遗余龟者,数日而死,肌肉消尽,唯甲存焉。余感而赋之。"龟以长寿著称,相传以千岁之龟的龟甲占卜,格外灵验。《史记·龟策列传》:"神龟出于江水中,庐江郡常岁时生龟长尺二寸者二十枚输太卜官,太卜官因以吉日剔取其腹下甲。龟千岁乃满尺二寸。王者发军行将,必钻龟庙堂之上,以决吉凶。今高庙中有龟室,藏内以为神宝。"《初学记》卷三十引《柳氏龟经》曰:"龟一千二百岁,可卜天地之终始。"

③大丈夫宁为鸡口,毋(wú)为牛后:语本《战国策·韩策一》:"苏秦为楚合从说韩王曰:'……臣闻鄙语曰:"宁为鸡口,无为牛后。"今大王西面交臂而臣事秦,何以异于牛后乎? 夫以大王之贤,挟强韩之兵,而有牛后之名,臣窃为大王羞之。'"《史记·苏秦列传》亦载。唐·张守节正义:"鸡口虽小,犹进食;牛后虽大,乃出粪也。""宁为鸡口,无为牛后",意为宁做鸡嘴,不做牛肛门。鸡嘴虽小,是用来进食的;牛肛门再大,也只配拉屎。比喻小国独立,胜过做强国的附属。亦喻宁居小者之首,不为大者之后。

④士君子岂甘雌伏,定要雄飞:语本《东观汉记·赵温传》:"赵典兄子温,初为京兆郡丞,叹曰:'大丈夫生当雄飞,安能雌伏!'遂弃官而去,后官至三公。"又,《后汉书·赵典传(附赵温)》:"典兄子

谦,谦弟温,相继为三公。……温字子柔,初为京兆丞,叹曰:'大丈夫当雄飞,安能雌伏!'遂弃官去。"雌伏,以柔弱退藏的态度处世,亦喻屈居下位而无所作为。雄飞,奋发有为,展翅高飞。

⑤毋局促如辕(yuán)下驹(jū):语本《史记·魏其武安侯列传》:"魏其之东朝,盛推灌夫之善,言其醉饱得过,乃丞相以他事诬罪之。武安又盛毁灌夫所为横恣,罪逆不道。魏其度不可奈何,因言丞相短。武安曰:'天下幸而安乐无事,蚡得为肺腑,所好音乐狗马田宅。蚡所爱倡优巧匠之属,不如魏其、灌夫日夜招聚天下豪桀壮士与论议,腹诽而心谤,不仰视天而俯画地,辟倪两宫间,幸天下有变,而欲有大功。臣乃不知魏其等所为。'于是上问朝臣:'两人孰是?'御史大夫韩安国曰:'魏其言灌夫父死事,身荷戟驰入不测之吴军,身被数十创,名冠三军,此天下壮士,非有大恶,争杯酒,不足引他过以诛也。魏其言是也。丞相亦言灌夫通奸猾,侵细民,家累巨万,横恣颍川,凌轹宗室,侵犯骨肉,此所谓"枝大于本,胫大于股,不折必披",丞相言亦是。唯明主裁之。'主爵都尉汲黯是魏其。内史郑当时是魏其,后不敢坚对。余皆莫敢对。上怒内史曰:'公平生数言魏其、武安长短,今日廷论,局趣效辕下驹,吾并斩若属矣。'"汉武帝时,魏其侯窦婴与武安侯田蚡因灌夫交恶,互相攻讦。汉武帝问朝臣二人谁是谁非,内史郑当时先说窦婴对,后来不敢坚持。汉武帝大骂他像辕下驹一般局促拘束,顾虑重重,不敢发表意见。局促,形容受束缚而不得舒展。辕下驹,指车辕下尚未习惯驾车的幼马。亦比喻见世面少、器局不大之人。亦用以自谦。

⑥委靡(mǐ):精神不振作。牛马走:旧时自谦之辞。西汉·司马迁《报任少卿书》篇首曰:"太史公牛马走司马迁再拜言。"《文选·司马迁〈报任少卿书〉》唐·李善注:"太史公,迁父谈也。走,犹仆也。言己为太史公掌牛马之仆,自谦之辞也。"清·钱大昕《十驾

斋养新录·下走》："应劭曰：'下走，仆也。'……司马迁与任安书称'太史公牛马走'，'牛马走'即下走也，上称官名，下则自谦之词。或解为太史公之牛马走，则迁而凿矣。"李善认为"牛马走"意为"掌牛马之仆"，钱大昕认为"牛马走"相当于"下走"，虽有分歧，但同为自谦之辞。"牛马走"，亦可理解成像牛马一样卑贱劳碌的仆役。本篇似取此义。

⑦"猩猩能言"四句：语本《礼记·曲礼上》："鹦鹉能言，不离飞鸟。猩猩能言，不离禽兽。今人而无礼，虽能言，不亦禽兽之心乎？"鹦鹉和猩猩，能学人说话，但本质上还是禽兽，因为它们不懂礼。

⑧相（xiàng）鼠之刺：语本《诗经·鄘风·相鼠》："相鼠有皮，人而无仪！人而无仪，不死何为？相鼠有齿，人而无止！人而无止，不死何俟？相鼠有体，人而无礼，人而无礼！胡不遄死？"《诗》序谓："《相鼠》，刺无礼也。"古人常赋之以刺无礼。《左传·襄公二十七年》："叔孙与庆封食，不敬。为赋《相鼠》，亦不知也。"

⑨若徒能言，夫何异禽兽之心：语本《礼记·曲礼上》："鹦鹉能言，不离飞鸟。猩猩能言，不离禽兽。今人而无礼，虽能言，不亦禽兽之心乎？"

【译文】

"百足之虫，死而不僵"，是因为豪族帮扶之众甚多；"千岁之龟，死而留甲"，是因为这种龟甲用来占卜非常灵验。

大丈夫当独立自强，"宁为鸡口，毋为牛后"；君子当发奋有为，怎么可以屈居人下，定要展翅高飞。

不要拘谨局促如同刚驾车的小马；不要堕落萎靡如同像牛马一样为人驱使，终日辛苦，毫无主见。

猩猩虽能说话，终究还是走兽；鹦鹉虽能说话，毕竟仍是飞鸟。

人只有知书达理，才能免遭"相鼠有皮，人而无仪"的讥讽；如果仅仅只会说话，那他的心灵与禽兽又有何不同？

花木

【题解】

本篇35联,讲的都是和花草树木有关的成语典故。

植物非一,故有万卉之称①;谷种甚多,故有百谷之号②。

如茨如梁,谓禾稼之蕃③;惟夭惟乔,谓草木之茂④。

莲乃花中君子⑤,海棠花内神仙⑥。

国色天香,乃牡丹之富贵⑦;冰肌玉骨,乃梅萼之清奇⑧。

兰为王者之香⑨,菊同隐逸之士⑩。

竹称君子⑪,松号大夫⑫。

萱草可忘忧⑬,屈轶能指佞⑭。

【注释】

①万卉:极言其种类之多。泛指各种植物。唐·吴融《蔷薇》诗:
　　"万卉春风度,繁花夏景长。"卉,原为草的总称。《说文解字》:
　　"卉,草之总名也。"后亦泛指草木。

②百谷:谷类的总称。《尚书·舜典》:"帝曰:弃,黎民阻饥,汝后
　　稷,播时百谷。"《诗经·豳风·七月》:"亟其乘屋,其始播百
　　谷。""百谷",在先秦时期已是成词。"百",举成数而言,泛指谷
　　物种类繁多。后亦有坐实百种之论。如《初学记》卷二十七引
　　晋·杨泉《物理论》曰:"谷气胜元气,其人肥而不寿。养性之术,
　　常使谷气少,则病不生矣。粱者,黍稷之总名;稻者,溉种之总名;
　　菽者,众豆之总名。三谷各二十,种为六十,疏果之实助谷各二
　　十,凡为百谷,故《诗》曰'播厥百谷'者,谷种众种之大名也。"

③如茨(cí)如梁,谓禾稼之蕃(fán):语本《诗经·小雅·甫田》:

"曾孙之稼,如茨如梁。"毛传:"茨,积也。梁,车梁也。"郑笺:"茨,屋盖也。"孔疏:"曾孙成王所税得禾谷之稼,其积聚高大如屋茨,如车梁也。"朱子集传:"茨,屋盖,言其密比也。梁,车梁,言其穹隆也。"《诗经·小雅·甫田》篇形容收成之后,禾稼堆积,高大如屋顶、车梁。茨,盖屋所用的茅草。梁,车梁。蕃,繁茂丰收。

④惟夭惟乔,谓草木之茂:语本《尚书·禹贡》:"厥草惟夭,厥木惟乔。"西汉·孔安国传:"少长曰'夭';乔,高也。"惟,用在词头,起补足音节之作用,无实义。夭,草木茂盛的样子。乔,高耸之状。

⑤莲乃花中君子:语本宋·周敦颐《爱莲说》:"水陆草木之花,可爱者甚蕃。晋陶渊明独爱菊。自李唐来,世人甚爱牡丹。予独爱莲之出淤泥而不染,濯清涟而不妖,中通外直,不蔓不枝,香远益清,亭亭净植,可远观而不可亵玩焉。予谓菊,花之隐逸者也;牡丹,花之富贵者也;莲,花之君子者也。"周敦颐因莲花出淤泥而不染,品性高洁,誉为"花中君子"。

⑥海棠花内神仙:语本宋·陈思《海棠谱》卷上:"贾元靖耽著《百花谱》,以海棠为花中神仙。"唐·贾耽著《百花谱》以海棠为花中神仙之说,广见于宋代文献,如曾慥《类说》卷七、潘自牧《记纂渊海》卷九十三、谢维新《古今合璧事类备要》卷二十九、阙名《锦绣万花谷》卷七。

⑦国色天香,乃牡丹之富贵:语本唐·李濬《松窗杂录》:"大和、开成中,有程修己者,以善画得进谒。修己始以孝廉召入籍,故上不甚以画者流视之。会春暮内殿赏牡丹花,上颇好诗,因问修己曰:'今京邑传唱牡丹花诗,谁为首出?'修己对曰:'臣尝闻公卿间多吟赏中书舍人李正封诗曰:"天香夜染衣,国色朝酣酒。"(一本作"国色朝酣酒,天香夜染衣。")'上闻之,嗟赏移时。"后遂以"国色天香"形容牡丹花,亦多用以形容女子之美。国色,原指极美的女子,姿容冠绝全国。《公羊传·僖公十年》:"骊姬者,国

色也。"东汉·何休注:"其颜色,一国之选。"天香,芳香的美称。极言其香,非人间所有。天,亦有天然之意。"天香",为古诗文习用语。北周·庾信《奉和同泰寺浮图》:"天香下桂殿,仙梵入伊筜。"

⑧冰肌玉骨,乃梅萼(è)之清奇:语本唐·冯贽《云仙杂记》卷二引《桂林志》曰:"袁丰居宅后有六株梅,开时为邻屋烟气所烁。屋乃贫人所寄,丰即涂泥塞灶,张幕蔽风,久之拆去其屋。叹曰:'烟姿玉骨,世外佳人,但恨无倾城笑耳。即使妓秋蟾出比之,乃云可与比驱争先。然脂粉之徒,正当在后。'"袁丰评梅之语,颇见于宋代文献,如潘自牧《记纂渊海》卷九十三、阙名《锦绣万花谷·后集》卷三十八、孔传《白孔六帖》卷九十九。以上三书所引袁丰之语,皆作"冰姿玉骨",出处皆注明为《桂林志》。宋·苏轼《西江月·梅花》词云:"玉骨那愁瘴雾,冰姿自有仙风",当据袁丰语典。冰肌玉骨,语典出自后蜀孟昶。其《避暑摩诃池上作》(一作《木兰花》)篇首云:"冰肌玉骨清无汗,水殿风来暗香暖(一作"满")。"《洞仙歌》篇首云:"冰肌玉骨,自清凉无汗。"苏轼《洞仙歌》"冰肌玉骨,自清凉无汗。水殿风来暗香满",实即檃括孟昶作。"冰肌玉骨",孟昶本用以形容人;宋人诗文,则不独形容人,亦形容梅花及其他花卉之美。宋·毛滂《蔡天逸以诗寄梅诗至梅不至》诗:"冰肌玉骨终安在,赖有清诗为写真。""冰肌"语典,出自《庄子·逍遥游》:"藐姑射之山,有神人居焉,肌肤若冰雪,淖约若处子。"梅萼,也写作"梅蕚",指梅花的花骨朵。亦可指梅花。宋·欧阳修《玉楼春·题上林后亭》:"池塘隐隐惊雷晓,柳眼未开梅蕚小。"

⑨兰为王者之香:语本东汉·蔡邕《琴操》:"《猗兰操》者,孔子所作也。孔子聘诸侯,诸侯莫能任,自卫返鲁,过隐谷之中,见芗兰独茂,喟然叹曰:'夫兰当为王者香,今乃独茂,与众草为伍,譬犹贤

者不逢时,与鄙夫为伦也。'乃止车,援琴鼓之。"后因称兰花为
"王者香"。传世本《琴操》是否蔡邕原作,或有争议;然《琴操》
述《猗兰操》乃孔子作,以兰为王者香,流传甚广。《艺文类聚》卷
八十一引之。唐·韩愈《琴操十首·其二·猗兰操》(一作《琴
曲歌辞·猗兰操》)序云:"一曰《幽兰操》,孔子伤不逢时作。"

⑩菊同隐逸之士:语本宋·周敦颐《爱莲说》,见本篇"莲乃花中君
子"条注。

⑪竹称君子:语本明·王阳明《君子亭记》:"阳明子既为何陋轩,复
因轩之前荣,驾楹为亭,环植以竹,而名之曰'君子'。曰:'竹有
君子之道四焉:中虚而静,通而有间,有君子之德。外节而直,贯
四时而柯叶无所改,有君子之操。应蛰而出,遇伏而隐,雨雪晦
明,无所不宜,有君子之时。清风时至,玉声珊然,中《采齐》而协
《肆夏》,揖逊俯仰,若洙泗群贤之交集;风止籁静,挺然特立,不
挠不屈,若虞廷群后,端冕正笏而列于堂陛之侧,有君子之容。竹
有是四者,而以"君子"名,不愧于其名。吾亭有竹焉,而因以竹
名,名不愧于吾亭。'"

⑫松号大夫:语本《史记·秦始皇本纪》:"二十八年,始皇东行郡
县,上邹峄山。立石,与鲁诸儒生议,刻石颂秦德,议封禅望祭山
川之事。乃遂上泰山,立石,封,祠祀。下,风雨暴至,休于树下,
因封其树为五大夫。"《太平御览》卷九百五十三引东汉·应劭
《汉官仪》:"秦始皇上封泰山,逢疾风暴雨,赖得松树,因覆其下,封
为大夫松。"秦始皇封禅泰山,曾避风雨于松树之下,于是封其爵
位为"五大夫"。五大夫,乃爵位名。是秦汉二十等爵的第九级。

⑬萱(xuān)草可忘忧:语本《诗经·卫风·伯兮》:"焉得谖草?言
树之背。"毛传:"谖草令人善忘。"朱子集传:"谖,忘也。谖草,
合欢,食之令人忘忧者。"萱草,植物名。俗称"金针菜""黄花
菜"。古人认为萱草可使人忘忧,因此又称"忘忧草"。"萱草"之

"萱",乃"谖"之通假。《尔雅·释训》:"萲、谖,忘也。"

⑭屈轶(yì)能指佞(nìng):语本东汉·王充《论衡·是应》:"儒者又言:太平之时,屈轶生于庭之末,若草之状,主指佞人,佞人入朝,屈轶庭末以指之,圣王则知佞人所在。"晋·张华《博物志》卷三:"尧时有屈轶草,生于庭,佞人入朝,则屈而指之,又名指佞草。"又,《文选·王元长〈三月三日曲水诗序〉》:"天瑞降,地符升,泽马来,器车出,紫脱华,朱英秀,佞枝植,历草孳。"唐·李善注引《田俅子》曰:"黄帝时有草生于帝庭阶,若佞臣入朝,则草指之,名曰'屈轶',是以佞人不敢进也。"屈轶,亦称"屈草"。是古代传说中的一种草。据说能指识佞人,故又名"指佞草"。佞,佞人,指花言巧语、阿谀奉承的人。

【译文】

植物种类众多,不止一类,因而有"万卉"的名称;谷物品种繁多,因而有"百谷"的说法。

"如茨如梁",形容庄稼繁茂;"惟夭惟乔",形容草木茂盛。

莲花是"花中君子",海棠号称"花内神仙"。

"国色天香",形容牡丹花开富贵;"冰肌玉骨",形容梅花芬芳清奇。

兰花号称"王者之香",菊花被誉为"隐逸之士"。

竹被誉为君子,松有"五大夫"封号。

萱草能让人忘忧,屈轶草能在朝廷指出佞臣。

箛箿①,竹之别号;木樨②,桂之别名。

明日黄花,过时之物③;岁寒松柏,有节之称④。

樗栎乃无用之散材⑤,梗楠胜大任之良木⑥。

玉版⑦,笋之异号;蹲鸱⑧,芋之别名。

瓜田李下,事避嫌疑⑨;秋菊春桃,时来迟早⑩。

南枝先，北枝后，庾岭之梅⑪；朔而生，望而落，尧阶蓂荚⑫。

苾刍背阴向阳，比僧人之有德⑬；木槿朝开暮落，比荣华之不长⑭。

【注释】

① 筼筜（yún dāng）：一种皮薄、节长而竿高的竹子。东汉·杨孚《异物志》："筼筜生水边，长数丈，围一尺五六寸，一节相去六七尺，或相去一丈，庐陵界有之。"晋·戴凯之《竹谱》："筼筜竹最大，大者中甑，笋亦中射筒，薄肌而最长，节中贮箭，因以为名。"亦用作竹的别名。宋·陆游《农事休小葺东园十韵》："霜霰筼筜碧，风烟薜荔苍。"

② 木樨（xī）：也作"木犀"。开花有浓郁的香味，通称"桂花"。明·李时珍《本草纲目·箘桂》："今人所栽岩桂，亦是箘桂之类而稍异。其叶不似柿叶，亦有锯齿如枇杷叶而粗涩者，有无锯齿如栀子叶而光洁者，丛生岩岭间谓之'岩桂'，俗呼为'木犀'。其花有白者名'银桂'，黄者名'金桂'，红者名'丹桂'，有秋花者、春花者、四季花者、逐月花者。"现代植物学有木犀科，所属植物包括桂花、丁香等。

③ 明日黄花，过时之物：明日黄花，指重九过后第二天的菊花。古人多在重阳节赏菊，"明日黄花"寓迟暮不遇之意。后用以比喻过时的事物。宋·苏轼《九日次韵王巩》诗："相逢不用忙归去，明日黄花蝶也愁。"宋·罗大经《鹤林玉露》卷十三："徐渊子九日诗云：'衰容不似秋容好，坐上谁怜老孟嘉？牢裹乌纱莫吹却，免教白发见黄花。'时一朝士和云：'呼儿为我整乌纱，不是无心学孟嘉。要摘金英满头插，明朝还是过时花。'二诗兴致皆佳，未易优劣。"明日，指重阳节后一日。黄花，指菊花。

④岁寒松柏，有节之称：语本《论语·子罕》："子曰：'岁寒，然后知松柏之后凋也。'"三国魏·何晏集解："大寒之岁，众木皆死，然后知松柏小凋伤，平岁则众木亦有不死者，故须岁寒而后别之。喻凡人处治世亦能自修整，与君子同在浊世，然后知君子之正不苟容。"宋·朱熹集注引宋·谢良佐曰："士穷见节义，世乱识忠臣。欲学者必周于德。"松柏为常绿乔木，不会像落叶乔木一样在冬天显得凋敝，比喻君子有节义，不随时世转变。

⑤樗（chū）栎（lì）乃无用之散材：语本《庄子·逍遥游》："吾有大树，人谓之'樗'。其大本拥肿而不中绳墨，其小枝卷曲而不中规矩。立之涂，匠者不顾。"暨《庄子·人间世》："匠石之齐，至于曲辕，见栎社树。其大蔽数千牛，絜之百围，其高临山十仞而后有枝，其可以为舟者旁十数。观者如市，匠伯不顾，遂行不辍。弟子厌观之，走及匠石，曰：'自吾执斧斤以随夫子，未尝见材如此其美也。先生不肯视，行不辍，何邪？'曰：'已矣，勿言之矣！散木也。以为舟则沉，以为棺椁则速腐，以为器则速毁，以为门户则液樠，以为柱则蠹。是不材之木也，无所可用，故能若是之寿。'""樗"即臭椿，木材粗硬；"栎"为麻栎，木理斜曲。古人多以这两种木材烧火，称为"不材之木"。散材，无用的木头。比喻不为世间所用之人。

⑥梗（pián）楠胜大任之良木：语本《初学记》卷三十引《任子》曰："凤为羽族之美，麟为毛类之俊，龟龙为介虫之长，梗楠为众材之最。是物之贵也。"《太平御览》卷九百十五亦引之。梗楠，黄梗木与楠木，都是粗大的树木，质地坚密，是上品建材。《墨子·公输》："荆有长松、文梓、梗楠（同"楠"）、豫章。"《淮南子·齐俗训》："伐梗楠豫章而剖梨之，或为棺椁，或为柱梁。"

⑦玉版：也作"玉板"，笋的别名。本是宋代苏轼的玩笑之语，事见宋·惠洪《冷斋夜话·东坡作偈戏慈云长老》："（苏轼）尝要刘

器之同参玉版和尚，……至廉泉寺烧笋而食，器之觉笋味胜，问此笋何名，东坡曰：'即玉版也。此老师善说法，要能令人得禅悦之味。'于是器之乃悟其戏。"宋·陆游《村舍小酌》诗："玉版烹雪笋，金苞擘双柑。"

⑧蹲鸱（chī）：即芋芳，植物名。地下块茎肥大可食用，形似蹲伏的鸱鸟，因而得名。《史记·项羽本纪》："今岁饥民贫，士卒食芋菽。"唐·司马贞索隐："芋，蹲鸱也。"《史记·货殖列传》："吾闻汶山之下，沃野，下有蹲鸱，至死不饥。"唐·张守节正义："蹲鸱，芋也。"晋·左思《蜀都赋》："坰野草昧，林麓黝倏，交让所植，蹲鸱所伏。"晋·刘逵注："蹲鸱，大芋也。"

⑨瓜田李下，事避嫌疑：语本古乐府诗《君子行》："君子防未然，不处嫌疑间。瓜田不纳履，李下不正冠。嫂叔不亲授，长幼不比肩。劳谦得其柄，和光甚独难。周公下白屋，吐哺不及餐。一沐三握发，后世称圣贤。"此诗，或云曹植所作。瓜田李下，比喻容易招致怀疑、需要避嫌的地方。因在瓜田里弯腰提鞋、李树下举手扶正帽子，有被怀疑偷瓜摘李的可能。晋·干宝《搜神记》卷十五："惧获瓜田李下之讥。"《北齐书·袁聿修传》："瓜田李下，古人所慎。"

⑩秋菊春桃，时来迟早：语本《珞琭子三命指迷赋》"月凶衰兮早岁寒儒，胎贵旺兮生于世胄"句下注："月建凶衰者，不遇时也。桃花三月放，菊花九月开。两花皆秀发，各要待时来。然虽有镃基，不如待时。故主早岁寒儒，桑榆晚景得时荣发矣。"桃花春天开放，菊花秋季盛开，开放各有时节，比喻人生际遇不同，发达或早或晚，各有定数。此句当为相士算命习用语。

⑪"南枝先"三句：语本唐·白居易《白氏六帖》卷九十九："大庾岭上梅，南枝落，北枝开。"大庾岭南北温差较大，岭南梅花败了，岭北的梅花才开。庾（yǔ）岭，即大庾岭，在今江西大余南。岭上多

植梅树,因此又名"梅岭"。

⑫ "朔而生"三句:语本《竹书纪年·帝尧陶唐氏》:"有草夹阶而生,月朔始生一荚,月半而生十五荚;十六日以后,日落一荚,及晦而尽;月小,则一荚焦而不落。名曰'蓂荚',一曰'历荚'。"又,《论衡·是应》:"儒者又言:古者蓂荚夹阶而生,月朔日一荚生,至十五日而十五荚;于十六日,日一荚落,至月晦,荚尽,来月朔,一荚复生。王者南面视荚生落,则知日数多少,不须烦扰案日历以知之也。"蓂荚(míng jiá),相传帝尧时,阶边生长的一种名为"蓂荚"的瑞草,上半月每天长出一荚,下半月每天落下一荚,可以占定时日,故一名"历荚"。

⑬ 苾刍(bì chú)背阴向阳,比僧人之有德:语本宋·释道诚《释氏要览》卷上"苾刍"条:"梵语也,是西天草名。具五德,故将喻出家人。古师云:'苾刍所以不译者,盖含五义故:一者体性柔软,喻出家人能折伏身语粗犷故。二引蔓旁布,喻出家人传法度人,连延不绝故。三馨香远闻,喻出家人戒德芬馥,为众所闻。四能疗疼痛,喻出家人能断烦恼毒害故。五不背日光,喻出家人常向佛日故。'"苾刍,本西域草名。梵语中用以称呼出家的僧侣。唐·玄奘《大唐西域记·僧诃补罗国》:"大者谓'苾刍',小者称'沙弥'。"宋·朱胜非《绀珠集》卷十一:《尊胜经》号僧曰'苾刍',比物本草,有五义:一,生不背日;二,冬夏常青;三,体性柔软;四,香气远胜;五,引蔓傍布。为佛之徒弟理亦宜然,故以为之名也。"

⑭ 木槿(jǐn)朝开暮落,比荣华之不长:木槿,亦作"木堇"。落叶灌木或小乔木。叶卵形,互生;夏秋开花,花钟形,单生,有白、红、紫等色,朝开暮落。栽培供观赏兼作绿篱。树皮和花可入药,茎的纤维可造纸。《礼记·月令》"仲夏之月……木堇荣。"东汉·郑玄注:"堇,音谨,一名舜华。"《吕氏春秋·仲夏纪》:"仲夏之月……木堇荣。"东汉·高诱注:"木堇,朝荣暮落。是月,荣华

可用。"《淮南子·时则训》:"仲夏之月……木堇荣。"东汉·高诱注:"木堇,朝荣暮落,树高五六尺,其叶与安石榴相似也。"《艺文类聚》卷八十九引晋·潘尼《朝菌赋》序曰:"朝菌者,盖朝华而暮落,世谓之'木槿',或谓之'日及',诗人以为'舜华',宣尼以为'朝菌',其物向晨而结,逮明而布,见阳而盛,终日而殒,不以其异乎,何名之多也。"

【译文】

"筼筜",是竹子的别号;"木樨",是桂花的别名。

"明日黄花",比喻过时的东西;"岁寒松柏",形容有节操的人。

"樗栎",指没啥用的杂木;"楩楠",指能派上大用场的栋梁之材。

"玉版",是笋的别称;"蹲鸱",是芋的别名。

"瓜田李下",比喻做事要避开嫌疑;"秋菊春桃",形容时机各有早晚。

大庾岭的梅树,南枝先开花,北枝后开花;帝尧阶下的蓂荚,上半月每天长一荚,下半月每天落一荚。

苾刍草背阴向阳,好比有道高僧心向光明;木槿花朝开暮落,如同荣华富贵不能长久。

芒刺在背①,言恐惧不安;薰莸异器,犹贤否有别②。

桃李不言,下自成蹊③;道旁苦李,为人所弃④。

老人娶少妇,曰枯杨生稊⑤;国家进多贤,曰拔茅连茹⑥。

蒲柳之姿,未秋先槁⑦;姜桂之性,愈老愈辛⑧。

王者之兵,势如破竹⑨;七雄之国,地若瓜分⑩。

苻坚望阵,疑草木皆是晋兵⑪;索靖知亡,叹铜驼会在荆棘⑫。

【注释】

①芒刺在背：语本《汉书·霍光传》："宣帝始立，谒见高庙，大将军光从骖乘，上内严惮之，若有芒刺在背。"意为好像背上扎了草木的小刺一样，形容极度不安。

②薰（xūn）莸（yóu）异器，犹贤否（pǐ）有别：语本《孔子家语·致思》："回闻薰莸不同器而藏，尧、桀不共国而治，以其类异也。"薰莸，"薰"为香草，常比喻贤人；"莸"有恶臭，常比喻恶人。《左传·僖公四年》："一薰一莸，十年尚犹有臭。"晋·杜预注："薰，香草；莸，臭草。十年有臭，言善易消，恶难除。"后遂以"薰莸异器"喻善恶好坏不能共处。贤否，贤人和恶人。否，恶。

③桃李不言，下自成蹊（xī）：语本《史记·李将军列传》："太史公曰：'传曰："其身正，不令而行；其身不正，虽令不从。"其李将军之谓也？余睹李将军悛悛如鄙人，口不能道辞。及死之日，天下知与不知，皆为尽哀。彼其忠实心诚信于士大夫也？谚曰"桃李不言，下自成蹊"，此言虽小，可以谕大也。'"唐·司马贞索隐："姚氏云：'桃李本不能言，但以华实感物，故人不期而往，其下自成蹊径也。'"桃树、李树虽然不会说话，但因为花朵美丽、果实甜美，树下自然会被人们踩出一条路来。古谚语"桃李不言，下自成蹊"，比喻实至名归，美德善行，自然而然地会被人了解、尊敬。蹊，小路。

④道旁苦李，为人所弃：语本《世说新语·雅量》："王戎七岁，尝与诸小儿游。看道边李树多子折枝，诸儿竞走取之，唯戎不动。人问之，答曰：'树在道边而多子，此必苦李。'取之，信然。"《晋书·王戎传》亦载。西晋名士王戎年幼时聪慧，看见路边李树上果实很多，就判断李子一定是苦的。

⑤老人娶少妇，曰枯杨生稊（tí）：语本《周易·大过卦》："九二，枯杨生稊，老夫得其女妻。"三国魏·王弼注："稊者，杨之秀也。以

阳处阴,能过其本而救其弱者也。上无其应,心无持吝处过以此,无衰不济也。故能令枯杨更生稊,老夫更得少妻,拯弱兴衰,莫盛斯爻,故无不利也。"唐·孔颖达疏:"故衰者更盛,犹若枯槁之杨,更生少壮之稊;枯老之夫,得其少女为妻也。"枯杨生稊,枯老的杨树复生嫩芽,比喻老夫娶少妻。稊,通"荑(tí)",指杨柳新长出的嫩芽。

⑥拔茅连茹(rú):语本《周易·泰卦》:"初九,拔茅茹,以其汇。征吉。"三国魏·王弼注:"茅之为物,拔其根而相牵引者也。茹,相牵引之貌也。三阳同志,俱志在外,初为类首,已举则从,若茅茹也。上顺而应,不为违距,进皆得志,故以其类征吉。"朱子本义:"三阳在下,相连而进拔茅连茹之象。"拔茅草,其纠缠牵扯的根部也被拔起。比喻递相推荐引进人才。《汉书·楚元王传》载西汉·刘向《条灾异封事》:"故贤人在上位,则引其类而聚之于朝,《易》曰'飞龙在天,大人聚也';在下位,则思与其类俱进,《易》曰'拔茅茹,以其汇,征吉'。在上则引其类,在下则推其类,故汤用伊尹,不仁者远,而众贤至,类相致也。"茹,指茅草纠缠牵扯的根部。

⑦蒲柳之姿,未秋先槁(gǎo):语本《世说新语·言语》:"顾悦与简文同年,而发蚤白。简文曰:'卿何以先白?'对曰:'蒲柳之姿,望秋而落;松柏之质,经霜弥茂。'"蒲柳,水杨树。一入秋,叶子就凋零。故以"蒲柳之姿"比喻未老先衰;亦喻出身轻贱。

⑧姜桂之性,愈老愈辛:语本宋·李心传《建炎以来系年要录》卷一百五十四:"方议和之初,敦复力诋屈己之非。秦桧患其不附己,使腹心之人啖敦复以利,曰:'公若曲从,两地旦夕可至。'敦复曰:'吾终不以身计而误国家,况吾姜桂之性,到老愈辣,请勿复言!'桧卒不能屈。"南宋大臣晏敦复力拒屈己议和,秦桧派心腹以利游说敦复附己,被他严词拒绝。晏敦复说自己是"姜桂之

性,越老越辛辣",绝不可能违心附和秦桧。因李幼武《宋名臣言行录》别集下卷九载之,晏敦复之语流传深广。亦见载于《宋史》本传。姜桂,生姜和肉桂。西汉·刘向《新序·杂事五》:"夫姜桂因地而生,不因地而辛。"南朝梁·刘勰《文心雕龙·事类》:"夫姜桂同地,辛在本性。"后常以"姜桂"比喻人的本性刚直。

⑨势如破竹:语出《晋书·杜预传》:"时众军会议,或曰:'百年之寇,未可尽克。今向暑,水潦方降,疾疫将起,宜俟来冬,更为大举。'预曰:'昔乐毅藉济西一战以并强齐,今兵威已振,譬如破竹,数节之后,皆迎刃而解,无复着手处也。'遂指授群帅,径造秣陵。所过城邑,莫不束手。议者乃以书谢之。"后因以"势如破竹"比喻作战或工作节节胜利,毫无阻碍。

⑩瓜分:如同切瓜一样地分割或分配。常指分割国土。《战国策·赵策三》:"天下将因秦之怒,乘赵之敝而瓜分之。"

⑪苻(fú)坚望阵,疑草木皆是晋兵:语本《晋书·苻坚载记》:"坚与苻融登城而望王师,见部阵齐整,将士精锐,又北望八公山上草木,皆类人形,顾谓融曰:'此亦劲敌也,何谓少乎!'怃然有惧色。"前秦苻坚在淝水战败后,怀疑八公山上的一草一木都是东晋的兵卒。后因以"草木皆兵"形容惊恐万状,疑虑重重。苻坚,十六国时期前秦皇帝。见前《武职》篇"苻坚自夸将广"条注。

⑫索靖知亡,叹铜驼会在荆棘(jīng jí):语本《晋书·索靖传》:"靖有先识远量,知天下将乱,指洛阳宫门铜驼,叹曰:'会见汝在荆棘中耳!'"西晋索靖预判天下将会大乱,感慨道,宫门外的铜驼有朝一日将淹没在荆棘乱草之中。索靖(239—303),字幼安,西晋敦煌(今属甘肃)人。与乡人泛衷等俱入太学,称"敦煌五龙"。州辟别驾,郡举贤良方正。晋武帝擢为尚书郎。在尚书台积年,除雁门太守,迁鲁相,又拜酒泉太守。晋惠帝立,赐爵关内侯。有先识,知天下将乱,指洛阳宫门铜驼,叹曰"会见汝在荆棘中耳"。

赵王司马伦篡，以左卫将军讨孙秀有功，加散骑常侍，迁后将军。河间王司马颙攻洛阳，拜靖监洛城诸军事、游击将军。与战，被伤而卒。善书法，与卫瓘俱以草书知名，并称"二妙"。著有《草书状》等。铜驼，铜铸的骆驼。多置于宫门寝殿之前。晋·陆翙《邺中记》："二铜驼如马形，长一丈，高一丈，足如牛，尾长三尺，脊如马鞍，在中阳门外，夹道相向。"会，应当，将要。

【译文】

"芒刺在背"，形容人因内心恐惧而坐立不安；"薰莸异器"，比喻好坏贤恶有别。

桃树、李树虽然不会说话，但因为花朵美丽、果实甜美，树下自然会被人们踩出一条路来；路边的苦李树上果实很多，但因味道苦而被人厌弃。

老人娶年轻女子为妻，可以说"枯杨生稊"；国家选拔众多优秀人才，可以说"拔茅连茹"。

"蒲柳之姿"，比喻未老先衰；"姜桂之性"，形容越老越辣。

王者之师，克敌制胜，"势如破竹"；战国七雄，割据兼并，"瓜分"天下。

苻坚遥望战阵，怀疑八公山上的草木都是晋兵；索靖预知西晋败亡，感慨洛阳宫门外的铜驼将埋没在荆棘之中。

王祐知子必贵，手植三槐①；窦钧五子齐荣，人称五桂②。
铻麑触槐，不忍贼民之主③；越王尝蓼，必欲复吴之仇④。
修母画荻以教子，谁不称贤⑤；廉颇负荆以请罪，善能悔过⑥。
弥子瑕常恃宠，将余桃以啖君⑦；秦商鞅欲行令，使徙木以立信⑧。

王戎卖李钻核，不胜鄙吝^⑨；成王剪桐封弟，因无戏言^⑩。齐景公以二桃杀三士^⑪，杨再思谓莲花似六郎^⑫。

【注释】

①王祜（hù）知子必贵，手植三槐：语本宋·苏轼《三槐堂铭叙》："故兵部侍郎晋国王公显于汉、周之际，历事太祖、太宗，文武忠孝，天下望以为相，而公卒以直道不容于时。盖尝手植三槐于庭，曰：'吾子孙必有为三公者。'已而，其子魏国文正公相真宗皇帝于景德、祥符之间。"宋·邵伯温《邵氏闻见录》卷六："王晋公祜，事太祖为知制诰。……直贬护国军行军司马，华州安置，七年不召。……初，祜赴贬时，亲宾送于都门外，谓祜曰：'意公作王溥官职矣。'祜笑曰：'某不做，儿子二郎必做。'二郎者，文正公旦也，祜素知其必贵，手植三槐于庭曰：'吾子孙必有为三公者。'已而果然。天下谓之'三槐王氏'。"宋初，兵部侍郎王祜预言其子（王旦）将来贵为"三公"，专门在庭院栽种三棵槐树。王旦为宋代名相，王祜预言被有宋一代文人传为美谈，苏文、邵录之外，亦见载于司马光《涑水记闻》卷七、叶梦得《石林燕语》卷七、曾巩《隆平集》卷四、王偁《东都事略》卷四十、赵善璙《自警编》卷二、张镃《仕学规范》卷三十、朱熹《宋名臣言行录》前集卷三等宋代文献，不胜枚举。《宋史·王旦传》亦载。王祜（923—986），字景叔，五代、北宋之际大名府（今河北大名东北）人。历仕五代后汉、后周和北宋。宋太祖时，曾任知制诰，后被贬护国军行军司马。宋太宗以兵部侍郎召，未及见而卒。王祜被贬时，预言其子王旦必为"三公"，后王旦在宋真宗时果为宰相，有宋一代传为美谈。

②窦（dòu）钧五子齐荣，人称五桂：语本五代·冯道《赠窦十》诗："燕山窦十郎，教子以义方。灵椿一树老，丹桂五枝芳。"暨北宋·王信《题椿桂堂》诗："世言燕山窦十郎，一枝椿老五桂

芳。"宋·潘自牧《记纂渊海》卷二十二:"窦禹钧,范阳人。有阴德。事周,累官谏议大夫。五子皆登进士,时号为燕山五桂。"五代·窦禹钧教育有方,五子皆登进士,有宋一代传为美谈。《宋史·窦仪传》亦载冯道赠窦禹钧诗"灵椿一株老,丹桂五枝芳"之句。窦氏"五桂",宋代已作为语典使用。如,刘克庄《承奉郎林公墓志铭》云:"窦氏五桂义方力,王氏三槐由阴骘。"蔡戡《为赵氏题三桂堂》诗云:"郗氏一枝犹可贵,燕山五桂未能过。"陈傅良《挽林致贤提举》诗云:"一经韦氏学,五桂窦仪家。"无名氏《沁园春·贺生孙》词:"应不数,那窦家五桂,王氏三槐。"窦钧,即窦禹钧,五代时后周渔阳(今北京)人。以词学闻名。唐昭宗天祐末起家幽州掾,后周显德中官至右谏议大夫。持家克俭,乐善好施,高义笃行,家法为一时表式。尝建书院四十间,聚书数千卷,延名儒执教,并供给衣食。五子窦仪、窦俨、窦侃、窦偁、窦僖相继登科,时号"燕山窦氏五龙"。卒年八十有二。

③钼麑(chú ní)触槐,不忍贼民之主:语本《左传·宣公二年》:"宣子骤谏,公患之,使钼麑贼之。晨往,寝门辟矣,盛服将朝,尚早,坐而假寐。麑退,叹而言曰:'不忘恭敬,民之主也。贼民之主,不忠。弃君之命,不信。有一于此,不如死也。'触槐而死。"《国语·晋语》《史记·晋世家》亦载此事,文字有出入。晋灵公暴虐无道,执政赵盾数次劝谏,晋灵公不听,反而命勇士钼麑刺杀赵盾。钼麑凌晨前往行刺,看见赵盾身着盛服,准备上朝,因时间尚早,坐在那里闭目养神。钼麑感叹赵盾在家尚能不忘恭敬,是人民的好领导,不忍杀他,便自己撞槐树自杀而死。钼麑,或作"锄麑""锄之弥"。春秋时晋国勇士,受晋灵公之命刺杀赵盾,但不忍下手,撞槐树自尽。贼,伤害,杀害。

④越王尝蓼(liǎo),必欲复吴之仇:语本《吴越春秋·勾践归国外传》:"越王念复吴仇非一旦也,苦身劳心,夜以接日。目卧,则攻

之以蓼;足寒,则渍之以水。冬常抱冰,夏还握火。愁心苦志,悬胆于户,出入尝之,不绝于口。"春秋时越国被吴国打败,越王勾践为复国日夜辛劳,疲倦了就用辛辣和苦味来提神。越王,指勾践(?—前465),亦作"句践",春秋末期越国国君。其父允常为吴王阖闾所败。勾践即位与吴战,败吴师于檇李,吴王阖闾受伤,旋死。吴王夫差报仇,败越于夫椒。勾践以余部五千屯会稽,使文种因吴太宰伯嚭求和。后二年,使文种守国,与范蠡入臣于吴。返国后,苦身焦思,卧薪尝胆,用范蠡、文种等策,十年生聚,十年教训,转弱为强。勾践十五年,乘吴王夫差北上黄池与晋争霸,攻入吴都,迫吴求和。后终灭吴。继又北渡淮,会诸侯于徐州,贡于周,受方伯之命,成霸主。在位三十二年。蓼,蓼属植物的泛称。一年生或多年生草本植物,花小,白色或浅红色,生长在水边或水中。叶味辛,可用以调味。《说文解字》:"蓼,辛菜。"

⑤修母画荻(dí)以教子,谁不称贤:语本宋·苏辙《欧阳文忠公神道碑》:"妣郑氏追封韩国太夫人。公讳修,字永叔。生四岁而孤,韩国守节自誓,亲教公读书。家贫,至以荻画地学书。"北宋欧阳修四岁的时候死了父亲,因为家里穷,没钱买纸笔,母亲郑氏便用荻杆在地上写字教他。此事在宋代传为美谈,朱熹《宋名臣言行录》后集卷二即载之。《宋史·欧阳修传》亦载。荻,多年生草本植物,生在水边,叶子长形,似芦苇,秋天开紫花。明·李时珍《本草纲目·芦》:"芦有数种:其长丈许中空、皮薄、色白者,葭也,芦也,苇也。短小于苇而中空、皮厚、色青苍者,菼也,薍(wàn)也,荻也,萑(huán)也。其最短小而中实者,蒹也,薕(lián)也。"

⑥廉颇负荆以请罪,善能悔过:语本《史记·廉颇蔺相如列传》:"以相如功大,拜为上卿,位在廉颇之右。廉颇曰:'我为赵将,有攻城野战之大功,而蔺相如徒以口舌为劳,而位居我上,且相如素贱

人,吾羞,不忍为之下。'宣言曰:'我见相如,必辱之。'相如闻,不肯与会。相如每朝时,常称病,不欲与廉颇争列。已而相如出,望见廉颇,相如引车避匿。于是舍人相与谏曰:'臣所以去亲戚而事君者,徒慕君之高义也。今君与廉颇同列,廉君宣恶言而君畏匿之,恐惧殊甚,且庸人尚羞之,况于将相乎!臣等不肖,请辞去。'蔺相如固止之,曰:'公之视廉将军孰与秦王?'曰:'不若也。'相如曰:'夫以秦王之威,而相如廷叱之,辱其群臣,相如虽驽,独畏廉将军哉?顾吾念之,强秦之所以不敢加兵于赵者,徒以吾两人在也。今两虎共斗,其势不俱生。吾所以为此者,以先国家之急而后私仇也。'廉颇闻之,肉袒负荆,因宾客至蔺相如门谢罪。曰:'鄙贱之人,不知将军宽之至此也。'卒相与欢,为刎颈之交。"唐·司马贞索隐:"肉袒者,谓袒衣而露肉也。负荆者,荆,楚也,可以为鞭。"战国时,赵国名将廉颇嫉恨上卿蔺相如位在己上,讥讽蔺相如只有口舌之功,蔺相如却处处退让,说两虎相争,对国家没有好处。廉颇听说之后,便背着荆条前去请罪。后以"负荆请罪"为承认错误,向人赔礼道歉之典。负荆,背负荆条。指愿受杖责鞭挞。

⑦弥子瑕(xiá)常恃宠,将余桃以啖(dàn)君:语本《韩非子·说难》:"昔者弥子瑕见爱于卫君。卫国之法,窃驾君车者罪至刖。既而弥子之母病,人闻,往夜告之,弥子矫驾君车而出。君闻之而贤之曰:'孝哉,为母之故而犯刖罪!'与君游果园,弥子食桃而甘,不尽而奉君。君曰:'爱我哉,忘其口而念我!'及弥子色衰而爱弛,得罪于君。君曰:'是尝矫驾吾车,又尝食我以其余桃。'"弥子瑕,春秋时卫国人。卫灵公时大夫。有殊宠。母病,矫驾君车以出。按法当刖,而公以为孝。又尝从公游果园,以食余之桃啖君,公以为爱。及宠衰爱弛,前二事皆成罪状,被黜。啖,吃。

⑧秦商鞅(yāng)欲行令,使徙木以立信:语本《史记·商君列传》:

"令既具,未布,恐民之不信,已乃立三丈之木于国都市南门,募民有能徙置北门者予十金。民怪之,莫敢徙。复曰'能徙者予五十金'。有一人徙之,辄予五十金,以明不欺。卒下令。"商鞅变法之初,为取信于民,在都市南门立一根三丈长的大木头,说谁能搬到北门,赏赐十金,没人搬;赏金增到五十时,有人搬了,果然得赏五十金。"徙木",后用为取信于民之典。

⑨王戎卖李钻核,不胜鄙吝(lìn):语本《世说新语·俭啬》:"王戎有好李,卖之,恐人得其种,恒钻其核。"《晋书·王戎传》亦载。西晋王戎为人吝啬,他家产上好的李子,不愿别人得到种子,售卖时一律钻坏李核。王戎(234—305),字濬冲,西晋琅邪临沂(今山东临沂)人。王浑子。"竹林七贤"之一。善清言,不务政事。袭父爵,辟相国掾。历任河东太守、荆州刺史、豫州刺史。晋武帝咸宁五年(279)受诏伐吴。吴平,封安丰县侯。晋惠帝时,与贾氏联姻,为贾后所用,累迁司徒。孙秀为琅邪郡吏,求品于乡议,王戎劝从弟王衍品之,及孙秀得志,朝士有宿怨者皆被诛,而王戎、王衍得保全。在职无殊能,苟媚取容。性贪吝,广收田园,常昼夜算计。家有好李,出货,恐人得种,恒钻其核,为时人所讥。

⑩成王剪桐封弟,因无戏言:语本《吕氏春秋·审应览·重言》:"成王与唐叔虞燕居,援梧叶以为圭,而授唐叔虞曰:'余以此封女。'叔虞喜,以告周公。周公以请曰:'天子其封虞邪?'成王曰:'余一人与虞戏也。'周公对曰:'臣闻之,天子无戏言。天子言,则史书之,工诵之,士称之。'于是遂封叔虞于晋。"《史记·晋世家》《说苑·君道》亦载之,而《史记》云与成王言者为史佚。周成王和弟弟叔虞做游戏,将桐叶剪成圭状,说要分封弟弟。周公(一说史佚)以"天子无戏言"为由,促成之。

⑪齐景公以二桃杀三士:语本《晏子春秋·内篇谏下》:"公孙接、田开疆、古冶子事景公,以勇力搏虎闻。晏子过而趋,三子者不起。

晏子入见公曰:'臣闻明君之蓄勇力之士也,上有君臣之义,下有长率之伦,内可以禁暴,外可以威敌,上利其功,下服其勇,故尊其位,重其禄。今君之蓄勇力之士也,上无君臣之义,下无长率之伦,内不可以禁暴,外不可以威敌,此危国之器也,不若去之。'公曰:'三子者,搏之恐不得,刺之恐不中也。'晏子曰:'此皆力攻勍敌之人也,无长幼之礼。'因请公使人少馈之二桃,曰:'三子何不计功而食桃。'公孙接仰天而叹曰:'晏子,智人也。夫使公之计吾功者,不受桃,是无勇也。士众而桃寡,何不计功而食桃矣。接一搏特猏,再搏乳虎,若接之功,可以食桃,而无与人同矣。'援桃而起。田开疆曰:'吾仗兵而却三军者再,若开疆之功,亦可以食桃,而无与人同矣。'援桃而起。古冶子曰:'吾尝从君济于河,鼋衔左骖,以入砥柱之中流。当是时也,冶少不能游,潜行逆流百步,顺流九里,得鼋而杀之,左操骖尾,右挈鼋头,鹤跃而出,津人皆曰河伯也,视之则大鼋之首也。若冶之功,亦可以食桃,而无与人同矣,二子何不反桃?'抽剑而起。公孙接、田开疆曰:'吾勇不子若,功不子逮,取桃不让,是贪也,然而不死,无勇也。'皆反其桃,挈领而死。古冶子曰:'二子死之,冶独生之,不仁。耻人以言,而夸其声,不义。恨乎所行,不死,无勇。虽然,二子同桃而节,冶专桃而宜。'亦反其桃,挈领而死。"春秋时,齐相晏婴痛恨公孙接、田开疆、古冶子三位勇士无礼,请齐景公以二桃赐予三人,论功而食,结果三人弃桃而自杀。后因以"二桃杀三士"比喻施用阴谋杀人。齐景公(?—前490),春秋时齐国国君,姜姓,名杵臼。齐庄公异母弟。大夫崔杼杀庄公,立以为君。即位后,以崔杼为右相,庆封为左相。在位期间,大臣互相杀害,朝政昏乱。好治宫室,聚狗马,厚赋重刑,奢侈无度,百姓苦怨。后任晏婴为正卿,稍有抑敛。曾与鲁定公会于夹谷。在位五十八年。谥景。

⑫杨再思谓莲花似六郎:语本唐·刘肃《大唐新语·谀佞》"张易

之兄同休，尝请公卿宴于司礼寺，因请御史大夫杨再思曰：'公面似高丽，请作高丽舞。'再思欣然，帖纸旗巾子，反披紫袍，作高丽舞，略无惭色。再思又见易之弟昌宗以貌美被宠，因谀之曰：'人言六郎似莲花。再思以为不然，只是莲花似六郎耳。'有识咸笑之。"《旧唐书·杨再思传》："易之弟昌宗以姿貌见宠幸，再思又谀之曰：'人言六郎面似莲花；再思以为莲花似六郎，非六郎似莲花也。'其倾巧取媚也如此。"唐代大臣杨再思为人谄媚，张昌宗（行六，称"六郎"）受武则天宠爱，杨再思极力巴结他说："人家都说六郎面似莲花，依我看，不是六郎似莲花，是莲花似六郎呢！"杨再思（？—709），唐郑州原武（今河南原阳）人。少举明经。累历左右肃政台御史大夫。武周延载初，守鸾台侍郎、同凤阁鸾台平章事，寻迁内史。居宰相十余年，未尝有所荐达。为人巧佞邪媚，能得人主微旨，未尝忤物。唐中宗即位，拜户部尚书，转侍中，封郑国公。再迁中书令、吏部尚书、尚书右仆射。卒谥恭。六郎，指张昌宗（？—705），唐定州义丰（今河北安国）人。排行六。美姿容。由太平公主引荐入侍禁中，颇为武则天所宠信。宫中呼为"六郎"。累官春官侍郎，封邺国公。曾奉命与李峤、张说等二十六人撰《三教珠英》。武则天晚年，与兄易之专权，败坏政事。神龙元年（705），中宗复位，与易之俱为张柬之等所杀。

【译文】

王祐预知儿子定会贵为三公，亲手在庭院栽种三棵槐树；窦禹钧的五个儿子都高中进士，人们称之为"五桂"。

钽麑触槐自尽，不忍杀害人民的好领导赵盾；越王勾践用辛辣的蓼草熏眼提神，决心要灭吴报仇。

欧阳修的母亲"画荻教子"，谁不夸她贤惠；廉颇"负荆请罪"，是真能承认错误并勇于改正。

弥子瑕常恃宠而骄，将吃剩下的桃子给君主卫灵公吃；秦国商鞅为推行法令,曾悬赏搬走大木以建立威信。

王戎卖李子先钻破李核,太过吝啬小气;周成王戏剪桐叶而不得不分封唐叔虞,因为君无戏言。

齐景公听晏子之言,曾用两个桃杀了三个勇士;杨再思说:"不是六郎像莲花一样好看,是莲花像六郎一样好看啊!"

　　倒啖蔗,渐入佳境①;蒸哀梨,大失本真②。

　　煮豆燃萁,比兄残弟③;砍竹遮笋,弃旧怜新④。

　　元素致江陵之柑⑤,吴刚伐月中之桂⑥。

　　捐资济贫,当效尧夫之助麦⑦;以物申敬⑧,聊效野人之献芹⑨。

　　冒雨剪韭,郭林宗款友情殷⑩;踏雪寻梅,孟浩然自娱兴雅⑪。

【注释】

①倒啖(dàn)蔗(zhè),渐入佳境:见前《人事》篇"渐入佳境"条注。倒啖蔗,东晋画家顾恺之吃甘蔗时,总是从不甜的蔗尾开始吃,说这样是"渐入佳境"。宋·王之望《食橄榄有感》诗:"古人倒啖蔗,佳境贵渐取。"

②蒸哀梨,大失本真:语本《世说新语·轻诋》:"桓南郡每见人不快,辄嗔云:'君得哀家梨,当复不蒸食不?'"南朝梁·刘孝标注:"旧语:秣陵有哀仲家梨甚美,大如升,入口消释。言愚人不别味,得好梨,烝食之也。"哀仲家所产梨,个大味美,入口即融,有人不识货,却要蒸熟了吃,便失去了它本来的味道。

③煮豆燃萁(qí),比兄残弟:见前《兄弟》篇"煮豆燃萁"条注。

④砍竹遮笋,弃旧怜新:砍伐竹子,编篱遮护新笋。因笋是竹的嫩

芽,故用以比喻爱新弃旧。"砍竹""遮笋",均为古诗文习用语。李光明庄本作"破竹",据他本改。

⑤元素致江陵之柑:语本五代·尉迟偓《中朝故事》卷下:"宣皇朝有术士董元素自江南来,人言能役使鬼神。上闻之,召见。状貌甚异。帝谓左右曰:'斯人不可测也。'留于翰林中宿泊。夜召与语曰:'闻公颇有神术,今南中柑橘正熟,卿能致之否?'元素对曰:'此小事。请安一合于御榻前。'数刻间,有微风入幕,元素乃启其合,柑子满其中。奏曰:'此江陵枝江县柑子也。远处取,恐迟。'上尝之,甚惊叹。"宋代文献,陈景沂《全芳备祖集》后集卷三、谢维新《古今合璧事类备要》别集卷四十六皆载,云出自《异闻录》;《白孔六帖》卷九十九亦载,云出自《开元记》。唐宣宗时,术士董元素道法高明,曾在御榻前凭空变出江陵的柑橘。江陵之柑,江陵(在今湖北)自古盛产柑橘。唐·白居易《和思归乐》诗:"江陵橘似珠,宜城酒如饧。"

⑥吴刚伐月中之桂:语本唐·段成式《酉阳杂俎·天咫》:"旧言月中有桂,有蟾蜍,故异书言月桂高五百丈,下有一人常斫之,树创随合。人姓吴名刚,西河人,学仙有过,谪令伐树。"此句李光明庄本作"吴纲",今改。

⑦捐资济贫,当效尧夫之助麦:语本《冷斋夜话》卷十:"范文正公在睢阳,遣尧夫于姑苏取麦五百斛。尧夫时尚少,既还,舟次丹阳。见石曼卿,问:'寄此久近?'曼卿曰:'两月矣。三丧在浅土,欲举之西北归,无可与谋者。'尧夫以所载舟付之,单骑自长芦捷径而去。到家拜起,侍立良久。文正曰:'东吴见故旧乎?'曰:'曼卿为三丧未举,留滞丹阳。时无郭元振,莫可告者。'文正曰:'何不以麦舟付之?'尧夫曰:'已付之矣。'"范仲淹之子范纯仁(字尧夫)年少时奉父命去南方取麦,在路上遇到朋友石曼卿,将麦子和船只送他,接济他办丧事。宋代文献记尧夫麦舟助丧事者颇

多。如,朱熹《宋名臣言行录》前集卷七、谢维新《古今合璧事类备要》卷六十五、周辉《清波杂志》卷八、赵善璙《自警编》卷四、阙名《翰苑新书》卷六十二等。前二者明言据《冷斋夜话》。尧夫,范纯仁(1027—1101),字尧夫,北宋苏州吴县(今江苏苏州)人。范仲淹次子。宋仁宗皇祐元年(1049)进士。尝从胡瑗、孙复学。父没始出仕,知襄城县。宋英宗治平元年(1064)擢江东转运判官,召为殿中侍御史。因"濮议"事出通判安州,改知蕲州。宋神宗即位,召为起居舍人,同知谏院,因忤王安石,出知河中府,移知庆州、信阳军、齐州。请罢,提举西京留司御史台。宋哲宗元祐元年(1086),复知庆州,未几,召为给事中,同知枢密院事。三年(1088),拜尚书右仆射兼中书侍郎。宋哲宗亲政,用章惇为相,遂坚辞执政,出知颍昌府。后因元祐党籍,连贬武安军节度副使、永州安置。宋徽宗即位,分司南京、邓州居住。建中靖国元年(1101)卒,年七十五。谥忠宣。有《范忠宣公集》。

⑧申敬:表示敬意。

⑨聊:暂且。野人:乡民村夫。献芹:见前《人事》篇"谦送礼,曰献芹"条注。唐·杜甫《赤甲》诗:"炙背可以献天子,美芹由来知野人。"

⑩冒雨剪韭,郭林宗款友情殷:语本唐·杜甫诗"夜雨剪春韭"(伪)苏注:"郭林宗见友人,夜冒雨剪韭作炊饼。今洛汭人皆效之。"杜诗苏轼注,虽系伪托。然此注,广为宋人引用。《补注杜诗》(宋·黄希原本,清·黄鹤补注)卷一、《集千家注杜工部诗集》卷十七,皆有斯语。陈景沂《全芳备祖集》(后集卷二十五)引之,虽未注明"苏曰",然亦注明出自《杜诗注》。伪苏注未言郭林宗冒雨剪韭文献出处,清·张远《杜诗会稡》卷六始云出自《郭林宗别传》,未必可信。隋·杜公瞻《编珠》卷四云:"《后汉书》曰:郭林宗见友来,夜冒雨剪韭作炊饼。"然《编珠》原书散佚,传世本乃清·高士奇辑录,亦未必可信。郭林宗乃汉末大名士,夜冒雨

剪韭又乃风雅之事,唐代文献未有任何反映,此说或即源于宋人。

⑪踏雪寻梅,孟浩然自娱兴雅:语本明·张岱《夜航船》卷一:"孟浩然情怀旷达,常冒雪骑驴寻梅,曰'吾诗思在灞桥风雪中驴背上'。"宋·孙光宪《北梦琐言》卷七:"唐相国郑綮虽有诗名,本无廊庙之望。……或曰:'相国近有新诗否?'对曰:'诗思在灞桥风雪中驴子上,此处何以得之?'盖言平生苦心也。""诗思在灞桥风雪中驴子上",本为唐人郑綮语,但历代文人风传雪后骑驴寻诗是孟浩然的风雅之事。唐·唐彦谦《忆孟浩然》诗:"郊外凌兢西复东,雪晴驴背兴无穷。句搜明月梨花内,趣入春风柳絮中。"宋·王庭珪《赠写真徐涛》诗:"会貌诗人孟浩然,便觉灞桥风雪起。"宋·韩淲《孟襄阳灞桥风雪》诗:"玉堂伴直我何如,想见归来不作诗。今日秦川灞桥语,蹇驴吹帽也相宜。"元·费唐臣《贬黄州》第二折:"为不学乘桴浮海鸥夷子,生扭做踏雪寻梅孟浩然。"已有孟浩然踏雪寻梅之说。宋人有孟浩然灞桥风雪图(宋·家铉翁《跋浩然〈风雪图〉》:"此灞桥风雪中诗人也。四僮追随后先,苦寒欲号;而此翁据鞍顾盼,收拾诗料,喜色津然,贯眉睫间,其胸次洒落,殆可想矣。虽然,傍梅读易,雪水烹茶,点校孟子,名教中自有乐地,无以冲寒早行也。")明人有孟浩然踏雪寻梅图,于谦、李昌祺皆有《题孟浩然踏雪寻梅(图)》诗。元明时期,"踏雪寻梅"乃成为孟浩然标志性符号。

【译文】

从蔗尾开始倒着吃甘蔗,越吃越甜,形容人生"渐入佳境";将哀家产的脆梨蒸熟了吃,便失去了它本来的味道,比喻为人做事丢失本真。

"煮豆燃萁",比喻兄弟相残;"砍竹遮笋",形容喜新厌旧。

董元素施法,招来千里之外江陵的柑橘;吴刚受罚,在月宫不停砍伐桂树。

捐资周济贫困,应当效法范尧夫将一船麦子送给朋友石曼卿,助其安葬亲人；赠礼表达敬意，可以效仿乡下人送人芹菜。

"冒雨剪韭"，郭林宗款待友人，情深意切；"踏雪寻梅"，孟浩然骑驴自娱，兴致高雅。

商太戊能修德，祥桑自死①；寇莱公有深仁，枯竹复生②。

王母蟠桃，三千年开花，三千年结子，故人借以祝寿诞③；上古大椿，八千岁为春，八千岁为秋，故人托以比严君④。

去稂莠，正以植嘉禾⑤；沃枝叶，不如培根本⑥。

世路之蓁芜当剔⑦，人心之茅塞须开⑧。

【注释】

① 商太戊（wù）能修德，祥桑自死：语本《尚书序》："伊陟相大戊，亳有祥，桑穀共生于朝。伊陟赞于巫咸，作《咸乂》四篇。"《竹书纪年》卷上："太戊遇祥桑，侧身修行。三年之后远方慕明德重译而至者七十六国。"《史记·殷本纪》："帝太戊立伊陟为相。亳有祥，桑穀共生于朝，一暮大拱。帝太戊惧，问伊陟。伊陟曰：'臣闻妖不胜德，帝之政其有阙与？帝其修德。'太戊从之，而祥桑枯死而去。"《汉书·五行志中》："《书序》曰：'伊陟相太戊，亳有祥，桑穀共生。'传曰：'俱生乎朝，七日而大拱。伊陟戒以修德，而木枯。'刘向以为殷道既衰，高宗承敝而起，尽凉阴之哀，天下应之，既获显荣，怠于政事，国将危亡，故桑穀之异见。桑犹丧也，穀犹生也，杀生之秉失而在下，近草妖也。一曰，野木生朝而暴长，小人将暴在大臣之位，危亡国家，象朝将为虚之应也。"太戊，或作"大戊""天戊"。商代国君。太庚之子，雍己之弟。在位时任用伊陟、巫咸等人治理国政，使渐趋衰败的商朝重新复兴。称中宗（《史记·殷本纪》："殷复兴，诸侯归之，故称'中宗'。"）。在位

七十五年。祥桑,妖桑,不吉祥的植物。祥,妖异。

②寇莱公有深仁,枯竹复生:语本《宋史·寇准传》:"在雷州逾年。既卒,衡州之命乃至,遂归葬西京。道出荆南公安,县人皆设祭哭于路,折竹植地,挂纸钱,逾月视之,枯竹尽生笋。众因为立庙,岁时享之。无子,以从子随为嗣。"宋代名相寇准晚年被贬,死在雷州(今广东雷州半岛),归葬途中,路过公安县,百姓路祭,折竹枝插在地上挂纸钱,没多久,这些枯死的竹枝都发了新笋。人们觉得这是寇准仁德所致,为之在此地立祠。此事,有宋一代传为美谈。彭百川《太平治迹统类》卷五、陈均《九朝编年备要》卷九、吕中《宋大事记讲义》卷八、李焘《续资治通鉴长编》卷一百一等皆载。寇莱公,即寇准。见前《宫室》篇"寇莱公庭除之外,只可栽花"条注。

③"王母蟠(pán)桃"四句:语本《艺文类聚(卷八十六)·果部上·桃》引《汉武故事》:"东郡献短人,呼东方朔,朔至,短人因指朔谓上曰:西王母种桃,三千岁一为子,此儿不良也,已三过偷之矣,后西王母下,出桃七枚,母因啖二,以五枚与帝,帝留核着前,母问曰:用此何,上曰:此桃美,欲种之,母笑曰:此桃三千年一着子,非下土所植也。"《初学记》卷二十八《果木部·桃》《木部·桃》两引之,《太平御览》卷九百六十七《果部·桃》亦引之。相传西王母有蟠桃树,三千年开花,三千年结实。西王母曾赠送汉武帝五枚蟠桃。又传西王母在瑶池举行蟠桃盛会,后遂以借指庆祝宴会,多用于祝寿。

④"上古大椿(chūn)"四句:语本《庄子·逍遥游》:"上古有大椿者,以八千岁为春,八千岁为秋。"后世常以"椿"比喻长寿,也借指父亲。严君,原指父母。《周易·家人卦》:"家人有严君焉,父母之谓也。"后来也专指父亲。

⑤去稂莠(láng yǒu),正以植嘉禾:近本明·王阳明《绥柔流贼》:

"若彼贼果有相引来投者,亦就实心抚安招来之,量给盐米,为之经纪生业,亦就为之选立酋长,使有统率,毋令涣散。一面清查侵占田土,开立里甲,以息日后之争。禁约良民,毋使乘机报复,以激其变。如农夫之植嘉禾而去稂莠,深耕易耨,芸菑灌溉,专心一事,勤诚无惰,必有秋获。夫善者益知所劝,则助恶者日衰。恶者益知所惩,则向善者益众。此抚柔之道,而非专有恃于兵甲者也。"暨《处置八寨断藤峡以图永安疏》(嘉靖七年七月十二日):"参将兵备各官,又不时亲至其地,经理而振作之,或案行其村寨,或劝督其农耕,或召其顽梗而曲示训惩,或进其善良而优加奖赐,或救恤其灾患,或听断其是非,如农夫之去稂莠而养嘉禾,渐次耕耨而耘锄之。"远本《左传·隐公六年》:"周任有言曰:'为国家者,见恶如农夫之务去草焉,芟夷蕴崇之,绝其本根,勿使能殖,则善者信矣。'"宋·胡寅《斐然集·左氏传故事》"隐公六年周任有言曰……"条下曰:"臣谓人君之德当如天地无不覆载,何独于恶人而欲去之? 如此臣请以农圃者喻之:去稂莠者,以其伤禾稼也。除蒿蔓者,为其蔽卉木也。若推兼容之量,使稂莠禾稼并生于畎亩,卉木蒿蔓杂毓于园圃,人必指为农圃之病矣。况为国家者乎?"因稂莠妨碍禾苗,务农必先去之。后遂以喻为政须除暴安良,去恶养善。《后汉书·王符传》:"夫养稂莠者伤禾稼,惠奸轨者贼良民。"《资治通鉴·唐纪·唐太宗贞观二年》:"上(唐太宗)谓侍臣曰:'古语有之:"赦者,小人之幸;君子之不幸。""一岁再赦,善人喑哑。"夫养稂莠者害嘉谷,赦有罪者贼良民。故朕即位以来,不欲数赦。恐小人恃之轻犯宪章故也。'"去稂莠,至明代乃为习用语。明成祖永乐十六年"冬十二月戊子,谕法司:'朕屡敕中外官洁己爱民,而不肖官吏恣肆自若,百姓苦之。夫良农必去稂莠者,为害苗也。继今,犯赃必论如法。'"(见《明史·成祖本纪》)稂莠,田地间的杂草,常比喻不成材或害群之人。《诗经·小雅·大田》："既方既皂,既坚既好,不稂不莠。"毛传:"稂,童梁也。莠,似苗也。"唐·陆德明释文:"稂,音郎,又音梁,童梁草也。《说文》作'蓈',云'稂',或字也。禾粟之莠,生而不成者,谓之'童蓈'也。"《孟子·尽心下》:"恶莠,恐其乱苗也。"朱子集注:"莠,似苗之草也。"

⑥沃枝叶,不如培根本:语本《贞观政要·议安边》:"自突厥颉利破后,诸部落首领来降者,皆拜将军中郎将,布列朝廷,五品已上百余人,殆与朝士相半,唯拓拔不至,又遣招慰之,使者相望于道。凉州都督李大亮,以为于事无益,徒费中国,上疏曰:'臣闻欲绥远者必先安近,中国百姓,天下根本,四夷之人,犹于枝叶,扰其根本以厚枝叶,而求久安,未之有也。自古明王,化中国以信,驭夷狄以权。故《春秋》云:'戎狄豺狼,不可厌也;诸夏亲昵,不可弃也。'自陛下君临区宇,深根固本,人逸兵强,九州殷富,四夷自服。今者招致突厥,虽入提封,臣愚稍觉劳费,未悟其有益也。然河西民庶,镇御藩夷,州县萧条,户口鲜少,加因隋乱,减耗尤多。突厥未平之前,尚不安业,匈奴微弱以来,始就农亩,若即劳役,恐致妨损。以臣愚惑,请停招慰。且谓之荒服者,故臣而不纳。是以周室爱民攘狄,竟延八百之龄;秦王轻战事胡,故四十载而绝灭;汉文养兵静守,天下安丰;孝武扬威远略,海内虚耗,虽悔轮台,追已不及。至于隋室,早得伊吾,兼统鄯善、且末,既得之后,劳费日甚,虚内致外,竟损无益。远寻秦汉,近观隋室,动静安危,昭然备矣。伊吾虽已臣附,远在藩碛,民非夏人,地多沙卤。其自竖立称藩附庸者,请羁縻受之,使居塞外,必畏威怀德,永为藩臣,盖行虚惠而收实福矣。近日突厥,倾国入朝,既不能俘之江淮,以变其俗,乃置于内地,去京不远,虽则宽仁之义,亦非久安之计也。每见一人初降,赐物五匹、袍一领,酋帅悉授大官,禄厚位尊,理多糜费,以中国之租赋,供积恶之凶虏,其众益多,非中国之利

也。'"《资治通鉴·唐纪·唐太宗贞观四年》亦载李大亮上疏，而稍略。贞观初，凉州都督李大亮对唐太宗说，中国是根本，夷狄是枝叶，不能为了枝叶而损坏根本。自古就有以"根本"和"枝叶"对举的习惯，《淮南子·缪称训》："君，根本也；臣，枝叶也。根本不美，枝叶茂者，未之闻也。"根本，是植物的根干，比喻事物的基础、最主要的部分。中国文化，从来重视"根本"。宋明理学将"根本"当作修身问学要义，盖因"枝叶之枯，必在根本"（明·叶子奇《草木子·杂俎》语）之故。《论语·学而》："君子务本，本立而道生。"朱子集注："言君子凡事专用力于根本，根本既立，则其道自生。"《朱子语类》卷八："刮落枝叶，栽培根本。"元·陈栎《程仲本字说》："按，朱子于'本立道生'注曰：'本，犹根也。'凡植木，未有不培根本而能生，生而遂其枝叶华实者。"

⑦世路之蓁（zhēn）芜当剔：语本宋·程颐撰《明道先生行状》所载程颢语："道之不明，异端害之也。昔之害近而易知，今之害深而难辨。昔之惑人也，乘其迷暗；今之入人也，因其高明。自谓之穷神知化，而不足以开物成务。言为无不周遍，实则外于伦理。穷深极微，而不可以入尧、舜之道。天下之学，非浅陋固滞，则必入于此。自道之不明也，邪诞妖异之说竞起，涂生民之耳目，溺天下于污浊。虽高才明智，胶于见闻，醉生梦死，不自觉也。是皆正路之蓁芜，圣门之蔽塞，辟之而后可以入道。"（《近思录》卷十四）程颢说佛老学说是"正路之蓁芜，圣门之蔽塞，辟之而后可以入道。"蓁芜，草木杂乱丛生貌。道路蓁芜，则碍于通行。

⑧人心之茅塞（sè）须开：语本《孟子·尽心下》："孟子谓高子曰：'山径之蹊间，介然用之而成路，为间不用，则茅塞之矣。今茅塞子之心矣。'"朱子集注："为间，少顷也。茅塞，茅草生而塞之也。言理义之心，不可少有间断也。"茅塞，指道路为茅草所堵塞，比喻思路不畅。

【译文】

商王太戊勤政修德，妖桑自己枯死；宋相寇准宅心仁厚，枯竹死而复生。

西王母的蟠桃，三千年开一回花，三千年结一回果，因此人们用它来庆贺寿诞；上古的大椿树，八千年才相当一个春季，八千年才相当一个秋季，因此人们用它来喻指父亲。

除去稂、莠等杂草，正是为了让禾苗茁壮成长；精心浇灌枝叶，不如培植根部。

路上的荆棘杂草应当铲除，铲除之后才是坦途正道；阻塞人心的茅草必须拔去，拔去之后心灵才能豁然开朗。